Bonaparte et l'Égypte

L'exposition qui a créé l'occasion de publier cet ouvrage a pu être réalisée
grâce au soutien décisif de

République et Canton de Genève
Département
de l'instruction publique

Loterie Romande

Ville de Genève
Département
des affaires culturelles

SGA

Office fédéral de la culture

d'une Fondation souhaitant garder l'anonymat
ainsi que de la Fondation Hélène et Victor Barbour.

Ce catalogue a été réalisé par les Éditions Favre SA pour le compte de la Fondation pour l'Écrit.

Dépôt légal en Suisse en avril 2005

ISBN : 2-8289-0832-1

Conception et réalisation: MGraphic, J.-P. Piantanida

Bonaparte et l'Égypte

Frédéric Künzi

FONDATION POUR L'ÉCRIT
DU SALON INTERNATIONAL DU LIVRE ET DE LA PRESSE À GENÈVE

Oiseaux. [1. L'ibis blanc ou sacré 2. L'ibis noir]

Histoire naturelle, VOL. I (Zoologie), Pl. 7.
Par Jules-César Savigny
1. H. J. Redouté del^{t}; 2. Barraband del^{t}; Bouquet sc^{t}.
Paris, Imprimerie Royale, 1809-1828
Eau-forte coloriée à la poupée 57 × 42 cm
Dimensions de la planche 54 × 72 cm
Bibliothèque publique et universitaire, Genève
N° d'inventaire Fa 711 P 3/1
Photo : François Bertin, Grandvaux

Commun au XIXe siècle dans la vallée du Nil, l'ibis a maintenant disparu de ce territoire. Cet animal sacré de l'Égypte antique apparaît dans le panthéon sous les traits de Thot. Étant une divinité lunaire, Thot devint l'inventeur du calendrier, le dieu de l'écriture sacrée, des textes, des temples, des bibliothèques et de la langue, mais aussi le patron des scribes, des médecins, des magiciens, de la musique et des sciences, un symbole de sagesse, le seigneur de la parole et le mage des dieux.

Avertissement au lecteur

Cet ouvrage à été conçu, pour autant que cela soit possible, dans l'idée d'une lecture novatrice de l'Histoire.
Sans vouloir en faire une bande dessinée, la priorité et l'objectif constant ont été l'image. Chaque fois qu'un dilemme ou un choix se présentaient, l'illustration s'est imposée. En cela, et en cela seulement, cet ouvrage est un héritage issu de la campagne d'Égypte et pour lequel on a tout misé sur les images, construisant une presse spécialement pour imprimer les plus grandes, fabriquant un appareil pour les graver, réalisant plus de neuf cents planches, ce qui représente des milliers de dessins[1].
Qualité aussi, par la reproduction d'un nombre considérable de planches de la *Description de l'Égypte* d'une qualité inégalée. Les eaux-fortes ont été reproduites avec une telle réalité que le lecteur peut lire le texte original et voir chaque tache, chaque cuvette, chaque confrontation avec l'eau aussi bien que s'il avait les estampes devant lui.
Notre idéal aurait été de ne présenter que des images, des images suffisamment parlantes pour que le texte soit superflu, mais le défi était trop grand pour un livre traitant de l'histoire napoléonienne. La prochaine fois… peut-être ?

---

[1] Nous savons, et le montrerons plus avant, qu'une seule planche peut représenter trois, quatre, voire sept dessins originaux permettant de la composer et d'innombrables dessins non publiés. La preuve de cette assertion nous est donnée par les illustrations 235 et 237.

L'Expédition d'Égypte sous les ordres de Bonaparte – 1835

Léon Cogniet (1794-1880)
Plafond de la salle Campana,
Musée du Louvre 10 × 13 m
Musée du Louvre, Paris
N° d'inventaire :© 91CE1712/INV.3287 Daniel Arnaudet

Lorsque Bonaparte est chargé d'organiser une campagne militaire en Égypte, il décide, avec lucidité, intelligence et prémonition, d'emmener avec lui 167 intellectuels, artistes et hommes de terrain pour étudier, documenter et servir la science, l'histoire et les arts. Par cette idée lumineuse, on peut dire qu'il a acquis un titre supplémentaire à ajouter à ceux qui lui sont habituellement octroyés, celui de « Père de l'égyptologie ».

« *Bouleversé, celui auquel il parlait ainsi* [Champollion] *vit soudain se dresser devant lui la grande figure de Napoléon et tout ce que sa science lui devait.* »[1]

Laissant de côté la peu glorieuse campagne militaire, le nom d'« expédition d'Égypte » s'est imposé avec la force qui lui a été donnée par le gigantesque travail de ses membres, qu'ils soient mathématiciens, astronomes, mécaniciens, inventeurs, aérostiers, peintres ou sculpteurs. Si les textes intimes de ces « savants » laissent percevoir un certain désarroi, le mal du pays ou le découragement, leur émerveillement devant les monuments de l'Égypte antique n'a eu d'égal que leur travail opiniâtre.

« *Fascinés par l'Égypte, emportés par leur fougue, les savants se livrent tout d'un coup, en parallèle ou à la place de leurs travaux premiers, à une enquête approfondie dont le désintéressement fait le charme. Cette enquête est géographique, archéologique, ethnologique, culturelle, naturaliste…* » (Hervé Le Guyader).

[1] Hermine Hartleben, p. 248.

PRÉFACE

Bonaparte et l'expédition d'Égypte

Au soir du 2 mars 1798, Bonaparte pouvait être satisfait. Grâce aux interventions de Talleyrand, les membres du Directoire se rangeaient aux vues du jeune général dont la popularité, après la campagne d'Italie, était immense. D'un côté, les politiciens souhaitaient se débarrasser de cet encombrant personnage ; de l'autre, Bonaparte aurait volontiers écarté ces médiocres afin de prendre le pouvoir. Mais la France ne lui semblait pas encore mûre.

Le général ne tomberait pas dans le piège qu'on lui tendait : tenter d'envahir l'Angleterre. À coup sûr, un échec cuisant dont la responsabilité lui incomberait. Bien meilleure solution : couper la route des Indes, tarir l'une des sources de prospérité des Anglais, donc s'emparer de l'Égypte !

La décision fut prise dans le plus grand secret, clé de la réussite. Heureux d'envoyer au loin l'ambitieux, le Directoire aurait ainsi les mains libres.

Pourquoi Bonaparte se réjouissait-il ? « L'Europe est une taupinière, pensait-il. On n'y peut tenter rien de grand. Ce n'est qu'en Orient, où vivent six cents millions d'hommes, que se font les grandes révolutions civiles et religieuses. »

Le fougueux général avait lu quantité d'ouvrages sur l'Orient, les Turcs et les Arabes. Selon Volney, qui avait voyagé en Égypte de 1783 à 1785, le pays était à bout de souffle, en pleine décomposition et bon à conquérir. « Les barbares ! s'exclamait un auteur, Savary. Ils ont étouffé les arts, les sciences, les villes. Il ne reste que le nom de tant d'ouvrages fameux que leur ignorance a laissés périr ou que leur aveugle fanatisme a détruits. »

Ces barbares, c'étaient les mamelouks, « un ramassis d'esclaves », en majorité des Circassiens, achetés sur les marchés de l'Empire ottoman, convertis de force à l'islam et envoyés en Égypte pour y former des milices au service de petits tyrans locaux, les beys, vivant dans de somptueux palais et opprimant le peuple.

À la tête des meilleurs généraux et des meilleurs soldats, Bonaparte appliquerait en Égypte le programme de « régénération sociale » issue de la Révolution française, et ferait du pays une province de la République. Attaquer sans déclarer la guerre ? Il le fallait bien, afin de prendre l'Angleterre par surprise.

L'Égypte n'était pas un territoire comme les autres. Source de la sagesse, origine de la civilisation, elle se mourait à cause de la tyrannie. Aussi Bonaparte se sentait-il investi d'une mission : la libérer du despotisme et des ténèbres, redonner à l'Orient sa grandeur passée en lui insufflant les nouveaux idéaux.

C'est pourquoi l'expédition ne comporterait pas que des militaires. Très fier d'avoir été élu à l'Institut de France le 25 décembre 1797 comme membre de la Classe des sciences physiques et mathématiques, Bonaparte conçut un extraordinaire projet : emmener avec lui des dizaines de savants pour étudier l'Égypte sous tous ses aspects. Sa conquête associerait donc l'élan de la connaissance à la force militaire. La vieille terre des pharaons n'accueillerait pas seulement un libérateur, mais un propagateur du savoir moderne qui ferait retourner les sciences et les arts dans leur patrie d'origine.

Détails de la page 9

Le cartable à dessin est le compagnon fidèle de chaque « savant » quelles que soient les qualifications de celui-ci.

Deux principaux recruteurs : le mathématicien Gaspard Monge, courtisan dans l'âme et admirateur inconditionnel de Bonaparte, et le général Caffarelli. Le conquérant veut des chimistes, des physiciens, des médecins, des astronomes, des géomètres, des botanistes, des minéralogistes, des zoologues, des architectes, des ingénieurs, des techniciens, des imprimeurs, des écrivains. Après négociations et défections, 167 volontaires acceptent d'accompagner Bonaparte. Ils ne partiront pas sans matériel puisque leur sont allouées une bibliothèque composée de formules de petit format et une belle quantité d'instruments de physique, de chimie, d'astronomie ou de chirurgie.

19. Bonaparte en Égypte, 16 mai 1798[1]–1895

Typogravure 35,2 × 54,7 cm
Avec les marges 42,5 × 63,5 cm
Au-dessus de l'image, au centre : M. Orange
En bas, à gauche : Typogravure
Boussod Valadon & Cie
En bas, à droite : Copyright 1895 by
M. Orange ; Figaro – Salon 1895
Fondation Dosne, Bibliothèque Thiers, Paris
N° d'inventaire 21/9068
©Suzanne Nagy-Kirchhofer, Paris

Typogravure d'une œuvre actuellement propriété du musée du Vieux-Granville et titrée « *Bonaparte devant les pyramides contemplant la momie d'un roi, 1798* ».

La composition de Maurice Orange (1868-1916) est plus proche de celle de Léon Cogniet qu'on ne l'imagine. Tous deux mettent en scène une momie, des antiquités égyptiennes, des savants, des soldats et Bonaparte.

Le tableau de Cogniet a laissé la momie dans son sarcophage, mais Bonaparte, debout, suit activement les événements. Concernant les savants, on a changé le personnage qui porte un cartable sous le bras, mais ils existe de facto. Il en est de même pour celui qui est accroupi. Les soldats et les autochtones, intrigués, ont changé d'attitude, mais peu de physionomies ou d'uniformes.

[1] Cette date fait partie du texte imprimé, mais, à ce moment-là, Bonaparte est encore à Toulon.

Âge moyen de cette cohorte de « savants » : vingt-cinq ans. À y regarder de près, on constate que les ingénieurs et les techniciens représentent environ 60 % du contingent. Ce n'est donc pas la pure recherche scientifique qui préoccupe Bonaparte, mais plutôt les capacités de ces spécialistes à régler les problèmes matériels auxquels ils se heurteront sur place. Bref, une force logistique d'envergure et de qualité.

Le 19 mai 1798, à bord de l'*Orient*, le vaisseau amiral équipé de 120 canons, Bonaparte donne le signal du départ. Sans savoir où les emmène leur chef vénéré, les 38000 soldats sont confiants, voire enthousiastes. Si l'on ne considère que le nombre de bateaux, 59 navires de guerre et 280 navires marchands, on est impressionné par l'ampleur de l'armada. Mais ces bâtiments sont soit âgés, soit en mauvais état à cause d'un manque d'entretien.

Un terrible danger menace de tuer l'aventure dans l'œuf : la flotte anglaise de Nelson qui cherche les Français en Méditerranée. En cas d'affrontement, ces derniers n'auraient aucune chance de vaincre, et l'armée d'Orient terminerait sa brève carrière au fond des eaux.

Le destin et la météorologie sourient à Bonaparte : Nelson le rate de peu. Le 10 juin 1798, le conquérant s'empare de Malte, ôtant ainsi un précieux relais à l'adversaire. Le 22, le général en chef fait une révélation à l'armée de terre : « *Les peuples avec lesquels nous allons vivre sont mahométans. Ayez pour les cérémonies que prescrit l'Alcoran, pour les mosquées, la même tolérance que vous avez eue pour les couvents, pour les synagogues, pour la religion de Moïse et de Jésus-Christ.* »

Le 1er juillet 1798, la flotte française se présente devant Alexandrie que Nelson vient de quitter, toujours à la recherche d'un ennemi insaisissable !

L'aventure scientifique débute plutôt mal, car le trois-mâts *Patriote*, transportant une bonne partie du matériel, manœuvre tellement mal pour entrer dans le port qu'il fait naufrage. Mais l'essentiel est ailleurs : en pleine chaleur estivale, il faut débarquer et livrer la première bataille. Libérateur de l'Égypte à l'instar d'Alexandre qui chassa les Perses, Bonaparte conquiert la ville fondée par le héros grec, Alexandrie. Aux vaincus, il adresse un message fort : « *Tous les hommes sont égaux*

Oiseaux [Aigle criard adulte].

Histoire naturelle, VOL. I (zoologie), Pl. 1.
Par Jules-César Savigny
Barrabant delt; Bouquet sct.
Paris, Imprimerie Royale, 1809-1828
Eau-forte coloriée à la poupée 46 × 35 cm
Dimensions de la planche 72 × 54 cm
Bibliothèque publique et universitaire, Genève
N° d'inventaire Fa 711 P 3/1
Photo : François Bertin, Grandvaux

Le choix de cet aigle pour ouvrir le premier volume d'histoire naturelle n'est pas motivé par le fait que ce soit le futur emblème impérial de Napoléon, puisqu'il n'est pas un aigle royal. Ce serait plutôt sa teinte étincelante et la qualité irréprochable de la planche.

Au sujet de ces merveilleux coloris, précisons que les planches, après impression des traits en noir, étaient gouachées une à une à la main, c'est-à-dire « rehaussées ». Le travail était réalisé par des coloristes d'après un modèle présenté et signé par le maître coloriste de l'atelier. Seize personnes sont engagées pour ce travail, mais les époux Allais, qui sont aussi graveurs (voir figure page 155), ont déjà dix ouvrières.

devant Dieu ; la sagesse, les talents et les vertus mettent seuls de la différence entre eux. À partir d'aujourd'hui, aucun Égyptien ne sera empêché d'accéder à une fonction éminente. Peuples d'Égypte, on vous dira que je viens détruire votre religion. Ne le croyez pas ! Répondez que je viens vous restituer vos droits, punir les usurpateurs et que je respecte, plus que les mamelouks, Dieu, son prophète et le Coran. »

Détail des pages 14-15

Ses morts enterrés au pied de la colonne de Pompée, l'armée française se dirige vers la capitale, Le Caire. La progression se révèle plus difficile que prévu : la faim, la soif, la canicule, les uniformes inadaptés au climat, les ophtalmies et d'autres maladies épuisent la troupe, attaquée par les Bédouins. Le moral baisse, des soldats désespérés se suicident. Et beaucoup ne doivent leur survie qu'à la consommation de succulentes pastèques !

Le 21 juillet 1798, l'armée éprouve un véritable choc en découvrant les pyramides du plateau de Guizeh. Devant cet incroyable panorama, Bonaparte prononce sans doute la fameuse phrase « *quarante siècles vous contemplent* », avant d'affronter dix mille cavaliers mamelouks. Opposée à la furia individualiste et désordonnée de l'ennemi, la tactique de la formation en carré fait merveille. Peu de pertes françaises, les mamelouks en fuite. Les cadavres des vaincus sont dépouillés des trésors qu'ils portent toujours sur eux.

Le 24 juillet, Bonaparte, Sultan el-Kebir, « le Grand Sultan », entre au Caire, ville délabrée comptant 300 000 habitants, le dixième de la population égyptienne. Il y habite le palais d'un émir orné de mosaïques et de marbres. Aussitôt, il veut avoir comme interlocuteurs privilégiés les docteurs de la loi coranique de l'Université al-Azhar, persuadé que le succès de la conquête passe par le respect de l'islam.

Faut-il écouter Condorcet ou Rousseau ? Dans son *Esquisse d'un tableau historique des progrès de l'esprit humain*, le premier estime que l'islam a « condamné à l'esclavage et à une incurable stupidité toute cette vaste portion de la terre où elle a étendu son empire ». Le second, en revanche, considère Mahomet comme « un législateur inspiré, un grand et puissant génie ». Adepte de Rousseau, Bonaparte joue la carte de la religion locale et récite des versets du Coran. Il laisse même courir le bruit d'une conversion à laquelle ne croient pas les ulémas. Les

Pages 14-15

Le Kaire, vue de la place Ezbekyeh ; côté du sud.

Atlas de format in-folio atlantique, Pl. 41.
Dutertre del^{t} ; Paris et Beaugan ; Berthault sc^{t}.
Paris, Imprimerie Royale, 1809-1828
Eau-forte 61 × 95 cm
Dimensions de la planche 69 × 111 cm
Bibliothèque publique et universitaire, Genève
No. D'inventaire Fa 711/ 3-h gp
Photo : François Bertin, Grandvaux

Lors des grandes crues du Nil, la place Ezbekyeh est envahie par les eaux et on ne s'y déplace plus qu'en barque. C'est aussi l'occasion d'une grande fête, car cet état de fait est le signe d'une crue majeure et d'une fertilisation indispensable au sol.

« Le jour où la crue du Nil arrive à un certain point de la colonne de Roudah, on proclame en ville que la digue sera rompue dans la journée [...] Il y a des grandes places. La plus belle [du Caire], que l'on appelle Ezbekyeh, est très basse, et au fort des crues du Nil, comme en ce moment, elle se trouve inondée[1]. »

[1] de Villiers du Terrage, Edouard, p. 77

Français ne sont-ils pas rationalistes et athées ? Lorsque le général veut imposer le port de la cocarde tricolore, ils ne lui accordent plus aucun crédit. Autre désastre, l'anéantissement de la flotte française à Aboukir, le 1er août 1798. Nelson a fini par la retrouver, et il frappe fort : 3200 tués et blessés, seulement quatre navires épargnés. Le vaisseau amiral, l'*Orient*, sombre. La Méditerranée devient anglaise, Bonaparte prisonnier de l'Égypte. « Nous voilà dans l'obligation de faire de grandes choses, déclare-t-il. Nous les ferons. »

Le 22 août, il crée l'Institut d'Égypte dont les buts sont « le progrès et la propagation des Lumières en Égypte, la recherche, l'étude et la publication des faits naturels, industriels et historiques de cette contrée ». Monge est nommé président, Bonaparte vice-président. Il assistera à dix-neuf des quarante-huit séances dont la dernière aura lieu le 22 mars 1801. Elles se tiennent dans l'ex-harem d'un palais du Caire, caché au cœur d'un grand jardin, et sont surtout consacrées à des problèmes matériels comme l'amélioration des fours à pain, la construction de moulins ou la purification de l'eau. À plusieurs reprises, cependant, l'Institut aborde l'étude des monuments anciens. Il abrite aussi la première collection archéologique et se présente donc comme le couronnement de l'aventure scientifique en Égypte.

Sous l'impulsion de Jean-Joseph Marcel, l'imprimerie s'installe au Caire. Le 28 août paraît le premier des 116 numéros du *Courrier de l'Égypte* ; le 1er octobre, celui de la *Décade égyptienne*, journal littéraire et d'économie politique qui se fait l'écho des travaux de l'Institut et cessera de paraître en mars 1801.

Outre les difficultés quotidiennes des occupants, qui doivent modifier leurs habitudes alimentaires et lutter contre de multiples maladies dont la plus grave est la peste, la nouvelle administration du pays fonctionne mal. Bonaparte ponctionne l'Égypte et lui impose une fiscalité très dure, typiquement jacobine, qui suscite rancœur et hostilité.

Dès le mois de septembre 1798, il comprend que la fusion entre république et islam ne s'accomplira pas. Les soldats refusent, notamment, la circoncision, et veulent continuer à boire du vin.

Le 19, après son ascension de la grande pyramide de Khéops dont il estime que les blocs pourraient ceinturer la France d'un mur large d'un

mètre et haut de trois, Bonaparte fut-il initié dans une loge maçonnique ? Rumeur non démentie par l'intéressé, mais aucune preuve formelle.

Le 21 octobre, les muezzins du Caire lancent l'appel à la guerre sainte et provoquent une insurrection durement réprimée. Les bombardements touchent même les mosquées, quatre mille révoltés sont tués. Son autorité rétablie dans le sang, Bonaparte s'intéresse à un projet grandiose : reprendre l'œuvre des pharaons à Suez, dont il identifie les vestiges, et percer un nouveau canal. Échappant de peu à la noyade à cause de la marée montante, il ne réalisera pas ce rêve-là que concrétisera un autre Français, Ferdinand de Lesseps.

Fin août 1798, Bonaparte avait confié à son subordonné préféré, Desaix, la tâche ardue de pacifier la Haute-Égypte avec seulement 3000 hommes et de faibles moyens. L'exploration de la vaste région qui s'étend du Caire à Assouan marque, nous semble-t-il, la naissance de l'égyptologie. Deux ingénieurs, Jean Baptiste Prosper Jollois et René Édouard Villiers du Terrage, se prennent de passion pour les monuments pharaoniques qu'ils découvrent jour après jour. Peu appréciés des militaires qui traitent d'ânes ces savants dont ils doivent assurer la protection, ils courent des risques considérables, par exemple pour étudier les tombes d'Assiout en évitant de prévenir l'armée de leur initiative.

Le 24 janvier 1799, ils s'émerveillent devant le temple de Dendérah, « lieu de féerie et d'enchantement » ; le 26, à Karnak, même les soldats les plus rugueux applaudissent la splendeur du site. Jollois et Villiers du Terrage ne se contentent pas d'admirer ; ils font des relevés des édifices en plan, en coupe et en élévation. Dans de mauvaises conditions, ils parviennent à restituer assez fidèlement l'étonnant zodiaque de Dendérah. Leur énorme travail de terrain se traduira par 419 planches incluses dans la *Description de l'Égypte*, publiée à partir de 1809.

Bien qu'ils soient incapables de déchiffrer les hiéroglyphes, les deux chercheurs perçoivent la grandeur de l'institution pharaonique, fondée sur des « principes éternels d'ordre et de justice », à savoir les expressions de la déesse Maât, socle de l'ancienne civilisation. Pyramides et tombeaux leur apparaissent comme des lieux empreints de spiritualité où l'on célébrait des initiations. Les symboles gravés sur les murs ne cachaient-ils pas de profondes connaissances ?

Détail des pages 14-15

Le 21 février 1799, l'expédition atteint son point extrême, l'île de Philae, domaine de la déesse Isis. De multiples accrochages et de rudes batailles au cours desquel leur existence fut menacée n'empêchèrent pas les premiers égyptologues d'accumuler un matériel d'une ampleur inédite.

Bonaparte, lui, a d'autres soucis. Après le désastreux échec de Saint-Jean-d'Acre, dont les Français ne réussissent pas à s'emparer, il prend une revanche à Aboukir, le 25 juillet, en écrasant la troupe turque débarquée le 15.

Ce même mois a lieu un événement exceptionnel : à Rosette, Bouchard, officier du génie, découvre une stèle proclamant un décret de Ptolémée V rédigé en trois écritures : hiéroglyphique, démotique et grecque. À partir de cette dernière langue, bien connue, ne pourrait-on enfin déchiffrer les hiéroglyphes ? Il reviendra à Champollion, en 1822, de mener à son terme cette aventure-là.

Le 23 août 1799, après n'y avoir séjourné que douze mois et vingt-deux jours, Bonaparte quitte l'Égypte en catimini, laissant le soin à l'Alsacien Kléber de commander l'armée. Départ fort peu glorieux, en compagnie du mamelouk Roustan Reza qui suivra son nouveau maître jusqu'à l'abdication de Fontainebleau. Le conquérant ne s'intéresse plus à l'Orient ; c'est en France que son destin doit prendre un nouveau tournant. Cette fois, la situation lui paraît suffisamment favorable pour s'emparer du pouvoir.

Kléber annonce à ses soldats ce départ inattendu et tente de les rassurer : « *Un puissant secours va vous arriver ou bien une paix glorieuse. Une paix digne de vous et de vos travaux va vous ramener dans votre patrie.* » Furieux contre Bonaparte, Kléber se sait condamné à rester en Égypte. Ne cédant pas au désespoir, il maintient la discipline, se préoccupe du bien-être de la troupe et tente de mieux traiter la population que le dictateur dont les délires n'ont mené nulle part.

C'est Kléber, et non Bonaparte, qui fut à l'origine de *la Description de l'Égypte ou recueil des observations et des recherches qui ont été faites en Égypte pendant l'expédition de l'armée française*. Avec son approbation et ses encouragements, en effet, quatorze membres de la commission scientifique décidèrent de former une société par actions pour financer la publication de cet énorme ouvrage de référence.

Le 14 juin 1800, Kléber est poignardé par un fanatique. Le nouveau général en chef, Jacques Abdallah Menou, s'est converti à l'islam et a épousé une Égyptienne qui descendrait du Prophète. Piètre militaire, détesté des amis de Kléber et peu apprécié des autochtones, il estime que l'Égypte fut autrefois « le centre d'abondance, de lumière et du commerce de l'univers », et rêve d'en faire une riche colonie française. Les Anglais ont d'autres projets. Débarquant à Aboukir le 8 mars 1801, ils écrasent, le 23, les troupes mal commandées par Menou, qui se réfugie à Alexandrie. Incapable d'apaiser les querelles entre officiers, il se heurte aux savants, désireux de quitter l'Égypte. S'ils persistent, ce sera sans leurs dossiers et leurs collections !

Le 2 septembre, Menou est contraint de capituler. Maître du pays, Hutchinson exige que les scientifiques français lui remettent leurs trésors. Eux préfèrent tout détruire et jeter leurs caisses à la mer ! En fin de compte, ils n'abandonneront aux Anglais que les pièces archéologiques les plus volumineuses, dont la pierre de Rosette qui sera exposée au British Museum.

Le 27 septembre 1801, les savants s'éloignent de l'Égypte à bord d'un bateau italien. Trente-deux ne survécurent pas à l'épopée ou à ses séquelles. Malade de la peste, dont il guérira, Menou sera le dernier à quitter un pays qu'il aurait aimé gouverner.

Privée de son chef, l'expédition de Bonaparte se terminait par un fiasco dont les raisons étaient nombreuses : agressivité des Anglais et des Turcs, graves problèmes de santé, démoralisation d'une armée aux effectifs devenus insuffisants, mise en place d'une administration mal adaptée au pays, trop lourdes taxes, incompatibilité des valeurs de la République avec celles de l'islam.

En dépit des phases de répression qui firent de nombreuses victimes, les Égyptiens ne gardèrent pas un souvenir totalement négatif de cette occupation. Libéré de l'emprise des mamelouks, le pays s'était ouvert à une autre vision du monde. Et cette tragique aventure marqua la naissance d'une science promise à un brillant avenir, l'égyptologie.

Grâce à une longue incursion en Haute-Égypte, jusqu'alors fort peu explorée, les scientifiques prirent conscience de la fabuleuse richesse archéologique et artistique qu'offrait la terre des pharaons. Sortant de longs siècles de silence et d'isolement, elle ne quitterait plus le devant de la scène.

Le 15 octobre 1815, quand Napoléon arriva en vue de Sainte-Hélène, il prononça ces mots surprenants : *« J'aurais mieux fait de rester en Égypte, je serais à présent Empereur de tout l'Orient. »*

Christian Jacq

Bibliographie sommaire

Bregeon, J.-J., *L'Égypte de Bonaparte,* Paris, 1991.
Laurens, H., Gillispie, C.C., Golvin, J.-C. et C. Traunecker, *L'Expédition d'Égypte*, 1798-1801, Paris, 1989.
Tranie, J. et J.-C. Carmigniani, *Bonaparte, La Campagne d'Égypte*, Paris, 1988.
On trouvera dans ces trois ouvrages une abondante bibliographie.

POURQUOI LA RÉPUBLIQUE FRANÇAISE EST-ELLE PARTIE À LA CONQUÊTE DE L'ÉGYPTE ?

Thierry Lentz
Directeur de la Fondation Napoléon

Quarante siècles le contemplent – Vers 1860
Forty centuries look down upon him
Vierzig Jahrhunderte betrachten ihn
Peint par Karl Girardet (1813-1871)
Gravé par (Jean-Rodolphe)
Gauthier [1764-1820]
Aquatinte 50 × 41,5 cm
Avec les marges 84 × 60 cm
En bas, à gauche : New York Pubd by
Goupil & Co, 289, Broadway
Au centre : Paris Goupil & Cie Éditeurs
Boulevard Montmartre, 19 & rue d'Enghien, 12
En bas, à droite : London Pubd by E.
Gambart & Co, 25, Berners St. Oxford St.
Collection Frédéric Künzi, Praz-de-Fort
Photo : François Bertin, Grandvaux

Le 20 nivôse de l'an VII, Bonaparte crée au Caire un régiment de dromadaires. Était-ce une réminiscence des auteurs anciens qui ont traité de l'emploi du dromadaire à la guerre ou, chose probable, fut-ce un éclair de son génie ? Nul ne le sait. Toujours est-il que ce corps, créé par lui et confié au colonel Cavelier, rendit de très grands services et ne fut licencié qu'à la fin de l'expédition.
Le musées de l'île d'Aix possède, empaillé, le dromadaire qui fut monté par Bonaparte en Égypte.

La campagne d'Égypte étonne par son audace et, a priori, par son côté « extravagant »[1]. La question de sa justification est en tout cas posée et a connu plusieurs types de réponses au travers d'arguments qui sont tous valables, sans doute, mais dont l'intensité varie d'un auteur à l'autre. Les napoléonistes purs y voient surtout l'assouvissement d'un « rêve oriental » de la part de leur personnage. Les plus polémistes avancent que le Directoire voulait surtout éloigner Bonaparte de France, où il commençait à devenir gênant. Les tenants de l'argument diplomatique y décèlent un aspect constant de la politique extérieure de la France pour lutter contre l'hégémonie anglaise.

Les facteurs culturels : la « tentation d'Orient »

On a souvent donné pour une des causes principales de la campagne d'Égypte ce qu'on a appelé le « rêve oriental » de Bonaparte, comme si, grâce à lui, la France avait découvert l'ancien royaume des pharaons. Si l'on ne peut contester que le vainqueur de l'Italie ait poussé à la mise sur pied et à la réalisation de ce projet, on ne saurait affirmer qu'il ait été à l'origine de « l'égyptomanie » et que lui-même ait cédé à un « rêve » pour se lancer dans l'aventure.

[1] J. Tulard, « Bonaparte en Égypte », *L'Histoire*, novembre 1983, p. 8.

L'Égypte, une vieille passion européenne

La passion des Européens et singulièrement des Français pour l'Égypte est antérieure à la campagne de Bonaparte. Elle a pris son essor dans la première moitié du XVIIIe siècle en se fondant sur les études qui donnaient de ce pays une vision mystique (travaux sur les hiéroglyphes du jésuite Kircher, dès le XVIIe siècle) ou la rattachaient à la tradition judéo-chrétienne (de nombreux épisodes de la Bible ont lieu, ne l'oublions pas, dans ce pays)[2]. Plusieurs types d'événements furent à l'origine de ce regain d'intérêt au siècle des Lumières, comme : les découvertes archéologiques lors de fouilles, notamment à Rome, qui aboutirent à la création d'un musée égyptien par le pape Benoît XIV (1748) et, sensiblement à la même époque, la création à Londres d'une *Egyptian Society* ; la parution d'ouvrages scientifiques dont, en 1719, celui du bénédictin Bernard de Montfaucon *(L'Antiquité expliquée et représentée en figures)*, ou celui du comte de Caylus *(Recueil d'antiquités égyptiennes, étrusques, grecques et romaines)* publié entre 1752 et 1767 ; la publication de romans à succès ayant pour cadre l'Égypte, tel le *Sethos, anecdote de l'ancienne Égypte*, de l'abbé Terrasson ; la multiplication de voyages comme ceux de Paul Luca (1704, qui donna lieu à de nombreuses publications, de 1714 à 1720), Benoît de Maillet (1727), Richard Pococke (1743), en attendant le célébrissime compte rendu de Volney, *Voyage en Syrie et en Égypte*, publié en 1787, etc.[3]

Cette « ambiance » égyptienne ne fut pas sans conséquences sur les esprits français. Le développement de la franc-maçonnerie (phénomène social de première importance au siècle des Lumières, car il permit un mélange des élites) se fondait sur des rites réputés remonter pour certains d'entre eux à l'Égypte ancienne, ainsi que le montre par exemple l'opéra « maçonnique » de Wolfgang Amadeus Mozart, *La Flûte enchantée* (1791)[4]. Les monarques éclairés de toute l'Europe firent édifier des sphinx et des obélisques. En France, cette mode n'épargna pas la cour et obtint le soutien de Marie-Antoinette ou de quelques grands seigneurs. On sculptait des sphinx et on peignait des scènes

Bonaparte sur un dromadaire – XIXe siècle

École française XIXe siècle
attribué à Casimir Meurent
Bronze ciselé patiné et partiellement doré
Hauteur 37 cm
Largeur 27 cm
Profondeur 12 cm
Fondation Napoléon, Paris (Donation Lapeyre)
N° d'inventaire 465
Photo Patrice Maurin-Berthier, Saint-Cloud

Extraordinaire ressemblance entre ce bronze et celui, lui aussi anonyme, détenu par le musée du Château de Malmaison. N° d'inventaire MM. 40.47.4369. On peut le voir dans le catalogue de l'exposition *Malmaison et l'Égypte*[1]. Celui-ci précise que cet exemplaire est signé sur la base « *Meurent sculpt.* » bien que cette origine soit mise en doute.

La version présentée ici est rehaussée de dorures du plus bel effet pour souligner des éléments existant déjà dans le bronze sans dorures (pommeau et troussequin de la selle, bord de la chabraque, sangle, parements de Bonaparte, sabre), mais aussi des éléments supplémentaires. Ce sont notamment : un harnachement à pendeloques, un plumet sur la têtière et une rêne simple en lieu et place de la double bride.

[1] Lancestremère, Christine & Benoit, Jérémie, p. 55, mais on peut le voir aussi dans le site Internet : www.photo.rmn.fr/fr/f_recherche.htm _ Recherche libre : Bonaparte sur un dromadaire _ MM. 40.47.4369

[2] Voir J. Vercouter, *À la recherche de l'Égypte oubliée*, Gallimard, 1986, pp. 16 et suivantes ; Henri Laurens, « La place de l'orientalisme dans les sciences humaines du XVIIIe siècle », *Orientales I*, CNRS Éditions, 2003, pp. 41-54.

[3] Réédité chez Fayard, en 1998.

[4] Sur l'inspiration égyptienne de l'opéra de Mozart, J. Chailley, *La Flûte enchantée*, Robert Laffont, 1991.

égyptiennes bien avant que Bonaparte ne foule la terre africaine, comme le rappelle par exemple l'inspiration des boiseries exécutées dans l'appartement intérieur de Marie-Antoinette à Versailles (1783)[5]. C'est l'époque, par exemple, où l'on édifia la pyramide du parc Monceau, à Paris, dont un des architectes ne fut autre que le futur général Kléber. En 1785, l'Académie des Inscriptions et des Belles-Lettres lança un concours sur un thème égyptien[6].

La « vogue égyptienne » fut donc bien antérieure à 1798-1799, le « berceau des civilisations » ayant de longtemps passionné les scientifiques et les curieux. Le thème égyptien était très présent par le biais d'un « exotisme de salon »[7] autant que d'un réel intérêt historique et archéologique qui n'excluait pas, nous le verrons, les visées stratégiques. Homme de son temps, Bonaparte n'avait pas échappé à cette vogue.

Détail de la page 25
D'agréables rencontres ponctuent la campagne d'Égypte…

Bonaparte et l'Orient

Comme son siècle, Bonaparte fut attiré par l'Orient et l'Égypte. Dans sa jeunesse, il avait lu et annoté l'*Histoire des Arabes* de Marigny, le *Voyage en Syrie et en Égypte* et *Les Ruines* de Volney, les *Lettres sur l'Égypte* de Claude Étienne Savary et les *Mémoires sur les Turcs* de Tott. Il s'en était inspiré pour écrire une nouvelle, *Le Masque prophète*, à la veille de la Révolution. En 1795, dans un de ses nombreux moments de mélancolie, il envisagea même de donner plus de consistance à ses envies d'Orient en se mettant au service de l'Empire ottoman. Heureusement, la crise de Vendémiaire le détourna de ce projet.

Dans la société française du Directoire, fille du siècle des Lumières, l'Orient restait marqué de mystère, de perspectives de gloire et de richesse. Ces trois facteurs intéressaient Bonaparte. Comme ses contemporains, pétris de culture et de références antiques, il songeait – et parfois s'identifiait – aux généraux romains, aux grandes dynasties arabes et aux campagnes des Macédoniens. *« Nous avons vingt-neuf ans, l'âge d'Alexandre »*, aurait-il confié à Bourrienne au moment où, vainqueur en Italie,

[5] B. Chevallier (dir.) dans son introduction à *Style Empire*, Valmont éditeur, 2000, p. 14.

[6] Voir par exemple J.-M. Humbert, « Égyptomanie », *Dictionnaire européen des Lumières*, P.U.F., 1997, pp. 377-379.

[7] P. Bret, *L'Égypte au temps de l'expédition de Bonaparte*, Hachette, 1998, p. 19.

Campement des Français en Égypte commandés par le Général Bonaparte – s.d.

Fr. Novelli Nen inv. 8c defs.
Gravé par P. Zancon
Eau-forte 27,7 × 37,3 cm
Avec les marges 42,2 × 60,2 cm
Fondation Dosne, Bibliothèque Thiers, Paris
N° d'inventaire 13/0068

Bonaparte, présenté ici comme quelque peu irrespectueux envers les antiquités pharaoniques, donne ses ordres en dépliant sa carte sur la relique d'un monument. Le message que l'auteur a voulu faire passer doit être donné comme erroné si l'on considère les travaux réalisés par les savants et la création de l'Institut d'Égypte, le 22 août 1798, par décret de Bonaparte. Le général en chef est lui-même membre de l'Institut national, classe des Sciences physiques et mathématiques, depuis le 25 décembre 1797. D'ailleurs, il participe aux travaux destinés à créer une communication entre la mer Rouge et la Méditerranée. À la fin de l'année 1798, il se met à la tête d'un détachement qui a pour objectif de retrouver l'isthme de Suez. Accompagné de Jacques-Marie Le Père, ils trouvent, dans le désert au nord de Suez, les traces du canal qui avait assuré, dans l'Antiquité, la navigation entre les deux mers.

VOUS ÊTES GRAN

BONAPARTE, privé des moyens de continuer avec succès un siége opiniâtre et meurtrier, s'éloigna de Saint-Jean-d'Acre le
Mameloucks, avait reparu à Ghizeh. Il sortit sur-le-champ du Kaire, avec une partie de ses troupes, et se dirigea vers les Pyr
près du Spinx de granit, lorsqu'un Arabe, envoyé d'Alexandrie, vint lui annoncer le débarquement à Aboukir de 18,000 jan
Alexandrie, afin de reconnaître la positiou de l'ennemi. Celui-ci occupait l'étroite presqu'île d'Aboukir, protégé par deux li
avec 6,000 hommes seulement qu'il avait à sa disposition : deux divisions marchèrent de front aux retranchemens élevés sur l
janissaires rentrèrent en désordre dans le village, qui fut enlevé par les mêmes manœuvres, après un combat opiniâtre. Vain
grand nombre se noyèrent dans la mer : 12,000 hommes périrent dans les flots ou sur le champ de bataille.—Ainsi fut efface
Kléber ne put arriver sur le terrain avec sa division que trois heures après la défaite de l'armée turque. En rejoignant Bonap

Propriété de l'Editeur. (Déposé.)

COMME LE MONDE!

, et rentra dans la Basse-Egypte avec son armee. Il arriva au Kaire le 14 juin. Bientôt il apprit que Mourad-Bey, avec ses
s le chef des Mameloucks s'était déjà jeté dans le Désert. ... Campé de nouveau au pied de ces célèbres monumens, il était assis
, protégés par la flotte anglaise. Il prit avec lui les divisions Lannes, Bon, et Murat, et se porta sur Ramanieh et de là sur
inchemens, par une forte redoute, et par le feu de 30 chaloupes canonnières.—Bonaparte se décida à l'attaquer sur-le-champ,
nnemi, tandis que Murat, avec ses escadrons de hussards et de dragons, y pénétra par le centre. La première ligne forcée, les
nde fois, les Turcs se dispersèrent dans un affreux désordre, et cherchèrent à regagner les chaloupes anglaises; mais le plus
victoire éclatante, l'humiliation que le désastre de la flotte française avait attaché un an auparavant, au nom d'Aboukir.
amp de bataille, il se jeta dans ses bras, en s'écriant, dans son enthousiasme : GÉNÉRAL, VOUS ÊTES GRAND COMME LE MONDE,

il réfléchissait à la suite qu'il pourrait donner à sa carrière. De là à conclure que ce fin politique, dont les perspectives avaient été enflées par la fulgurante campagne cisalpine, succomba à un « rêve » au moment de s'engager dans son projet égyptien, il y a un grand pas que l'on ne saurait franchir. À l'expression de « rêve oriental » de Bonaparte, on devrait donc préférer celle utilisée par Iradj Amini, qui rend mieux compte du facteur culturel : une *tentation* d'Orient. Cette façon de définir les relations entre le grand homme et cette aventure inattendue intègre mieux les réalités psychologiques du temps[8].

Le Directoire voulait-il se débarrasser de Bonaparte ?

À son retour d'Italie, Bonaparte fut froidement accueilli par le Directoire. Le général envisageait sérieusement de participer aux luttes pour le pouvoir. Il en devint gênant pour le fragile régime de l'an III. Partant de cette réalité, nombreux sont les napoléonistes qui ont conclu que c'est pour se débarrasser de lui, l'éloigner du centre des luttes, que les directeurs « inventèrent » un projet égyptien ou, au moins, l'encouragèrent à assouvir son « rêve » pour l'éloigner. Il faut nuancer cette idée.

Un général ambitieux

Rentré d'Italie le 5 décembre 1797, après un court passage au Congrès de Rastadt, Bonaparte fut solennellement reçu par le Directoire cinq jours plus tard. Durant la cérémonie organisée en son honneur, au milieu d'une longue adresse, le général glissa une remarque sur les « meilleures lois organiques » à mettre en œuvre en France. Ce commentaire fit frémir ceux qui craignaient que le vainqueur de Rivoli n'ait des projets immédiats sur la « régénération » de la République. Le chroniqueur contre-révolutionnaire Mallet du Pan écrivit alors : *« Bonaparte peut se tenir assuré que la moitié de ses acclamateurs l'eussent étouffé sous ses couronnes triomphales. »*[9] Dans un ouvrage paru au début du XXe siècle, Albert Espitalier, se fondant sur de nombreux docu-

Pages 26-27

Vous êtes grand comme le monde

[François] Georgin ; De la Fabrique de Pellerin, imprimeur-libraire, à Épinal
Sous l'image, texte sur huit lignes décrivant les événement de Saint-Jean-d'Acre jusqu'à l'arrivée de Kléber : « Bonaparte… comme le monde »
Gravure sur bois 32 × 54 cm
Collection Frédéric Künzi, Praz-de-Fort
Photo : François Bertin, Grandvaux

La bataille d'Aboukir vient de se terminer victorieusement lorsque le général Kléber arrive. Il dira à Bonaparte cette phrase restée célèbre : « Général, vous êtes grand comme le monde. » Après la catastrophe de Saint-Jean-d'Acre, elle devait être la bienvenue.

---

[8] I. Amini, *Napoléon et la Perse*, Fondation Napoléon, 1995.

[9] Cité par A. Espitalier, *Vers Brumaire. Bonaparte à Paris*, Perrin, 1914, p. 55.

Photo tirée du film
« Adieu Bonaparte »

Réalisation : Youssef Chahine
Avec : Michel Piccoli, *Caffarelli*
Mohsen Mohieddin, *Ali*
Patrice Chéreau, *Napoléon Bonaparte*
Mohsena Tewfik, *La mère*

ments d'archives, a montré que la crainte des directeurs était justifiée. Poussé par les modérés et les monarchistes sans roi – au premier rang desquels brillait le ministre des Relations extérieures Talleyrand –, Bonaparte avait bien le projet de se mêler alors aux luttes pour le pouvoir qui n'avaient pas cessé depuis 1789 et prenaient un tour encore plus vif avec le régime directorial incapable de maîtriser les conseils législatifs. Bientôt nommé à la tête d'une armée d'Angleterre destinée à envahir les îles Britanniques, populaire et sûr de lui, le général représentait bien une menace sérieuse pour un régime menacé en permanence d'un énième coup d'État.

Comment occuper Bonaparte ? La question dut alors hanter les directeurs. En janvier 1798, on pensa qu'il pourrait retourner à Rastadt où la République tentait d'obtenir la paix et la rive gauche du Rhin des puissances germaniques. On réfléchit ensuite à une mission en Hollande, afin de réorganiser la République batave. Rien ne se réalisa et Bonaparte continuait à amasser des preuves de popularité, rencontrant les uns et les autres (y compris les royalistes, ce qui allait finir par lui faire du tort), laissant toujours sa porte ouverte, fréquentant les fêtes données en son honneur, siégeant à l'Institut qui lui avait offert le fauteuil de Carnot.

Vers le 10 janvier 1798, tout s'accéléra. Bonaparte se sentit enfin général en chef de l'armée d'Angleterre. Une pluie d'ordres et de nominations s'abattit sur ses subordonnés et lui-même multiplia les inspections. Un plan d'invasion des îles Britanniques fut même rédigé à l'intention du ministre de la Guerre. En 1802, lors d'une conversation avec l'ancien directeur Reubell, Bonaparte révéla que cette soudaine fringale d'action avait été justifiée par la situation politique parisienne : sans fonction civile, il était amené à se mêler du gouvernement et avait fini par se trouver au cœur des querelles du moment, sans avoir la possibilité ou la force de trancher ; il avait donc décidé de prendre du recul pour ne pas apparaître comme complice des jeux politiciens. Comme il le dirait encore plus tard, *« la poire*

Le Général Bonaparte

Modèle datant de 1838 et fondu après 1847 (éventuellement vers 1866-67)
Par Antoine-Louis Barye [1795-1875]
Fonte d'édition ancienne par F. Barbedienne
Bronze à patine médaille d'origine
Signé sur la terrasse : « Barye »
Hauteur 35,7 cm
Largeur 33,2 cm (terrasse : 28,3 cm)
Profondeur 13,6 cm (terrasse : 10,9 cm)
Galerie de Souzy, Paris
Photo : Galerie de Souzy, Paris

Le nombre incalculable de représentations d'animaux de toute sorte, mais particulièrement d'animaux sauvages, a donné à Barye son surnom de « Michel-Ange de la ménagerie ». C'est aussi ce type d'œuvres qui a fait la célébrité planétaire de celui qui influencera Rodin et Matisse. Il a la particularité de mener à bien l'ensemble de ses bronzes et s'astreint à en façonner les moules, à couler et patiner lui-même ses œuvres. Voyons donc ce que nous pouvons dire de la présente.

Elle est probablement la statue équestre la plus importante de l'artiste, Le *Général Bonaparte* est le premier modèle des catalogues d'édition de Barye, ouvrant la liste des « figures ».

Nous savons que les représentations de Bonaparte, alors qu'il n'est « que » général, sont rares. Barye, lui, n'a pas lésiné sur la production de cette œuvre somptueuse, peut-être justement en raison du manque d'effigies du « petit » général qui deviendra empereur. Le véritable visage de Napoléon Bonaparte, malgré toutes les représentations que nous en avons, est peu connu. Il ne « posait » pas et l'on ne connaît de lui que deux portraits faits d'après nature. Les artistes le croquaient habituellement lors des revues de troupes ou même sur les champs de bataille.

n'était pas mûre». La contre-offensive du Directoire ne tarda pas d'ailleurs à commencer. À quelques jours du 21 janvier, jour anniversaire de l'exécution de Louis XVI, il fit savoir à son général qu'il souhaitait sa présence au premier rang des commémorations. Ainsi, s'affichant avec la *gauche*, Bonaparte s'affaiblirait sur sa *droite*. Il refusa d'abord de se rendre aux cérémonies, puis accepta d'en être dans la délégation de l'Institut et non dans celle du gouvernement. Les directeurs avaient montré qu'ils avaient plus d'un tour dans leur sac pour compromettre le gêneur.

Éloigner Bonaparte en sacrifiant le meilleur de la marine et de l'armée ?

Bonaparte avait compris qu'il lui fallait se sortir du nid de complots parisiens dont il devenait chaque jour davantage – et à son corps défendant – un acteur. Il lui fallait redevenir militaire (c'était ce qu'il savait alors faire le mieux) et aller moissonner encore un peu plus de gloire en attendant des jours meilleurs. Et puisqu'on lui proposait le théâtre d'opérations anglais, il devait s'y consacrer. Il travailla donc sérieusement à son projet de débarquement mais revint fort pessimiste de sa tournée d'inspection. L'opération était risquée. Il confia à Bourrienne : *« Ce coup de dés est trop chanceux. Je ne le hasarderai pas. »*[10]

Le 23 février 1798, il remit ses conclusions au Directoire : « Quelques efforts que nous fassions, nous n'acquerrons pas d'ici à plusieurs années la supériorité des mers. Opérer une descente en Angleterre sans être maître de la mer est l'opération la plus hardie et la plus difficile qui ait été faite. […] S'il n'est pas possible de se procurer exactement l'argent demandé par le présent mémoire, ou si, vu l'organisation actuelle de notre marine, l'on ne pense pas qu'il soit possible d'obtenir cette promptitude dans l'exécution que les circonstances exigent, il faut alors réellement renoncer à toute expédition d'Angleterre, se contenter de s'en tenir aux apparences, et fixer toute son attention comme tous ses moyens sur le Rhin, afin d'essayer d'enlever le Hanovre et Hambourg à l'Angleterre. On sent bien que, pour

[10] *Mémoires de Bourrienne*, Ladvocat, 1829, t. II, p. 36.

Le vaisseau le *Tonnant* au combat d'Aboukir, mort héroïque du capitaine de vaisseau Dupetit-Thouars, 1er août 1798 – s. d.

Lithographie 30,3 × 48,5 cm
Avec les marges 46 × 64 cm
Au-dessus de l'image, au centre : Épisode maritime
En bas, à gauche : Dessiné et lith par A. Mayer et Bayot
En bas, à droite : Imp. par Lemercier, Paris, Bulla et Jouy. Succ., 10 rue Tiquetonne
Plus bas, au centre : London, pub. 15 November by the Analglyphic Company, 25 Berners St Oxford St.
Plus bas, à droite : Paris (Mon Aumont) François Delarue, succ. 10 rue J. J. Rousseau
Fondation Dosne, Bibliothèque Thiers, Paris
N° d'inventaire 13/0194

La scène illustre l'épisode où le navire, réduit à l'état de ponton par la mitraille anglaise, voit l'héroïque capitaine faire mettre ses moignons de jambes sanglants dans un baril de son (voir détail page 35), afin de retarder l'issue fatale et garder le commandement le plus longtemps possible.

« Sur le Tonnant*, le commandant Dupetit-Thouars, les deux jambes emportées par un boulet, eut encore la force de crier : « Braves matelots, ne vous rendez jamais ! » Ce navire, bientôt démâté, alla s'échouer au rivage. »*[1]

[1] De Villiers du Terrage, Édouard, p. 69.

Détail montrant le capitaine Dupetit-Thouars dans un baril de son

parvenir à l'un et l'autre de ces buts, il ne faudrait pas avoir une armée nombreuse éloignée de l'Allemagne. *Ou bien faire une expédition dans le Levant qui menaçât le commerce des Indes.* »[11] C'était indirectement évoquer un projet oriental.

Et de fait, depuis quelque temps, l'idée d'une expédition en Égypte avait été mise au goût du jour, notamment par Talleyrand. Est-ce à dire que les directeurs fusionnèrent deux projets – éloigner Bonaparte *et* intervenir en Égypte ? On ne pourrait jurer qu'ils n'y pensèrent pas. Un espion napolitain écrivit alors à ses commanditaires : « Je peux vous assurer que le tiers de la capitale, et presque tous les directeurs excepté Barras, désirent que Bonaparte périsse ou soit au moins humilié. »[12] Quoi qu'il en soit, en donnant bientôt leur feu vert à l'aventure égyptienne, les directeurs ne pensèrent pas en priorité à se défaire de l'encombrant général. Voir Bonaparte s'éloigner ne leur déplaisait pas, mais de là à prendre de tels risques ! Certains membres de l'exécutif s'opposèrent même au projet : « Nous n'allons quand même pas exposer trente à quarante mille soldats français au hasard d'une bataille navale, à la seule fin de nous débarrasser d'un général ambitieux ! Encore faudrait-il m'assurer que l'expédition d'Égypte sera profitable à la République et ne servira pas seulement les desseins de Bonaparte », se serait écrié La Revellière-Lépeaux[13]. De son côté, Reubell, directeur « spécialisé » dans les affaires étrangères, avait d'autres ambitions. Il voulait s'attaquer directement à l'Angleterre, du côté de l'Irlande, la « Vendée anglaise » comme on disait alors[14], et déclara : *« Nous n'avons pas encore la paix avec l'Empire. L'Autriche reste armée. Il est inconcevable que, dans une position pareille, nous nous défassions de 30 000 à 40 000 hommes de bonnes troupes et de nos meilleurs généraux dont Bonaparte. »*

Ce serait par trop mépriser le Directoire que de penser qu'il était prêt à sacrifier à ses intérêts immédiats, non pas Bonaparte, mais une partie essentielle de la flotte française et le meilleur de l'armée.

[11] Lettre de Bonaparte au Directoire, 23 février 1798, Napoléon Bonaparte, *Correspondance générale publiée par la Fondation Napoléon*, Fayard, 2005, t. II, N° 2312. Souligné par nous.

[12] Cité par A. Espitalier, *o p. cit.*, p. 184.

[13] Cité par J. Benoist-Méchin, *Bonaparte en Égypte ou le rêve inassouvi*, Perrin, 1978, p. 36.

[14] Une expédition en Irlande allait avoir lieu pendant l'été 1798 et se terminer par la reddition du corps expéditionnaire du général Humbert.

Le projet stratégique

Le projet d'invasion de l'Égypte était ancien, une sorte de « classique » de la diplomatie française des XVIIe et XVIIIe siècles dans le cadre de sa lutte contre l'Angleterre. Sans remonter à Leibniz qui le conseilla à Louis XIV (sans d'ailleurs être reçu par le Roi-Soleil), il fut souvent évoqué avant et pendant la Révolution. Dans les années 1780, on avait envisagé à plusieurs reprises une action militaire pour protéger les marchands français. Le projet le plus avancé avait été initié par le ministre de la Marine, Sartine, qui avait envoyé le baron Tott en reconnaissance. Louis XVI n'avait pas osé aller plus loin et Tott… avait écrit un livre à succès à partir de ses observations. En 1793, et surtout en 1795, plusieurs rapports adressés à la Convention avaient décrit la conquête comme « facile ».

La politique méditerranéenne de Talleyrand

« Une chose est certaine : *l'idée* de l'expédition d'Égypte appartient à Talleyrand », a écrit un historien[15]. Bonaparte le reconnut plus tard, devant Reubell : *« C'est Talleyrand qui me remit un mémoire sur l'expédition d'Égypte. J'ai cru que cela venait du Directoire. »*[16] Le ministre des Relations extérieures voulait promouvoir une grande politique méditerranéenne. Il était *« le représentant de la tendance coloniale issue de l'Ancien Régime. »*[17] Ami de Volney, il avait l'idée de prendre une revanche du Traité de Paris (1763) qui avait entériné la perte des Indes. Pour y parvenir, la France devait renforcer ses bases en Méditerranée (y compris en Égypte) et s'en servir pour repartir à la conquête des Indes, soit par l'Égypte et la mer Rouge (par un canal reliant les deux mers, ou par un « double port » permettant le passage des troupes et du matériel).

Talleyrand parla des colonies, de la Sublime Porte et de l'Égypte à l'Institut, en juillet 1797, dans un *Essai sur les avantages à retirer des colonies dans les circonstances présentes*. Invoquant la perte certaine de leurs colonies par la France et l'Angleterre,

[15] Benoist-Méchin, *op.cit.*, p 36.

[16] F. Masson, « Conversation de Reubell avec le Premier Consul (8 ventôse an X, 22 février 1802, *Nouvelle Revue Rétrospective*, citée par A. Espitalier, *op.cit.*, p. 137.

[17] H. Laurens, *L'Expédition d'Égypte*, Seuil,1997, p. 249.

l'ancien évêque appelait ses contemporains à se préparer à négocier avec l'Empire ottoman la cession de l'Égypte. *« Sur le ton le plus posé, le plus académique, Talleyrand prophétise »*, s'enthousiasme Jean Orieux[18]. Trois jours après son accession au ministère (20 juillet 1797), Talleyrand remit au Directoire plusieurs rapports visant à l'organisation d'expéditions vers les Indes, afin d'y attaquer les intérêts commerciaux anglais[19].

Du projet de Talleyrand à la volonté de Bonaparte

La vision de Talleyrand rencontra la volonté de Bonaparte qui commençait à projeter la suite de sa carrière. Il est possible – sinon probable – que le vainqueur de Rivoli se soit ouvert de ses nouveaux projets à Talleyrand dans leur correspondance confidentielle. Lui-même homme de la Méditerranée, le général méditait des projets de développement des intérêts français sur ses rivages. Il écrivit au Directoire : *« Il faut que nous conservions le port d'Ancône à la paix générale et qu'il reste toujours français. Cela nous donnera une grande influence sur la porte ottomane et nous rendra maîtres de la mer Adriatique, comme nous le sommes, par Marseille et l'île de Corse, de la Méditerranée. »*[20] Au même moment, il commanda des livres et des cartes, commença à lire le Coran et annota le *Voyage en Égypte et en Syrie*, de Volney. Un mois après les premiers rapports de Talleyrand sur l'Inde et les colonies, Bonaparte écrivit au Directoire qu'il occupait les îles Ioniennes, ajoutant : *« Les temps ne sont pas éloignés où nous sentirons que, pour détruire véritablement l'Angleterre, il faut nous emparer de l'Égypte. Le vaste Empire ottoman, qui périt tous les jours, nous met dans l'obligation de penser de bonne heure à prendre des moyens pour conserver notre commerce au Levant. »*[21] Deux projets politiques avaient fusionné. Le 23 août 1797, Talleyrand écrivit d'ailleurs à Bonaparte : *« Rien n'est plus important que de nous mettre sur un bon pied avec l'Albanie, la Grèce, la Macédoine et autres provinces de l'Empire turc d'Europe, et même toutes celles qui baignent*

[18] *Talleyrand*, Flammarion, 1970, p. 249.

[19] Sur Talleyrand et ses projets diplomatiques, nous renvoyons au superbe livre d'Emmanuel de Waresquiel, *Talleyrand, le prince immobile*, Fayard, 2003.

[20] Lettre de Bonaparte au Directoire, 15 février 1797, Napoléon Bonaparte, *Correspondance générale publiée par la Fondation Napoléon*, Fayard, 2004, t. I, N° 1379.

[21] Bonaparte au Directoire, 16 août 1797, *Correspondance générale publiée par la Fondation Napoléon*, N° 1908.

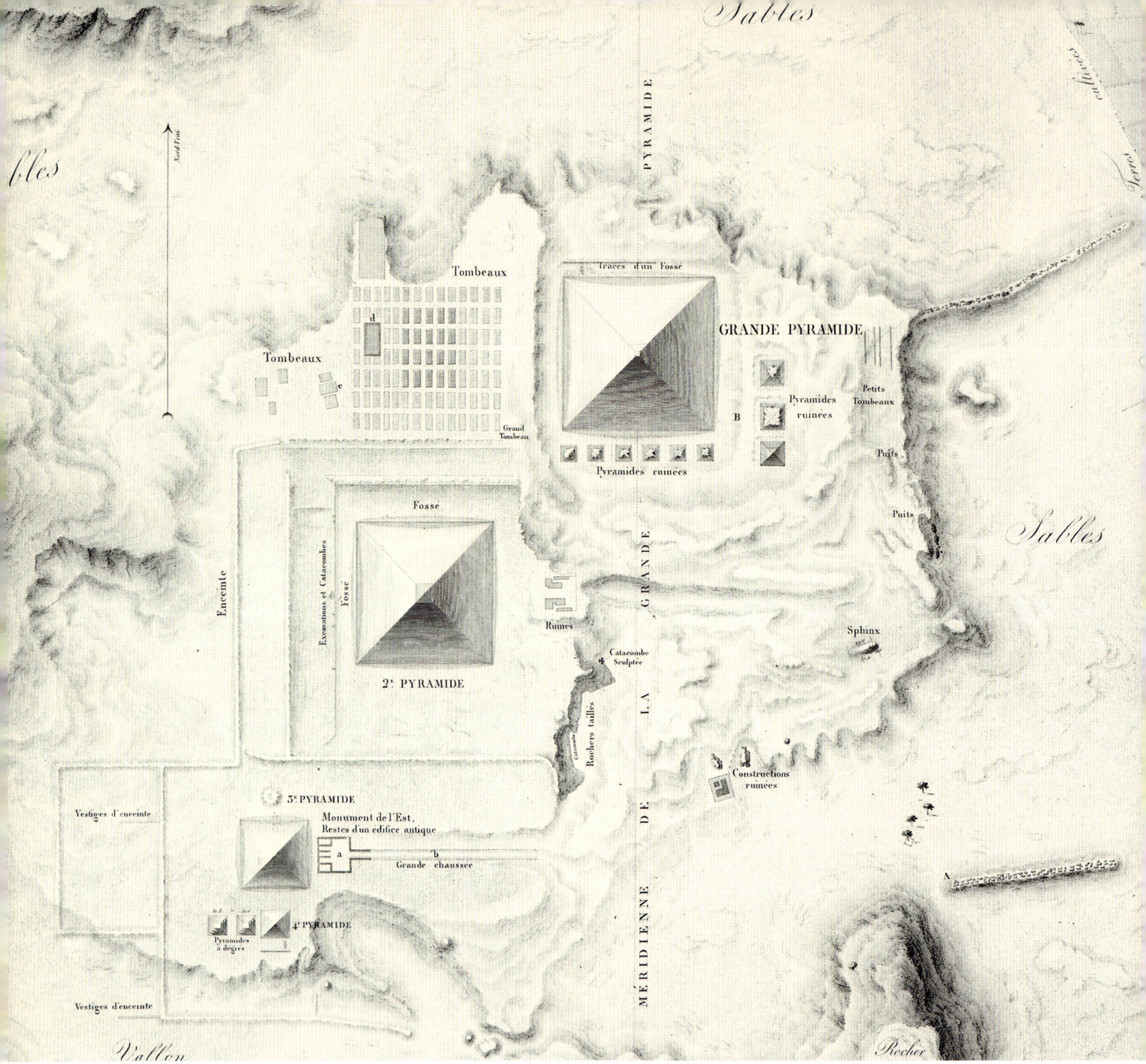

Pyramides de Memphis. Plan topographique des pyramides et des environs.

Antiquités, VOL. V, Pl. 6.
Jacotin delt; Blondeau sct.
Paris, Imprimerie Royale, 1809-1828
Eau-forte 47 × 65 cm
Dimensions de la planche 64 × 90 cm
Bibliothèque publique et universitaire, Genève
N° d'inventaire Fa 711 P 1/5
Photo: François Bertin, Grandvaux

Ce plan, à l'instar des pyramides elles-mêmes, est spectaculaire et comporte de très nombreux détails. La photographie aérienne comparative nous montre que ces extraordinaires réalisations ont défié les siècles depuis 2000 ans et que le plan de Jacotin est fait avec la plus grande exactitude malgré des moyens techniques dérisoires.

« *Je relevais les angles au moyen de la boussole et je mesurais les distances par le temps que les chameaux mettaient à parcourir la route entre deux stations. Le pas du chameau est d'une régularité parfaite ; c'est un véritable pendule animal. Je suis ainsi parvenu à relever la carte de la vallée de l'Égarement qui fait partie de la grande carte d'Égypte annexée à l'ouvrage de la Commission.* »[1]

---

[1] De Villiers du Terrage, Edouard, p. 188.

Photo aérienne des pyramides de Memphis prise par satellite.

Photo : Agence spatiale européenne

Cette photographie montre à quel point les plans et cartes réalisés par les intervenants sont exacts, qu'ils soient cartographes comme Jacotin, géomètres comme Devilliers ou astronomes.

Il n'est pas superflu de rappeler que nos savants travaillaient au moyen d'instruments souvent réalisés sur place avec les moyens du bord. Si les plans du Caire ou d'Alexandrie font l'objet de relevés astronomiques, les bords du Nil sont relevés « *à la planchette* » ou encore « *au pas et à la boussole* ». L'exactitude du plan des pyramides de Memphis participe donc d'un travail gigantesque de précision.

Dans les noms cités pour la carte de Memphis et des pyramides : Alibert, Bertre, Burel, Devillier, Dubois-Aymé, Girard, Jacotin, Jomard, Le Père, Martin, Schouani, Souhait.[1]

[1] Bien que son nom ne soit pratiquement jamais mentionné au sein des publications traitant de l'expédition d'Égypte, Schouani a participé à l'élaboration d'un grand nombre de cartes réalisées en Égypte. Il est cité par Jacotin 19 fois sur les 47 régions mentionnées comme cartographiées.

la Méditerranée, comme notamment l'Égypte, qui peut un jour nous être d'une grande utilité. »[22]

Les faiblesses de l'Empire ottoman

À la fin du XVIIIe siècle, l'Empire ottoman était déjà, cinquante ans avant que l'expression ne soit mise à la mode, un homme « malade » en Europe[23]. Gouverné par le sultan Sélim III depuis 1789, il était constitué de territoires hétéroclites regroupant tout l'Islam occidental, à l'exception du Maroc. Le despotisme était la règle de fonctionnement de l'empire et la corruption régnait en maître. L'autorité de la Sublime Porte sur ses possessions devenait inexistante au fur et à mesure qu'on s'éloignait de la capitale. Les potentats locaux ne rendaient pas compte à Constantinople. Hors de la Turquie proprement dite, rien ne fonctionnait au royaume de Sélim, submergé par une explosion démographique à peine tempérée par les épidémies de peste. Le sultan avait peu prêté attention à la Révolution française, poursuivant une politique d'amitié avec ce pays. Mais la présence française restait limitée à une poignée de diplomates et de conseillers militaires. La Porte s'était insensiblement tournée vers de nouvelles puissances, jusqu'alors peu présentes dans la région (Angleterre et Prusse) tout en poursuivant sa politique traditionnelle de défense de ses frontières contre ses prédateurs naturels, l'Autriche et la Russie. Bien que battue militairement, la Turquie avait arraché de bons traités à Sistova (1791) et Iassy (1792).

De Paris, l'autocratie turque apparaissait comme faible et déliquescente. Il fallait prendre ses positions en prévision de l'effondrement de la Porte, ainsi que l'écrivait Talleyrand à Bernadotte, parti prendre l'ambassade de Vienne : « *La République est fermement résolue à ne pas laisser s'accomplir la ruine de la Porte sans s'assurer à elle-même une part assez considérable (du) commerce de la mer Méditerranée.* » Ainsi, le ministre plaçait son « projet égyptien » dans une nouvelle définition des relations entre la France et la Porte. Pour lui, la traditionnelle amitié

Détails de la page 41

[22] G. Lacour-Gayet, *Talleyrand*. 1754-1838, Payoyt,1930, t I, p. 304. Voir aussi l'impressionnante documentation recueillie et citée par M. Poniatowski, *Talleyrand et le Directoire, 1796-1800,* Perrin 1982.

[23] Voir Henri Laurens, « Le siècle des Lumières face à l'Empire ottoman : l'élaboration d'une image », *Orientales I, op. cit.*, p. 57-63.

Rupture de la digue du Nil [le 18 août 1798] – c.a. 1827

Grenier del.; Litho de C. Motte, rue des Marais St. G.
Lithographie 27,3 × 46,2 cm
Avec les marges 42,5 × 58,5 cm
Fondation Dosne, Bibliothèque Thiers, Paris
N° d'inventaire 21/9067
© Suzanne Nagy-Kirchhofer, Paris

Chaque année, la rupture des digues du Nil est un événement attendu, pour des raisons de fertilisation des sols, mais aussi pour jouer le rôle de voirie des bas quartiers du Caire.

En 1798, Bonaparte tient à donner une tournure particulière à la fête que les Égyptiens organisent à cette occasion. Cette tentative de séduction est illustrée dans cette gravure, où les soldats français mettent leur énergie au service des durs travaux et les officiers participent aux festivités. À gauche, la musique militaire y participe aussi, ce qui compense l'air renfrogné des soldats qui, eux, ne semblent pas être à la fête.

« Il y a un temps fixe où toutes les sources de l'univers viennent payer à ce roi des fleuves le tribut auquel la Providence les a assujetties envers lui : alors les eaux augmentent, elles sortent de son lit, et elles arrosent toute la surface de l'Égypte pour y déposer un limon productif. »[1]

« Pour établir cette distribution si nécessaire des eaux jusque dans les parties les plus éloignées [...] nous avions rédigé, pour les ingénieurs répartis dans les provinces, une série de questions à traiter et de recherches à faire [...] à cet égard. Ils devaient encore recueillir les anciens règlements, qui, bien que tombés en désuétude, pouvaient être remis en vigueur immédiatement. Dans ces vues, ils auraient consulté les gens du pays, dont les souvenirs précieux pouvaient faire connaître les secrets de l'intérêt privé [...] Telles étaient les questions qu'on avait à traiter ; et déjà plusieurs ingénieurs avaient recueilli des renseignements utiles, mais qui ont été perdus par suite de l'évacuation du pays, sauf ce qu'on en retrouve dans les divers Mémoires de nos collègues qui ont été imprimés. »[2]

---

[1] *Abrégé géographique et politique de l'Égypte sous les sultans mamelouks*, texte arabe traduit par Venture de Paradis.

[2] C.L.F. Panckoucke – *Mémoire sur la vallée du Nil et le nilomètre de l'île de Roudah*, par M. Le Père aîné, in tome dix-huitième de la *Description de l'Égypte, État moderne*, pp. 584, 585.

Le Kaire, vue de la place appelée El-Roumeyleh et de la citadelle.

Atlas de format in-folio atlantique, Pl. 67.
Dutertre del[t]; fig. à l'eau-forte
pr Duplessi-Bertaux; Paris sc[t].
Paris, Imprimerie Royale, 1809-1828
Eau-forte 40 × 88 cm
Dimensions de la planche 60 × 111 cm
Bibliothèque publique et universitaire, Genève
N° d'inventaire Fa 711/3-h gp
Photo: François Bertin, Grandvaux

Scène de la vie quotidienne vécue par les savants et les militaires sur la place de Roumeyleh. On peut y voir quelques détails qui ne s'inventent pas, notamment:

Des indigènes (peut-être enrôlés dans l'armée française) qui portent le fusil sur l'épaule et un instrument de musique sur le dos, des soldats français montés sur des ânes et dont quelques-uns sont en grande difficulté, des chevaux chargés de longues planches et qui portent des muselières (soit pour manger leur avoine en marchant, soit pour qu'ils ne s'arrêtent pas pour le faire), un jeune homme assis en tailleur sur une curieuse balançoire et qui se fait tirer à l'aide une corde. Et bien d'autres détails encore, que nous vous laissons découvrir.

entre Paris et Constantinople n'était pas un préalable obligé de la diplomatie française. Les faiblesses de la Turquie (c'est ainsi que les révolutionnaires appelaient l'Empire ottoman) devaient conduire à une redéfinition des rapports entre les deux pays. Ils ne devaient rester amis que pour permettre à la République d'empêcher la progression de l'Autriche vers le sud.

C'est pour ménager ces intérêts divergents que le Directoire conçut la fable d'une invasion de l'Égypte dirigée contre les seuls mamelouks et non contre la Porte. Ce faisant, Paris ne pouvait guère espérer consoler ou attendrir le sultan : vouloir faire la « police » sur ses terres et y rétablir l'ordre, c'était surtout stigmatiser sa faiblesse et le forcer à réagir avec force.

Détail des pages 42-43

Il est très amusant de voir ces soldats montés sur des ânes. En réalité, dénicher une monture adéquate n'était pas toujours aisé.

La route des Indes

À quoi pouvait bien servir une expédition en Égypte dans la guerre européenne et, singulièrement, dans l'affrontement franco-anglais ?

On ne peut douter que le commerce de l'Angleterre avec l'Inde ait été directement visé dans les « buts de guerre » en Égypte. C'est des Indes que Londres puisait une bonne partie de sa richesse : 90 % des produits coloniaux du sous-continent revenaient aux marchands anglais. Dérégler cette source de revenus, c'était ralentir, voire tarir les sources de financement de la guerre en Europe. Les instructions du Directoire à Bonaparte étaient sans équivoque : « *Il chassera les Anglais de toutes les possessions de l'Orient où il pourra arriver, et notamment, il détruira tous leurs comptoirs de la mer Rouge. (…) Il fera couper l'isthme de Suez, et il prendra toutes les mesures nécessaires pour assurer la libre et exclusive possession de la mer Rouge à la République française.* » L'annonce de l'arrivée des Français au Caire provoqua d'ailleurs un début de panique dans les milieux d'affaires londoniens, preuve que l'objectif indien devait être pris au sérieux. Outre les escadres de Nelson et de Sidney Smith, celles de l'océan Indien furent mises en alerte, tandis que les garnisons des comptoirs britanniques étaient renforcées.

On ne négligera pas que, même renouvelé par la secousse révolutionnaire, le personnel politique de l'époque restait formé d'hommes du XVIIIe siècle que les désastres de la guerre de Sept Ans et la perte des Indes et du Canada avaient heurtés. Pour eux, l'occupation de l'Égypte, c'était la route des Indes qu'on pouvait couper, puis emprunter pour aller venger les malheurs de Dupleix et détruire la puissance commerciale de l'Angleterre.

Ainsi à la question « pourquoi l'Égypte ? », il convient de continuer à donner une réponse complexe, tant l'alchimie des causes est, à deux cents ans de distance, difficile à percer. Les éléments que nous venons d'énumérer y trouvent tous leur place. C'est donner à chacun son poids dans la décision qui demeure la grande difficulté de l'exercice. La volonté et les « tentations » de Bonaparte, filles de son éducation et de sa culture d'homme du XVIIIe siècle, l'entraînèrent à « pousser » un tel projet. Mais il n'aurait pu l'emporter face aux directeurs réticents si la conquête n'avait pas eu un intérêt stratégique et ne s'était inscrite dans des desseins plus vastes. Talleyrand lui donna sans doute les clés du système : l'ambition méditerranéenne de la France combinée aux pions qu'il fallait placer dans l'hypothèse d'un effondrement rapide de l'Empire ottoman. Quant aux nécessités immédiates de la guerre économique contre l'Angleterre, elles réclamaient une initiative forte, sinon décisive. Puisque l'invasion des îles Britanniques était impossible, il fallait frapper ailleurs. Les Indes s'imposèrent, sur fond d'un vieux rêve de revanche. Mais comment menacer les Indes sans dominer les mers ? L'Égypte, carrefour terrestre et porte possible sur l'océan Indien, avait les vertus d'une base de départ idéale. Puisqu'il le voulait tant – et acceptait ainsi de s'éloigner durablement de Paris –, puisque les intérêts de la France en Méditerranée le justifiaient, puisque la destruction de la puissance économique anglaise le rendait nécessaire, le Directoire décida de conquérir l'Égypte.

Thèbes (Karnak), élévation perspective de la porte du sud.

Atlas de format in-folio atlantique, Pl. 51.
Lancret del^t ; Bovinet et Texier sc^t.
Paris, Imprimerie Royale, 1809-1828
Eau-forte 92 × 73 cm
Dimensions de la planche 109 × 80 cm
Bibliothèque publique et universitaire, Genève
N° D'inventaire Fa 711/ 3-h gp
Photo : François Bertin, Grandvaux

« Les dessins et descriptions de Jollois, Devillier, Jomard et leurs collègues restent les seuls témoignages d'une vingtaines de monument disparus depuis l'expédition. En 1829, Jean-François Champollion signalait déjà l'absence de quatorze monuments victimes du développement du pays sous l'impulsion de Méhémet-Ali. Lorsque les membres de la Commission eurent le loisir d'étudier un monument à fond, tel par exemple le temple d'Opet à Karnak, les plans et coupes qu'ils en tirèrent sont d'une exactitude pratiquement parfaite. Les archéologue d'aujourd'hui sont redevables à leurs lointains précurseurs de notes et de relevés d'une extrême précision.

Mais, si les planches de la Description de l'Egypte sont encore largement consultées dans les instituts d'égyptologie, on ne lit plus gère les commentaires qui les accompagnent, tant ils ont été infirmés, dépassés et contredit par la découverte de J.-F. Champollion[1]. »

[1] Claude Traunecker, dans L'expédition d'Egypte, une entreprise des lumières, p. 287

Départ de l'Armée d'Orient pour l'Égypte, 16 mai 1798 – s.d.

Martinet del. ; Lejeune sc.
Eau-forte 19,6 × 32 cm
Avec les marges 26,4 × 41 cm
Fondation Dosne, Bibliothèque Thiers, Paris
N° d'inventaire 31/9002

L'artiste a représenté le grand capharnaüm que peut provoquer l'embarquement d'une armée (ici celle d'Orient à Toulon) avec armes et bagages. La cavalerie est un cas particulier dans le transport par mer, puisqu'il faut charger les chevaux dans les chaloupes avant de les hisser à bord. Nous pouvons voir que cela se passe généralement mal, bien que le général en chef Bonaparte ait l'air content de lui.

« Il serait difficile de se faire une idée du spectacle qu'offrait l'armée réunie dans cette ville […] Puis, au milieu de tout ce tumulte qui précède et accompagne le départ d'une armée, que de projets et d'ambitions rêvés par des esprits ambitieux ou avides de richesses. […] Les uns fondaient sur cette expédition tout un avenir de gloire et d'honneur, les autres y voyaient la fortune ; et la plupart n'ont recueilli que de cruelles déceptions. »[1]

[1] Colonel Chalbrand, recueillis et mis en ordre par J.-J.-E. Roy – *Les Français en Égypte, ou Souvenirs des campagnes d'Égypte et de Syrie, par un officier de l'expédition.* – A. Mame, collection Bibliothèque des écoles chrétiennes, Tours, 1855, p. 11.

LA CAMPAGNE MILITAIRE D'ÉGYPTE 1798-1801

Professeur Alain Pigeard
Docteur en Droit
Docteur en Histoire en Sorbonne

« *Ce temps que j'ai passé en Égypte a été le plus beau de ma vie car il en a été le plus idéal* ». Bonaparte, 1803

Seule des nations qui avaient fait partie de la première coalition, l'Angleterre n'avait pas voulu traiter avec la République française, car les tentatives de négociations entamées par lord Malmesbury à Paris et à Lille n'avaient jamais parues sincères. Le Directoire rêvait de vaincre nos ennemis séculaires au cœur même de leur pays et, dans cet ordre d'idées, il avait encouragé la tentative de Hoche contre l'Irlande. Après le traité de Campo Formio, pensant que le moment était venu de contraindre Pitt à la paix, il rassembla une armée et une flotte, et choisit Bonaparte pour la commander ; mais celui-ci, doutant du succès d'une attaque directe contre la Grande-Bretagne, fit entrevoir d'autres projets au gouvernement. D'après lui, il était plus facile d'atteindre l'Angleterre en ruinant son commerce, en chassant ses flottes de la Méditerranée et en occupant l'Égypte, terre merveilleusement féconde qui indemniserait la France de la perte de ses colonies d'Amérique. On pouvait créer sur la mer Rouge une marine puissante qui détournerait le commerce de la route du cap de Bonne-Espérance pour le porter vers le Nil. Cette combinaison, si elle se réalisait, faisait de la Méditerranée un vaste lac français et d'Alexandrie l'entrepôt du monde entier, grâce aux stations de Marseille, Toulon, Malte et Corfou. Si l'expédition réussissait, on

pourrait donner la main à Tippo-Saïb, sultan de Mysore, l'aider à chasser les Anglais des Indes et leur ravir l'immense empire de l'Hindoustan.

Le Directoire adopte le projet

Le Directoire, qui redoutait l'ambition et la popularité du jeune général, ne demandait qu'un prétexte pour l'éloigner; aussi, après quelques hésitations, bien naturelles du reste, eu égard à la nouveauté et à l'importance de l'entreprise dans laquelle il allait lancer le pays, le gouvernement accepta ses ouvertures et l'expédition fut décidée; toutefois il garda le secret le plus absolu sur le rôle définitif destiné aux troupes de Toulon, qui furent désignées sous le nom d'Aile gauche de l'armée d'Angleterre. Le 12 avril 1798, le Directoire exécutif donne au général Bonaparte l'ordre secret de s'emparer de l'Égypte, de chasser les Anglais de toutes les possessions d'Orient où il pourra arriver, de faire couper l'isthme de Suez et de prendre toutes les mesures nécessaires pour assurer la libre et exclusive possession de la mer Rouge à la République française. Le 5 mars 1798 (15 ventôse an VI) l'expédition fut résolue. Le Directoire donna à Bonaparte les pouvoirs les plus étendus et ne recula devant aucun sacrifice. Il fut convenu que Bonaparte pourrait emmener 36 000 hommes de son ancienne armée d'Italie, un certain nombre d'officiers et de généraux de son choix, des savants, des ingénieurs, des géographes, des ouvriers de toute espèce, et l'escadre de Brueys, renforcée d'une partie des vaisseaux restés à Toulon. Ordre fut donné à la Trésorerie de lui allouer un million et demi par décade. On lui permit de prendre trois millions sur les huit du trésor de Berne. Tous les historiens ont cherché à expliquer les motifs véritables qui avaient poussé Bonaparte à cette expédition lointaine; les uns ont pensé qu'il avait cédé à un sentiment d'intérêt personnel et que, ne trouvant pas le moment propice de saisir le pouvoir, il avait préféré s'éloigner pour laisser le Directoire se discréditer davantage et, par ce moyen, établir la nécessité de son retour. Les autres ont pensé que le son but était d'ajouter à ses lauriers

Détail des pages 50-51

Pages 50-51

Alexandrie. 1. Vue du Port-Neuf, prise du cimetière qui le sépare du Port-Vieux.

État moderne, VOL. II, Pl. 85.
Cécile del^{t}; Gareau. sc^{t}.
Paris, Imprimerie Royale, 1809-1828
Eau-forte 34,6 × 57 cm
Avec les marges 52,4 × 71,5 cm
Bibliothèque publique et universitaire, Genève
N° d'inventaire Fa 711 P 2/2
Photo: François Bertin, Grandvaux

C'est dans le bassin du port d'Alexandrie que l'amiral Brueys aurait dû mettre sa flotte à l'abri des vaisseaux anglais, à moins qu'il ne se retranche sur Corfou. Ne faisant ni l'un ni l'autre, il courut au désastre que l'on sait dans la rade vulnérable d'Aboukir.
L'indécision de l'amiral demeure un mystère, mais il est notable que l'entrée de la baie d'Alexandrie avait été considérée comme trop peu profonde pour les vaisseaux de gros tonnage. D'autre part, une fois la flotte repartie, les forces terrestres auraient été sans retranchement possible depuis leur débarquement en Égypte jusqu'à leur mise en lieu sûr.
Nous le verrons, la désobéissance du chef suprême de la flotte privera néanmoins l'armée d'Orient d'une possibilité de retranchement de sa flotte de combat par la mer, autant qu'elle s'est privée des navires de transport.

Costumes et portraits.
1. Le mamlouk.
2. Le marin d'Alexandrie.

État moderne, VOL. II, Pl. D.
Dutertre delt; Delaunay sct.
Paris, Imprimerie Royale, 1809-1828
Eau-forte 38 × 53 cm
Avec les marges 54 × 72 cm
Bibliothèque publique et universitaire, Genève
N° d'inventaire Fa 711 P 2/2
Photo : François Bertin, Grandvaux

La formation en carré débuta avec la campagne d'Égypte et se révéla fort payante pour l'armée française, du moins au début. Mais les mamelouks ne tardent pas à réviser leur stratégie en préférant le harcèlement et les attaques brèves, suivies d'une retraite tout aussi rapide plutôt que les combats rapprochés : « *L'affrontement entre ces cavaliers du désert et cette formidable armée d'hommes à pied dépassa tout ce que les uns et les autres avaient appris de la guerre.* »[1]

[1] J. Miot, pp. 62-63.

La Bataille des Pyramides, le 21 juillet 1798

Louis François Lejeune (1775-1848)
Huile sur toile 183 × 421 cm
Établissement public du musée et du domaine national de Versailles et de Trianon, Versailles

Lejeune n'a pas participé à cette bataille. Cela ne l'empêche pas de nous gratifier d'un luxe de détails et d'épisodes dignes de sa connaissance des autres campagnes de Bonaparte et des hommes. Le qualificatif de « premier reporter de guerre » qui lui a été attribué prend ici toute sa valeur.

Dans les détails de cette composition panoramique, on remarque les costumes des lanciers polonais, des mamelouks et des carabiniers d'infanterie légère (plumes rouges piquées sur le shako). Une large perspective met en valeur le mouvement et les premiers ingrédients de l'orientalisme : pyramides, palmeraie et étoffes chatoyantes.

La scène se passe sur la rive gauche du Nil, en face du plateau de Guizeh avec, au loin, les trois pyramides. C'est là, avant Le Caire, que Mourad Bey a décidé de prendre position avec ses six mille cavaliers d'élite, ses quarante canons et quatre mille hommes dans les retranchements.

La faiblesse de la cavalerie et de l'artillerie contraint l'armée à se former en carrés. Le principal de ces unités occupe la droite de la composition avec Bonaparte, Berthier, l'état-major et la cavalerie. Cette campagne voit pour la première fois cette « formation en carré » qui vaudra des lauriers à l'armée

française. Les soldats d'infanterie sont alignés sur six rangs devant, derrière et sur les côtés. L'artillerie est aux angles, les officiers et les bagages au centre.

Arrêtés dans leur charge par cette solide formation, tandis que le reste des troupes leur coupe la retraite, les adversaires courent vers le Nil. C'est la déroute des mamelouks et de leur infanterie d'accompagnement. La victoire est totale, la route du Caire libre.

Un témoin de la bataille des Pyramides

Nous avons eu combat le jour de notre arrivée sur le Nil à la hauteur du Caire. Les mamelouks qui avoient eu l'esprit de se placer sur la rive gauche du Nil nous ont présenté le combat, et ils ont été rossés ; cette bataille se nomme celle des Pyramides ; ils ont perdu sept ou huit cents hommes sans exagération aucune, il y a eu une grande partie de ce nombre qui se noyèrent en voulant passer le Nil à la nage.
(Lettre à Kléber datée du 9 thermidor, an VI.)

Sabre d'infanterie des demi-brigades de bataille, dit « sabre briquet », modèle 1767

Avec fourreau, baudrier de buffle blanc et dragonne de laine rouge à floche
Longueur de la lame 56,4 cm
Longueur totale 75,4 cm
Largeur de la monture 13,9 cm
Fourreau en cuir à garnitures en laiton
Musée d'art et d'histoire, Neuchâtel
Collection Strübin
N° d'inventaire AAS 504 et AAS535
Photo : François Bertin, Grandvaux

Ce sabre équipe les unités françaises d'infanterie avant la Révolution déjà et y perdurera jusqu'en 1831. Il se compose d'une monture en laiton coulée d'une seule pièce, avec poignée incurvée ornée de cannelures et garde en arc de cercle. Cette dernière s'élargit au passage de la poignée pour former un quillon incurvé vers le bas. Le sabre briquet fait aussi partie des modèles représentés au sein des armes d'honneur attribuées aux soldats. La campagne d'Égypte voit se multiplier et se codifier l'usage de ces armes attribuées aux plus héroïques combattants.

Tromblon de mamelouk –1810

Longueur totale 80 cm
Collection particulière
Photo : François Bertin, Grandvaux

Bien que ne datant pas de la campagne d'Égypte, ce tromblon réglementaire, de la manufacture de Versailles, n'en est pas moins intimement lié à l'armée d'Orient. Sa rareté (il ne reste plus que 6 ou 7 exemplaires répertoriés sur les 73 tromblons fabriqués) n'a d'égale que sa qualité.
Séduit par le courage des mamelouks, Bonaparte en incorpore un escadron de 150 cavaliers le 7 janvier 1802. À l'origine, ce corps avait été constitué par Menou (le 7 juillet 1800) avec des mamelouks et des Syriens qui s'étaient ralliés à Bonaparte après Saint-Jean-d'Acre. Certains débarquent à Marseille avec toute leur famille, dont les éléments non incorporables sont accueillis comme réfugiés. Les mamelouks font partie d'une unité de cavaliers d'élite, dont les montures sont exclusivement des chevaux arabes. Le décret du 23 décembre 1803 les incorpore dans la Garde consulaire, puis impériale.
Le plus célèbre de tous est Roustan, le garde du corps personnel de Bonaparte. Il lui est offert en 1798 et nous retrouvons ce personnage dans toute l'iconographie napoléonienne, toujours très proche de son maître.

Pistolet réglementaire de mamelouk – vers 1810

Longueur totale 34,5 cm
Collection particulière
Photo : François Bertin, Grandvaux

Au combat, le mamelouk dispose d'un véritable arsenal : un sabre courbe à la turque, un tromblon, un poignard, une paire de pistolets d'arçon et une paire de pistolets portée soit à la ceinture, soit dans un étui appelé « koubour » (cf. page 57). En Égypte, le type des armes n'est pas uniforme, chaque cavalier possédant les siennes propres, mais elles deviennent réglementées sous l'Empire.

Sabre d'infanterie d'officier de grenadiers – Révolution

Gravé *Pour la Patrie* d'un côté et *Pour la Loi* sur l'autre face de la lame. Trophée sur une face de la lame (trompette, tambour, étendard) et motif folié sur l'autre.
Longueur de la lame 80,9 cm
Longueur totale 95,7 cm
Largeur de la monture 11,3 cm
Sans fourreau
Musée d'art et d'histoire, Neuchâtel
Collection Strübin
N°. d'inventaire AAS 111
Photo : François Bertin, Grandvaux

Les unités de l'armée d'Orient, tout comme le seront celles de la deuxième campagne d'Italie, sont majoritairement équipées d'un matériel prélevé dans les armées de la Révolution. À Marengo, en 1800, le fusil était encore celui du modèle 1777. Tout ce matériel n'a rien à voir avec la somptuosité de celui des armées impériales.

VERSAILLES

Pour la Patrie

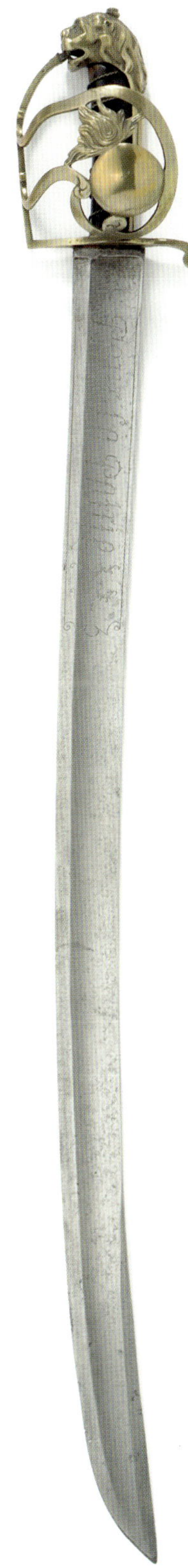

d'Italie, de conquérir une gloire plus grande encore sur les rivages de l'Asie, cette terre classique des grandes renommées. Quoi qu'il en soit, il est certain qu'il redoutait par ambition l'inaction dont il était menacé et l'oubli qu'elle pouvait entraîner à sa suite. Aussi accueillit-il avec enthousiasme le rêve que caressait son imagination ardente d'aller renouveler sur la terre des pharaons les exploits des Alexandre et des César; et, pour donner à son projet la consécration de la science, il fit briller aux yeux des philosophes et des savants la gloire de reporter en Orient le flambeau de la civilisation et d'affranchir l'Égypte, la mère des arts, du joug des Turcs et des musulmans.

La situation de l'Égypte à la fin du XVIIIe siècle

L'Égypte était placée sous la suzeraineté nominale du sultan de Constantinople qui était représenté par un pacha, siégeant au Caire; mais l'autorité réelle était entre les mains de vingt-quatre beys qui s'étaient partagé le pays et le plus souvent refusaient au pacha le *miri* ou impôt foncier, dû à l'empereur. Ils se faisaient entre eux une guerre acharnée et rançonnaient le pays, grâce à leurs terribles milices, composées de mamelouks, esclaves turcs et circassiens enlevés dans leur enfance au pays natal, rompus au métier des armes et mettant leur gloire à être les plus intrépides et les plus agiles cavaliers de la terre. Les deux beys les plus redoutables étaient Ibrahim Bey, homme plein de ruse et d'adresse, et Mourad Bey, guerrier d'un courage éprouvé; seuls, ils allaient opposer une résistance sérieuse à nos armes, car il n'y avait pas à craindre l'opposition du reste de la population égyptienne, composée en partie de Coptes ou fellahs, premiers habitants du sol, d'Arabes, première race conquérante, et enfin de Turcs, les derniers maîtres établis dans le pays. Afin de ne pas indisposer la Turquie, le Directoire dépêcha un ambassadeur à Sélim III pour lui annoncer que le but de l'expédition était de servir les intérêts de la Sublime Porte en détruisant la milice turbulente des mamelouks et de travailler à reconstituer l'intégrité de l'Empire ottoman pour proposer une barrière à l'ambition de

Détail de la page 59

Vases, meubles et instrumens.
Armes de mamlouk.
1.. 5. Tromblon. Pistolet & c
6..10. Sabres et coutelas
11.. 18. Masses d'arme.
Hache. Pique.
19.. 26. Poignard.
27. 28. Casque et bouclier
29.. 33. Harnachement.

État moderne, VOL. II, Pl. NN.
1..23. 27. 33 Cécile delt
26 Dutertre delt; Leisnier sct.
Paris, Imprimerie Royale, 1809-1828
Eau-forte 53 × 39 cm
Avec les marges 75 × 54 cm
Bibliothèque publique et universitaire, Genève
N° d'inventaire Fa 711 P 2/2
Photo: François Bertin, Grandvaux

« Le mamelouk, revêtu de pelisses, de turbans, se trouve protégé par ces mêmes habits qui amortissent des coups de sabre; ils sont tous armés d'une manière formidable; Ils ont à la ceinture une paire de pistolets et un poignard; aux arçons de la selle une autre paire de pistolets ainsi qu'une hache et une masse d'armes; d'un côté un sabre, de l'autre un tromblon, souvent un géride, et le valet à pied, une carabine. Toutes les armes à feu sont attachées à l'homme ou au cheval, ce qui donne au cavalier une grande facilité pour s'en servir, parce qu'il n'a point l'embarras de les remettre à leur place. »[1]

[1] Histoire des campagnes d'Égypte et de Syrie dictée au général comte Bertrand, pp. 233-304.

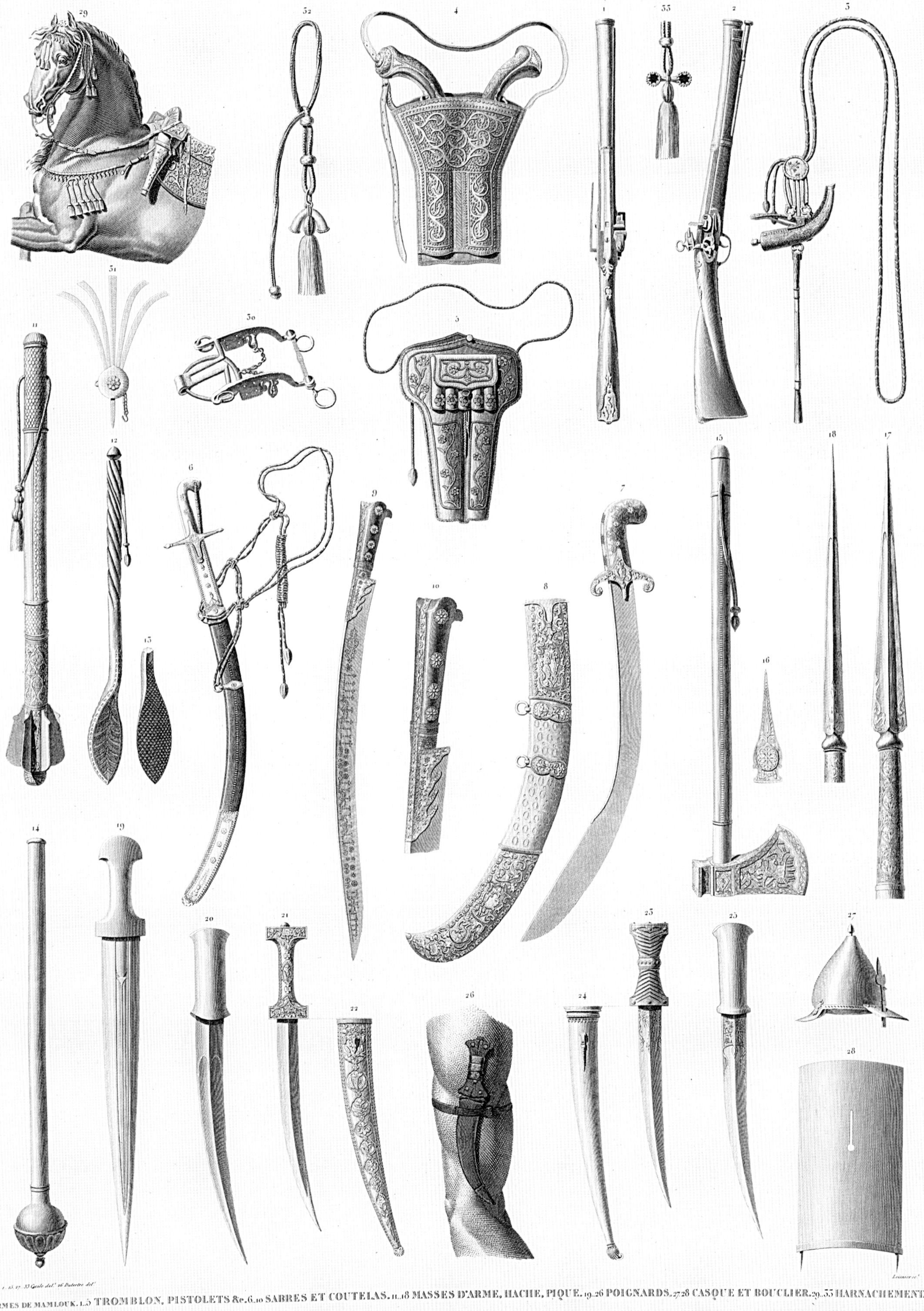

1. 15. 17. 33 Cécile del.t 26 Dutertre del.t

Leisnier sc.t

ARMES DE MAMLOUK. 1..5 TROMBLON, PISTOLETS &c. 6..10 SABRES ET COUTELAS. 11..18 MASSES D'ARME, HACHE, PIQUE. 19..26 POIGNARDS. 27.28 CASQUE ET BOUCLIER. 29..33 HARNACHEMENT.

la Russie et de l'Angleterre. Ce n'était là qu'un prétexte dont le sultan devait bientôt comprendre la subtilité.

La flotte et ses chefs

La flotte réunie à Toulon comptait quatorze vaisseaux de ligne, seize frégates et soixante-douze corvettes, cutters, avisos, chaloupes canonnières, montés par 10000 marins. Le commandement en avait été confié à l'amiral Brueys, qui montait *l'Orient*, magnifique vaisseau de cent vingt canons ; ses lieutenants étaient Villeneuve, Decrès, Du Chayla et Ganteaume. Les navires de guerre devaient protéger les 400 bâtiments qui portaient les 36000 hommes de l'armée d'Égypte, vétérans d'Italie ou du Rhin, heureux de pouvoir combattre sous les ordres de leurs plus glorieux chefs : Kléber, Desaix, Murat, Lannes, Junot, Reynier, Dugua. À côté des soldats, on voyait toute une colonie de savants et artistes, qui formaient la Commission des sciences et des arts, dont plus tard une partie devint l'Institut d'Égypte. Sur les quatorze vaisseaux de ligne qui composaient l'escadre, un des plus beaux, ayant toutes les qualités qu'on pouvait souhaiter, était l'*Orient*, de cent vingt canons ; c'était le navire amiral, c'est celui sur lequel monta le général en chef. Trois autres navires avaient quatre-vingts canons, et neuf, soixante-quatorze. Le vice-amiral Brueys avait sous ses ordres les contre-amiraux Villeneuve, Blanquet-Duchayla, Decrès. Le chef de division Ganteaume était le chef d'état-major de l'escadre. Il y avait 10000 hommes environ d'équipage. L'escadre et l'armée étaient approvisionnées pour cent jours de vivres et quarante jours d'eau. L'armée de terre était composée, sauf quelques changements de corps, telle que le comportait le projet du 5 mars soumis au Directoire, de quinze demi-brigades d'infanterie, sept régiments de cavalerie et de vingt-huit compagnies d'artillerie, d'ouvriers, de sapeurs, de mineurs, à savoir : des 2e, 4e, 21e, 22e demi-brigades d'infanterie légère ; des 9e, 18e, 19e, 25e, 32e, 61e, 69e, 71e, 80e, 85e, 88e demi-brigades d'infanterie de ligne ; chacune de trois bataillons, chaque bataillon de neuf compagnies. Des 7e de hussards, 22e de chasseurs, 3e, 14e, 15e, 18e, 20^{e}

Canne de tambour-major de la 32e demi-brigade d'infanterie – vers 1795/1800

Longueur : 1,29 m : Poids 1, 310 kg
Musée d'armes du Château de Joux, près de Pontarlier (France)
N° d'inventaire DO/AC 705
Photo : Vision 25 pour le Musée de Joux

Le tambour-major (qui fait partie de l'état-major) et le caporal-tambour font exécuter les batteries sans qu'aucun ordre ne soit prononcé. Ils commandent à l'aide de leur canne et de signaux de convention. Les signaux sont régis par le règlement d'infanterie de 1791, en vigueur jusqu'au nouveau règlement, celui de 1831. À titre d'exemple : pour la retraite, le tambour-major passe la canne croisée derrière le dos.

9e demi-brigade de ligne

Tambour-major (petit uniforme), tenue d'Égypte, musicien (petit uniforme), an X
Chromotypogravure 20,5 × 15,2 cm d'après une aquarelle de Job
Parue dans le *Supplément aux Tenues des Troupes de France* N° 13, novembre 1902
Napoleon-Museum Arenenberg, Salenstein
Pas de n° d'inventaire
Photo : Document numérique fourni par Napoleon-Museum Arenenberg, Salenstein

Bien que la représentation de Job soit celle de la 9e demi-brigade, on peut imaginer l'apparence du tambour-major possesseur de la canne évoquée précédemment. Les uniformes des différentes unités se différencient particulièrement par les épaulettes ou les cocardes au chiffre de l'unité.

Chapeau d'infanterie de la 32e demi-brigade – vers 1795/1800

Hauteur à l'arrière 22,2 cm
Largeur 51,9 cm
Profondeur 18,6 cm
Musée d'armes du Château de Joux, près de Pontarlier (France)
N° d'inventaire DO/CO 511
Photo : Vision 25 pour le Musée de Joux

Après la bataille des Pyramides, Bonaparte se voit ouvrir le chemin du Caire. Les négociations avec les notables de la capitale étant terminées, il charge le général Dupuy d'en prendre possession. Le 23 juillet, ce général entre tambour battant dans la ville, accompagné de seulement deux compagnies de grenadiers de la 32e demi-brigade. L'un d'eux résume la situation de cette courageuse unité : « *T'imagines-tu trois cents soldats qui vont occuper une ville de trois cent mille âmes séparée de l'armée par un fleuve sans pont ?* »

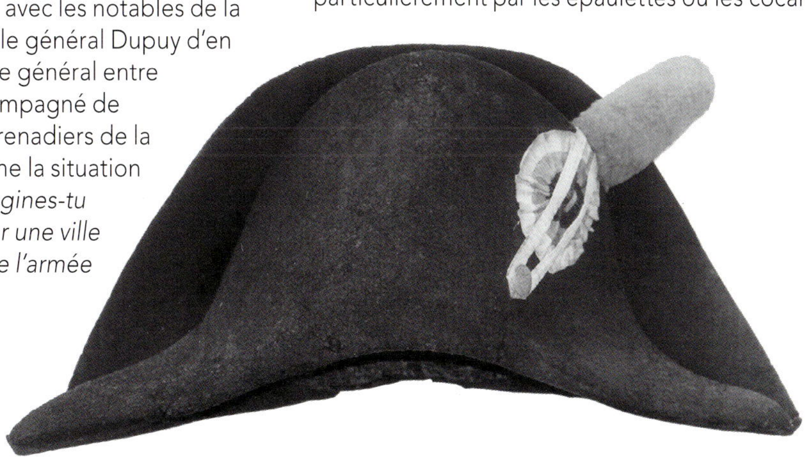

de dragons ; de seize compagnies d'artillerie ; huit compagnies d'ouvriers, de sapeurs, de mineurs ; quatre compagnies du train d'artillerie. La cavalerie avait ses selles et brides, et seulement trois cents chevaux. L'artillerie avait triple approvisionnement, beaucoup de boulets, de poudre, d'outils, un équipage de siège et tout ce qui est propre à l'armement d'une grande côte, douze mille fusils de rechange, des équipements, des harnais pour six mille chevaux. Au total il y avait : infanterie, vingt-quatre mille trois cents hommes ; cavalerie, quatre mille ; artillerie, trois mille ; non-combattants, mille ; total 32 300 hommes.

Cette campagne se déroule en six phases :

1 La traversée et la prise de Malte
2 La bataille des Pyramides et la conquête de la Basse-Égypte
3 L'occupation de la Basse-Égypte
4 L'expédition de Desaix en Haute-Égypte
5 L'expédition de Syrie et le siège de Saint-Jean-d'Acre
6 La retraite de Syrie, la victoire d'Aboukir et le retour de Bonaparte

Départ de la flotte et prise de Malte

Le 19 mai, la flotte levait l'ancre et échappait à la surveillance de Nelson qui, après avoir croisé longtemps en vue de la côte avec treize vaisseaux de haut bord, avait dû gagner le large pour se soustraire à une tempête qui avait soufflé de la mer. Le général en chef résolut de s'emparer de l'île de Malte, point stratégique des plus importants à cause de sa situation à l'entrée des deux bassins de la Méditerranée. Cette île avec ses deux annexes de Gozzo et de Comino appartenait aux chevaliers de Saint-Jean depuis 1530 ; Charles Quint leur en avait donné la pleine propriété lorsqu'ils avaient été chassés de Rhodes par Soliman le Magnifique. Le 10 juin, les Français débarquèrent dans l'île et investirent sa capitale La Valette ; les chevaliers résistèrent mollement et bientôt le Grand Maître de l'Ordre, Ferdinand de Hompesch, entra en négociations avec Bonaparte et signa avec lui un traité de paix qui prévoyait les clauses suivantes :

Le Kaire. 1-3. Coupe et vue intérieure d'une grande salle de la maison de Hasan Kàchef, destinée aux séances de l'Institut
4. Détail d'une partie de la cour

État moderne, VOL. I, pl. 55. – 1809
Eau-forte 51 × 42,5 cm
Avec les marges 66,5 × 48,5 cm
Sous l'image principale, au centre : Réville et Duplessis-Bertaux Aq fort.
Sous l'image principale, à droite : Dorauer sc[t]
En bas, à gauche : Protain del[t]
À droite Leisnier sc[t]
Fondation Dosne, Bibliothèque Thiers, Paris
N° d'inventaire 21/9072

Les quatre sections de l'Institut d'Égypte fondé en relation avec l'Institut de France, sont : Physique, Mathématiques, Littérature et Arts, Économie politique. Elles se réunissent tous les cinq jours, sauf situation exceptionnelle.
Le texte fondateur a été préparé par sept hommes, dont quatre civils (Monge, Berthollet, Geoffroy Saint-Hilaire et Costaz), deux militaires (Caffarelli du Farga et Andréossy) et un médecin : (Desgenettes).
Les soixante-deux séances de l'Institut donneront lieu à la publication d'une quantité de *Mémoires* d'une qualité scientifique notoire et d'une grande substance. Nombre de ceux-ci seront publiés dans la *Description de l'Égypte*, ce monument d'érudition.

3

1

4

2

1.3 COUPES ET VUE INTÉRIEURE D'UNE GRANDE SALLE DE LA MAISON DE HASAN KÂCHEF, DESTINÉE AUX SÉANCES DE L'INSTITU

4 DÉTAIL D'UNE PORTE DE LA COUR.

— Malte et les îles formant ses dépendances étaient cédées à la République française.
— Le Grand Maître avait la promesse d'une principauté en Allemagne et recevait une indemnité de 60000 francs.
— La République française accordait à chaque chevalier de langue française 700 francs de pension et 1000 francs pour les sexagénaires.
— Elle promettait sa médiation pour que ceux des autres langues fussent mis en jouissance des biens de l'ordre dans leurs pays respectifs.

C'est ainsi que disparut l'ordre fondé en 1100 par Gérard de Martigue et dont les membres avaient porté successivement le nom d'Hospitaliers, de Chevaliers de Saint-Jean, de Rhodes, de Malte. Ils auraient pu opposer une résistance à l'armée française qui s'empara de la capitale de l'île presque sans coup férir. Bonaparte y laissa le général Vaubois avec 2300 hommes et chargea Regnaud de Saint-Jean d'Angély de l'administration civile. La garnison de Malte comprenait 800 hommes de la 7e demi-brigade et 1500 de la 19e, mais elle était presque remplacée dans les rangs de l'armée par la Légion maltaise, formée des régiments maltais et équipages de vaisseaux de l'ordre. Plus tard, après le désastre de la flotte française à Aboukir, Bonaparte forma, avec les débris des équipages, la Légion nautique. Elle compta jusqu'à 3000 hommes.

Proclamation à l'armée

Le général Bonaparte avait fait distribuer à bord de tous les bâtiments une proclamation à l'armée de terre, datée du quartier général à bord de l'*Orient*, le 4 messidor an VI (22 juin 1798): «*Bonaparte, membre de l'Institut national, général en chef de l'armée d'Égypte. Soldats! Vous allez entreprendre une conquête dont les effets sur la civilisation et le commerce du monde sont incalculables. Vous porterez à l'Angleterre le coup le plus sûr et le plus sensible, en attendant que vous puissiez lui donner le coup de mort. Nous ferons quelques marches fatigantes; nous livrerons*

Détail de la page 65

Bonaparte au Caire – 1905

Gravé par Giroux d'après un tableau de Henri [Léopold] Lévy [1840-1904]
Eau-forte 70 × 53,5 cm
Avec les marges 110 × 80 cm
Sous l'image, au centre: Printed in Paris, Copyright 1895 by Boussod Valadon & Co
En bas, à gauche: Berlin Verlag von Boussod Valadon & Co.
En bas, au centre: Imprimé & Publié par BOUSSOD VALADON & Cie Éditeurs, Successeurs de GOUPIL & Cie, Paris-Londres-La Haye
En bas, à droite: New York, Published by Boussod Valadon & Co
Collection Frédéric Künzi, Praz-de-Fort
Photo: François Bertin, Grandvaux

Lors de la première révolte du Caire, le 21 octobre 1798, les Français perdent quelque 800 hommes et répriment cette perte dans le sang. Ils pénètrent à cheval dans la mosquée d'Al-Azhar, qui est le lieu de rencontre des savants et des intellectuels pour combattre l'occupation française, mais aussi le siège de la révolution. C'est cet épisode que retrace Lévy en laissant Bonaparte assumer seul le rôle.

Bonaparte entrant au Caire - 1897

Par Jean-Léon Gérôme [1824-1904]
Bronze doré
Hauteur 40,8 cm
Terrasse : largeur 36,2 cm
Profondeur 11,6 cm
Galerie de Souzy, Paris
Photo : Galerie de Souzy, Paris

Cette très belle sculpture de Gérôme témoigne de sa bonne connaissance de Bonaparte, mais surtout des chevaux.

Le vainqueur de la bataille des Pyramides montre une fierté non feinte, voire une attitude hautaine. Torse bombé, tenue parfaite, salut large, main posée sur la cuisse, regard conquérant, tout est là pour le démontrer. Mais l'intention de l'artiste ne s'arrête pas là. Bonaparte requiert de son cheval qu'il prenne, lui aussi, une position noble et triomphante. Pour l'obtenir, il attaque finement le flanc de sa monture à l'éperon. Le mouvement est discret et les talons peu remontés, mais l'attitude du cheval ne ment pas. Ses oreilles couchées et la queue qui fouaille montrent son humeur. L'artiste a été jusqu'à relever le sabot de l'antérieur droit au-delà d'un mouvement normal, une attitude qui est proche du pas dit « espagnol ». Ce détail signe sa subtilité et sa clairvoyance.

Présenté pour la première fois au Salon de 1897, ce bronze y a spontanément remporté un succès mérité. L'œuvre en question est maintenant exposée au Sénat et il est privilégié de pouvoir en admirer un des rares exemplaires encore en état d'être montré.

Pages 66-67

To the Right hon ble Lord Viscount Nelson this Plate representing the Battle of the Nile, fought aug^{t} 1 1798 Is mof^{t} respect fully Inscribed by his Lordships Humble Servt. J. Fittler – 1803

Eau-forte 57,4 × 76,4 cm
Avec les marges 64,5 × 80,6 cm
Fondation Dosne, Bibliothèque Thiers, Paris
N° d'inventaire 13/0204
©Suzanne Nagy-Kirchhofer, Paris

Les deux batailles d'Aboukir se mêlent souvent dans l'imaginaire populaire. Toutefois, si la bataille terrestre du 25 juillet 1799 est une célèbre victoire de l'armée française, la bataille navale du 1er août 1798 (appelée aussi bataille du Nil) restera à jamais gravée comme une cuisante défaite.

La flotte de Bonaparte, surprise à l'ancre par l'amiral Nelson, n'a pratiquement pas un marin à bord, tous, ou presque, étant à terre. Rappelés en urgence, ils constatent immédiatement leur dérisoire puissance de feu face aux Anglais. Les pertes sont effroyables, toute la flotte étant détruite, trois mille marins tués et trois mille autres faits prisonniers.

« Le *Guerrier*, le *Conquérant*, puis le *Spartiate*, après une belle défense, furent vite mis hors de combat. La *Sérieuse* coula sur un haut-fond. Alors tous les efforts des Anglais se tournèrent contre l'*Orient* et le *Tonnant*, entre lesquels le *Majesty* avait trouvé place pour s'établir. Pendant ce temps, la queue de l'escadre se trouvait dans l'inaction ! et ainsi chacun de nos navires eut toujours à lutter contre des forces très supérieures. Villeneuve laissa même échapper le *Bellérophon*, qui allait à la dérive et avait amené son pavillon ! L'*Orient* parvint à démâter deux navires anglais, mais Brueys fut tué, le feu se déclara à bord, et ce magnifique navire sauta bientôt sans que son capitaine, le brave Casa-Bianca, ait voulu le quitter. »[1]

[1] De Villiers du Terrage, Édouard, p. 69

Détail des pages 70-71

Pages 70-71

Halte de l'armée française à Syène en Haute-Égypte, le 2 février 1799

Jean Charles Tardieu (1765-1830)
Huile sur toile 112 × 164 cm
Établissement public du musée et du domaine national de Versailles et de Trianon, Versailles

Tardieu représente une scène de la vie quotidienne des soldats à Syène, où l'armée du général Desaix fait halte.

On peut y voir quelques tâches qui incombent aux soldats entre les combats, tels le ferrage d'un cheval, le nettoyage d'un pistolet par un dragon, la réparation de souliers, celle des vêtements, la réparation d'un sabre par un forgeron de campagne.

Dans les scènes moins ingrates, des Égyptiens rendent visite aux soldats français et leur proposent des vivres et des fleurs, des soldats se rendent au « Tivoli d'Été », le café de campagne. Sur un mur antique, un jeune tambour et des soldats gravent l'inscription « *route de Paris à Syène, N. 1167 Milles 340* ». Il s'agit là d'une action maintes fois répétée par les membres de l'armées française et les monuments égyptiens en gardent encore actuellement les traces.

plusieurs combats ; nous réussirons dans toutes nos entreprises ; les destins sont pour nous. Les beys mamelouks qui favorisent exclusivement le commerce anglais, qui ont couvert d'avanies nos négociants et tyrannisent les malheureux habitants du Nil, quelques jours après notre arrivée n'existeront plus. Les peuples avec lesquels nous allons vivre sont mahométans ; leur premier article de foi est celui-ci : « Il n'y a pas d'autre Dieu que Dieu, et Mahomet est son prophète. » Ne les contredisez pas ; agissez avec eux comme nous avons agi avec les Juifs, avec les Italiens ; ayez des égards pour leurs muftis et leurs imams, comme vous en avez eus pour les rabbins et les évêques. Ayez pour les cérémonies que prescrit l'Alcoran, pour les mosquées, la même tolérance que vous avez eue pour les couvents, pour les synagogues, pour la religion de Moïse et de Jésus-Christ. Les légions romaines protégeaient toutes les religions. Vous trouverez ici des usages différents de ceux de l'Europe : il faut vous y accoutumer. Les peuples chez lesquels nous allons traitent les femmes différemment que nous ; mais, dans tous les pays, celui qui viole est un monstre. Le pillage n'enrichit qu'un petit nombre d'hommes ; il nous déshonore, il détruit nos ressources, il nous rend ennemis des peuples qu'il est de notre intérêt d'avoir pour amis. La première ville que nous allons rencontrer a été bâtie par Alexandre. Nous trouverons à chaque pas des souvenirs dignes d'exciter l'émulation des Français. »

Bonaparte.

Le débarquement en Égypte

Après avoir échappé, comme par miracle, à la poursuite des vaisseaux anglais, Bonaparte débarqua près d'Alexandrie, dans la rade de Marabout, le 1er juillet. Le 2, la ville tombait en notre pouvoir après une courte fusillade et le commandement militaire en était donné au général Kléber qui avait été blessé en montant à l'assaut ; un habile officier, le colonel Cretin, fut chargé de mettre la place en état de défense et Brueys reçut l'ordre de mettre sa flotte à l'abri d'une attaque de Nelson, soit en la faisant entrer dans le port d'Alexandrie, soit en la dirigeant sur Corfou.

Route de Paris a Syene
TIVOLI
D'ÉTÉ

Tambour de la 65e demi-brigade d'infanterie[1] – 1795/1798

Hauteur 43 cm
Diamètre 41 cm
Longueur des baguettes 41 cm
Collection particulière
Photo : François Bertin, Grandvaux

Ce tambour était incorporé à la 65e demi-brigade, unité qui n'était pas en Égypte et pour cause, puisqu'il provient d'un membre de l'armée de Réserve, celle qui franchit le Grand-Saint-Bernard pour aller à Marengo. Ce modèle étant parfaitement identique à ceux d'Égypte, il nous est apparu qu'aucun autre modèle ne serait plus authentique. Mais, l'argumentation est avant tout émotionnelle. En 1800, lorsque Bonaparte franchit le Saint-Bernard – et que l'armée d'Orient est encore en Égypte – un jeune tambour du 65e s'arrête dans un village du canton de Vaud et n'en est pas reparti puisque son instrument y est abandonné. Nous savons qu'aucun tambour, fût-il très jeune, n'abandonnerait sa « caisse » en temps de paix, alors qu'aucune bataille n'est censée le paniquer. Il faut donc que la maladie, voire la mort, l'ait surpris. L'instrument est alors enfermé dans un coffre parfaitement étanche, pour n'en ressortir que deux cents ans plus tard, aussi intact et authentique qu'il y est entré. Nous l'avons ressorti pour vous et pour le souvenir d'un adolescent dont le nom restera certainement à jamais inconnu.

[1] Devenue ensuite 70e demi-brigade.

Casque de dragon – vers 1805

Hauteur 26,5 cm
Largeur 17,9 cm
Profondeur avec visière 26 cm
Musée d'armes du Château de Joux, près de Pontarlier (France)
N° d'inventaire DO/CO 553
Photo : Vision 25 pour le Musée de Joux

Ce casque de dragon, qui date des années 1805/1806, nous est parvenu avec ses jugulaires et un marmouset métallique. Ceux-ci ont été retirés provisoirement afin de lui redonner l'aspect de ceux portés lors des campagnes d'Égypte et d'Italie. On peut voir cet objet représenté plusieurs fois par Tardieu dans son tableau *Halte de l'armée française à Syène en Haute-Égypte*. Il se trouve notamment sur la tête d'un soldat nettoyant consciencieusement son pistolet, mais aussi derrière lui, coiffant le dragon qui tient les pieds de son cheval à la forge (cf. pages précédentes).

Un tambour d'infanterie

L'iconographie de la campagne d'Égypte nous montre le modèle de tambour (cf. pages précédentes) à chaque instant. Il faut dire que son ornementation est parfaitement réglementaire pour l'ensemble de l'infanterie française de l'époque. Nous pouvons aussi relever la merveilleuse conservation de chacune des pièces originales de l'instrument. Seule une conservation parfaite, dirons-nous « muséologique », a pu le conserver dans un tel état.

Le faisceau de licteur qui orne la face est entouré de drapeaux dont l'ordre des couleurs semble fantaisiste, mais cela est normal. Si la loi du 22 avril 1782 impose le drapeau aux trois couleurs rouge, blanche et bleue, les différents corps d'armée rivalisent de fantaisie pour se différencier. Le rouge et le bleu peuvent se trouver aussi bien vers la hampe qu'à l'opposé, les bandes peuvent être en diagonale ou coupées par des triangles, des losanges. Bref, tout est permis sauf la fleur de lis.

Le bariolage de l'ornementation de ce tambour ne lui donne que plus de crédibilité historique.

Après avoir pris ces précautions, Bonaparte se mit en marche en s'exclamant : « *Je ne me reposerai qu'au Caire* ». L'armée, privée des deux garnisons laissées à Malte et à Alexandrie, ne comptait plus que 30 000 hommes ; elle dut traverser le désert du Damanhour, qui est la route la plus courte pour gagner la capitale de l'Égypte. Pendant six jours, les soldats eurent cruellement à souffrir de la chaleur, de la fatigue et surtout de la soif ; leurs tourments cessèrent à la vue du Nil et quand ils eurent rejoint à Ramanieh (10 juillet) la flottille qui avait remonté le fleuve. C'est là que Desaix, par quelques volées de mitraille, dissipa un corps de mamelouks qui étaient venus se heurter aux colonnes de l'avant-garde. Les cavaliers de Mourad ne furent pas plus heureux à Chebreïss (13 juillet) où ils se ruèrent sur les baïonnettes de nos soldats formés en carrés impénétrables.

Détail de la page 75

La bataille des Pyramides

Le 21 juillet, l'armée française arrivait en vue du Caire. Sur la rive gauche du Nil, à Embabeh, fourmillaient des troupes de fellahs mélangées de quelque infanterie turque. Au centre s'étalait la splendide cavalerie des mamelouks étincelante d'or et d'acier ; au loin, vers le désert, galopaient des bandes de Bédouins montés sur des coursiers rapides comme le vent. À l'horizon, inondées par le soleil, s'élevaient les pyramides de Guizeh, qui dominaient la plaine de leur masse imposante. Bonaparte, qui était dépourvu de cavalerie, adopta cette fois encore la tactique qu'il avait inaugurée à Chebreïss ; il disposa son armée en cinq carrés qui se flanquaient mutuellement avec l'artillerie aux angles, les généraux, les savants et les bagages au centre. Desaix, Reynier, Dugua, Menou et Bon les commandaient. Avant d'engager l'action, le général en chef passa devant les rangs au galop de son cheval et montrant à ses compagnons les pyramides qui se dressaient vers le ciel, il leur cria : « *Soldats, songez que du haut de ces pyramides quarante siècles vous contemplent.* » Chaque mamelouk avait trois ou quatre hommes pour le servir, et les Arabes étaient dans un continuel mouvement. La

Minyeh. Vue de la ville et de la chaîne arabique prise du couchant

État moderne, VOL. I. Pl. 4.
Dutertre del[t] ; Baltard et Dequevauvilliers sc[t].
Paris, Imprimerie Royale, 1809-1828
Eau-forte 37×56 cm
Avec les marges 53 × 72 cm
Bibliothèque publique et universitaire, Genève
N° d'inventaire Fa 711 P 2/1
Photo : François Bertin, Grandvaux

Desaix arrive à Minyeh le 1er décembre 1798 et soumet le bourg. Cette illustration est dédiée à ce général, pour honorer sa justice et ce qu'elle a pu apporter en compensation de l'horreur des combats.
« *Le corps d'armée avançait joyeux, car il n'avait plus à redouter l'aridité du désert et ses mirages ; il se promettait la fin de la lutte, parce qu'il la savait décisive et confiée à un chef déterminé, mais expérimenté. La solitude de la Thébaïde ne pouvait arrêter son courage, au désespoir de Mourad, qui fuyait quelques lieues plus loin et l'appelait dans ses proclamations le fléau de Dieu ! Pour démentir les colères du bey vaincu, Desaix protégeait à Minyeh le bourg sacré de Melaoui, principauté du Chérif de La Mecque, et rendez-vous commercial des caravanes du Darfour*[1] *comme du Senaâr africain. Conquérir ne signifiait par pour lui* [Desaix] *détruire.* […] »[2]

---

[1] Selon le *Mémoire de la Description* concernant les caravanes du Darfour, leur tribu se constituait principalement d'esclaves des deux sexes (plus de 6000 par année), de plumes d'autruche, d'ivoire d'éléphant, d'outres faites avec du cuir de chameau autant que de bœuf, de natron et d'alun ou encore de lanières faites avec du cuir d'hippopotame et dont on se servait pour faire des cravaches.

[2] *Bonnal de Grange*, Edmond, p. 184.

ligne parut être de quinze à dix-huit mille hommes. Les Bédouins du Bahyreh avaient, selon leur coutume, occupé des communications avec El-Rahmânyeh, et caracolaient sur nos derrières et sur nos flancs. Ils étaient aussi autour d'Alexandrie, de Damanhour et de Rosette. L'armée se rangea en bataille et se déploya sur un espace de dix-huit cents toises, la gauche appuyée à un petit village près du Nil, la droite à un gros village près du désert. Desaix formait la droite, il fit barricader ce village, qu'il occupa par un bataillon et trois pièces de canon; il rangea sa division en un seul carré de cent cinquante toises de front sur vingt-cinq de flanc. À cent toises en arrière du village, la gauche formée par le général Vial fit les mêmes dispositions. Les trois autres divisions se placèrent dans l'intervalle, à environ trois cents toises l'une de l'autre, se flanquant entre elles, le centre un peu en arrière. La cavalerie, divisée en cinq pelotons, fut placée au milieu des carrés, la réserve dans deux villages, à mille toises en arrière de la ligne et éloignés entre eux de huit ou neuf cents toises, chaque village étant barricadé et ayant une demi-batterie. Si les ennemis surent juger ces dispositions, elles durent leur paraître redoutables. Sur trente-six pièces de canon qui étaient en ligne, dix-huit pouvaient battre au même point. Les deux armées s'observèrent pendant plusieurs heures. Les Français attendaient leur flottille; mais elle était encore à l'ancre devant El-Rahmânyeh; elle ne pouvait remonter le fleuve qu'avec le vent du nord, qui ne s'éleva qu'à huit heures. Le soleil, qui donnait sur les casques et les cottes de mailles des mamelouks, faisait briller cette belle troupe de tout son éclat. Un grand nombre de combats singuliers se livrèrent à la mode des Orientaux, entre les plus braves des mamelouks et les intrépides tirailleurs des Alpes. Le mamelouk déployait toute son adresse et son courage; il excitait notre admiration. Il était lié à son cheval, qui paraissait partager toutes ses passions; le sabre pendait au poignet, il tirait sa carabine, son tromblon, ses quatre pistolets, et, après avoir ainsi déchargé six armes à feu, il tournait le peloton de tirailleurs et passait entre eux et la ligne avec une merveilleuse dextérité. Mais

Ce détail révèle que le médecin de cette image n'est autre que Larrey, futur chirurgien personnel et ami de Napoléon.

Chirurgie. 1....7. Vue et détails de paniers propres au transport des blessés.
8. 9. Sarcocèles d'homme et de femme

État moderne, VOL. II,
Extrait de la planche. XXXI.
Dessins communiqués par M. Larrey ;
Ingouf Je sct.
Paris, Imprimerie Royale, 1809-1828
Eau-forte 49,5 × 29 cm
Dimensions de la planche 72 × 54 cm
Bibliothèque publique et universitaire, Genève
N° d'inventaire Fa 711 P 2/2
Photo : François Bertin, Grandvaux

« Pour parvenir à enlever promptement les blessés du champ de bataille, à leur donner les premiers secours, et à les faire transporter aux hôpitaux, j'avais formé en Égypte, lors de notre départ pour la Syrie [10 février 1799]*, une ambulance volante ou légère, organisée à l'instar de celle que j'avais créée en 1793, sur les bords du Rhin, pour le service des armées en Europe, et appropriée d'ailleurs, pour les moyens de transport, au climat et à la nature du pays où nous devions l'employer. L'organisation personnelle de cette ambulance était la même que celle de l'ambulance d'Europe. Les officiers de santé étaient montés sur des dromadaires, pourvus de leur équipement accoutumé : j'avais seulement fait faire plusieurs compartiments dans les sacoches, pour placer les instruments de chirurgie, les médicaments et les appareils à pansements, indépendamment des vivres de l'officier. L'uniforme et les armes des chirurgiens étaient les mêmes que dans l'ambulance volante d'Europe.*
Au lieu des voitures qui ne peuvent servir dans les contrées désertes et sablonneuses de l'Afrique et de l'Asie, j'imaginai d'employer une sorte de panier porté par des chameaux. On en trouvera le dessin dans la planche des objets de chirurgie. Chaque chameau portait deux de ces paniers, et chaque panier contenait un blessé couché horizontalement. Ces paniers étaient faits de branches de palmiers, et recouverts d'une toile cirée fine et de couleur grise. Ils étaient garnis en dedans d'un petit matelas et d'un traversin. Ils avaient les dimensions nécessaires pour ne point gêner les mouvements du chameau, et conserver au blessé son attitude. Il a fallu, pour cela, établir à l'extrémité postérieure du panier une planche à bascule supportée par une crémaillère en fer, et soutenant les pieds et les jambes du blessé. Ces paniers étaient suspendus sur la selle du chameau, au moyen de quatre courroies élastiques. »[1]

[1] C.L.F. Panckoucke, Tome treizième, *État moderne*, pp. 204-205.

on vit les sept-queues, avec les pelotons d'hommes d'élite qui leur servaient de garde, se réunir en un point central, sur un petit tertre : c'étaient les beys qui tenaient conseil. Un moment après, cette belle cavalerie s'ébranla, les sept beys à la tête, perça le carré du général Reynier et celui du général Dugua, où était le général en chef, espérant sans doute les trouver ouverts par-derrière et les prendre à dos. La mitraille et la fusillade du front des carrés, et immédiatement après des flancs et enfin de l'arrière, en tuèrent et en blessèrent un bon nombre. Quelques braves, lancés sur les derrières des carrés, périrent sur les baïonnettes. Mais, lorsque Mourad Bey s'aperçut que le feu était aussi vif derrière que de front, il s'éloigna rapidement, et donna dans les deux villages retranchés où était placée la réserve. Il en essuya la mitraille, fit alors un à gauche au grand galop, et se porta à une demi-lieue sur le flanc droit de l'armée. Soixante mamelouks restèrent sur le champ de bataille. Leurs dépouilles réjouirent le soldat ; leur habitude étant de porter tout leur or dans leur ceinture lorsqu'ils vont au combat. Indépendamment de cela, le cheval, l'habillement, l'armement, étaient d'un grand prix ; ce qui fit comprendre qu'un pays qui avait des défenseurs aussi riches ne pouvait pas cependant être aussi misérable qu'on le pensait. Étonnés de l'impassibilité et de la solidité de nos troupes – les mamelouks crurent longtemps que les soldats français étaient enchaînés –, il s'arrêtèrent un instant pour recommencer leurs attaques avec plus de fureur ; un grand nombre vinrent expirer au pied de ces murailles vivantes et hérissées de fer. La ligne française reste fixe ; elle s'attendait à une seconde charge. Enfin elle aperçut les mâts de sa flottille. Il était une heure après-midi. Une épouvantable canonnade s'engagea un quart d'heure, après sur le Nil. Le chef de division Perrée, en tête, avait formé sa ligne de bataille et dépassé le village de Chobrâkhyt. Il donna au milieu de la ligne des bâtiments ennemis ; accablée par le nombre, une de ses demi-galères fut prise à l'abordage ; lui-même fut en danger, mais il sauva sa flottille par d'habiles manœuvres. Aussitôt que le général Bonaparte s'aperçut du péril que courait son

Détail des pages 78-79

Page 78-79

La Bataille d'Aboukir, le 25 juillet 1799

Louis François Lejeune (1775-1848)
Huile sur toile 180 × 258 cm
Établissement public du musée et du domaine national de Versailles et de Trianon, Versailles

Aboukir fut une victoire, victoire retenue par l'histoire comme un grand moment de la campagne d'Égypte Peut-être est-ce en raison de la propagande orchestrée par Bonaparte lui-même pour que se confondent les deux batailles, la navale et la terrestre, l'une étant un désastre, l'autre une heure de gloire ? Cela se remarque en parlant avec le public, où la confusion entre les deux est souvent totale. Lejeune décrit ici les derniers moments. L'ennemi est rejeté à la mer, où beaucoup périssent noyés. Les officiers de l'armée turque sont amenés à Bonaparte comme prisonniers (à droite sur l'image). Quant au général en chef, légèrement isolé des autres personnages de la scène, il porte à lui seul la tâche d'illustrer l'irrésistible mouvement en avant de l'armée française. Par le même geste du bras donné par Jacques-Louis David[1], le doigt pointé vers l'avant, il montre l'objectif à vaincre !

[1] *Le 1er Consul franchissant les Alpes au Grand-Saint-Bernard* par Jacques-Louis David – 1801 (cf. page 83).

L'Aly[1]

Huile sur toile 49 × 61 cm
Datée et signée en bas à droite Horace Vernet 1812
Collection particulière
Photos : Odile Benoist d'Azy, Vassy

Ce cheval est monté en Égypte par un dragon du 18e lorsque celui-ci est capturé par les mamelouks. Le cheval est repris par les Français et offert au Premier Consul Bonaparte. Il sera à Marengo, Essling, Wagram et à l'entrevue avec le tsar à Erfurt.

Ce tableau sert de satisfecit au Grand Écuyer Armand de Caulaincourt pour commander à Horace Vernet dix portraits de chevaux « du Rang de Sa Majesté ». C'est aussi cet entier arabe qui est représenté dans le tableau de la Galerie des Batailles du château de Versailles, *Napoléon Ier à la bataille de Wagram, 6 juillet 1809*, par le même peintre.

Émile Jean Horace Vernet, dit Horace Vernet, né à Paris en 1789 et mort dans cette même ville en 1863

Peintre de chevaux et de genre militaire, Horace est le fils de Carle et petit-fils de Claude-Joseph Vernet, ami de Géricault et beau-père de Paul Delaroche. Il vécu donc une part non négligeable de l'histoire picturale.

En ce qui nous concerne, nous mettrons l'accent sur le fait qu'il peint dix chevaux de Napoléon Ier, qui sont : le Calvados, le Favori, le Gisors, le Harbet, l'Hyppogriffe, le Lowka, le Néron, le Tamerlan, le Vizir, le Wagram et, bien sûr, l'Aly.

[1] Osché Philippe & Künzi Frédéric, pp. 23, 44 à 47, 113 et 276.

armée navale, il ordonna à la ligne d'infanterie de marcher en avant. La division de gauche aborda le village de Chobrâkhyt. Les batteries turques avaient été démontées. Les deux mille janissaires, menacés d'être coupés et tournés par le mouvement de l'armée, prirent la fuite après quelque résistance. Les mamelouks, effrayés et ne comprenant rien à tout ce qu'ils voyaient, se tenaient hors de la portée du canon, et reculaient à mesure que la ligne avançait. Le feu des tirailleurs placés dans les maisons de Chobrâkhyt et répartis le long de la digue, celui des pièces de douze, de huit et des obusiers réunis sur le bord du Nil, firent changer promptement le sort du combat naval. Les marins turcs, les plus habiles, comprirent le danger de leur position ; ils virèrent de bord et profitèrent du vent pour s'éloigner et refouler le courant ; les autres le firent plus tard ; mais il n'était plus temps : ils furent contraints de mettre le feu à leurs bâtiments. Le vent du nord cesse habituellement dans cette saison à quatre ou cinq heures après-midi. D'ailleurs, avant d'arriver à Châbour, le Nil forme un coude ; il était donc possible de s'emparer du reste de la flottille. Les cinq divisions de l'armée se mirent en colonnes et marchèrent sur cinq directions, à distance de déploiement, à travers champs. Mourad Bey, s'apercevant de la frayeur et du découragement de ses gens, quitta la vue de l'armée et se rendit en toute hâte devant Le Caire. À six heures après-midi, l'armée campa à Châbour. Les équipages turcs, se voyant coupés, se réfugièrent dans le Delta après avoir mis le feu à leurs bâtiments. On parvint à en sauver quelques-uns. Le camp fut établi dans un bois de sycomores. À la nuit, le chef de division Perrée mouilla à la hauteur du village. La perte des Français fut dans cette journée de trois ou quatre cents hommes tués ou blessés, les trois quarts matelots. Les mamelouks perdirent trois de leurs plus braves cavaliers, tués, blessés ou prisonniers, quatre ou cinq cents fantassins des hommes des équipages de leur flottille, neuf mauvaises pièces de canon de fer, sur affûts marins, qu'ils avaient mises en batteries, et toute leur flottille. Dès ce moment, Mourad Bey désespéra de son salut. Il comprit

Le Premier Consul Bonaparte franchissant le Grand-Saint-Bernard – 1801

Jacques Louis David (1748-1825)
Huile sur toile, environ 270 × 230 cm
Oesterreichische Galerie Belvedere, Wien
Photo et ©: Collection particulière

Le cheval « le Marengo » est capturé à la bataille d'Aboukir et ramené en France, où il entre dans les écuries impériales À partir de son entrée dans la vie de Napoléon Bonaparte, il partage gloire et turbulences puisqu'il participe assurément à la bataille de Marengo, d'où son nom ou son surnom[1], mais il est aussi capturé par les Anglais à Waterloo. Par ailleurs, il est noté par Frédéric Masson comme le cheval préféré de Napoléon. La formule selon laquelle il partagerait la gloire de Bonaparte n'est pas vaine, puisque c'est cet entier arabe qui figure sous la selle du Premier Consul dans les célèbres tableaux de David propriété des musées de Versailles et du Belvédère à Vienne[2]: *Bonaparte, Premier Consul, franchissant le Grand-Saint-Bernard, 20 mai 1800.*

Napoléon Bonaparte et le cheval arabe

« *L'arabe est le meilleur cheval du monde [...] Ce n'est point l'extrême vitesse qui fait le bon cheval de guerre, c'est la souplesse, l'adresse, l'intelligence, la docilité. Voilà les qualités éminentes de l'arabe comme la vitesse est celle de l'anglais. Aussi, Messieurs, vous pouvez à l'aide du sang arabe obtenir une prompte amélioration.* » (Napoléon, cité par Nicole de Blomac[3].) D'ailleurs, une médaille d'honneur est promise « *à chaque particulier qui amènerait en France un étalon précieux de race orientale* ».

1 Osché, Philippe & Künzi, Frédéric, pp. 255 à 260 et 284.

2 Frédéric Künzi, pp. 48 à 53.

3 Nicole de Blomac, pp. 128-129.

ONAPARTE

Dumoulin, dans une lettre datée du 24 janvier 1799 et adressée au ministre Stapfer, nous dit ce qui suit : *« Pendant mon séjour aux Isles de l'Amérique, j'étudiai beaucoup la marine, j'en fis même un livre plein de remarques et de dessins, on m'a enlevé ce livre en 17(?). J'avais aussi étudié les chevaux dont j'ai eu aussi le goût. J'ai actuellement un livre de cavalerie où chaque cavalier de chaque arme est représenté trois fois par flanc, par devant et par derrière et tous dans des attitudes différentes. »* L'auteur n'a pas laissé de document permettant d'attribuer un titre à ses œuvres, mais il est évident qu'il parle de cette belle série de cavaliers. Ajoutons que par le terme de « livre », Dumoulin parle d'un de ses merveilleux cahiers qu'il a légués à la postérité.
Soit qu'il n'ait pas terminé son ouvrage, soit qu'il s'agisse d'une dispersion, toutes les unités ne sont pas représentées de trois côtés. Il n'en reste pas moins que ce sont des documents réalisés d'après nature et parfaitement représentatifs des uniformes que commandait Bonaparte aux campagnes d'Égypte et d'Italie. Concernant le vécu et la qualité, on peut parfaitement comparer ce travail à celui de Benjamin Zix.

Hussard du 1er régiment,[1] vu de profil

François Aimé Louis Dumoulin
Crayon et aquarelle sur papier 24 × 18,5 cm
Musée historique de Vevey, Vevey
Inventaire 683/1

[1] Ex-régiment Bercheny

François Aimé Louis Dumoulin (né le 10 août 1753 à Vevey, mort dans cette même ville le 16 février 1834). Peintre veveysan, graveur sur bois et à l'eau-forte, Dumoulin, cet autodidacte de talent, a peint les batailles navales des Saintes et de la Grenade ainsi que de nombreuses autres scènes « marines », Il dessine et grave pour notre édification des soldats et des cavaliers avec exactitude et un grand souci du détail. Il nous a laissé des documents très intéressants sous forme de cahiers.

Mousqueton de cavalerie, modèle 1777 – avril 1786

Longueur totale 117 cm
Estampillé par la « Manufacture de Saint-Etienne »
Collection particulière
Photo : François Bertin, Grandvaux

Cette magnifique arme de cavalerie est visible au flanc du cavalier de la page 83.

qu'il n'y avait pas d'égalité d'armes, que la bravoure n'était pas suffisante pour vaincre, et que l'infanterie n'était pas aussi méprisable qu'il se l'était imaginé jusqu'alors. À la fin, les mamelouks reconnurent leur impuissance et abandonnèrent le champ de bataille pour s'enfoncer dans la Haute-Égypte. Les Bédouins n'avaient pas attendu la défaite des soldats de Mourad pour s'enfuir à leur tour; le camp d'Embabeh fut enlevé en quelques heures et Ibrahim, qui avait accepté la mission de défendre Le Caire, s'empressa d'abandonner la ville et les djermes qui couvraient le Nil. Après une dernière défaite à Salahieh, il quitta l'Égypte et se retira en Syrie. Bonaparte était maître du Caire.

Le désastre naval d'Aboukir

L'armée de terre avait dignement accompli sa tâche; tout semblait réussir au gré du vainqueur, quand une nouvelle inattendue vint changer les joies du triomphe en de sombres tristesses. Le général en chef avait donné à l'amiral Brueys l'ordre de quitter la rade peu sûre d'Aboukir et de se mettre à l'abri d'un coup de main, soit en appareillant pour Corfou, soit en pénétrant dans le bassin d'Alexandrie. L'amiral renonça à ce dernier projet parce qu'il lui paraissait impossible de faire franchir à ses gros vaisseaux les passes trop peu profondes du port, et comme, avant tout, il avait dû songer à ravitailler sa flotte, il ne sut pas mettre immédiatement à la voile et cingler vers les îles Ioniennes; il craignait du reste de commettre une faute en précipitant son départ et en quittant l'Égypte avant que l'armée y fût solidement établie. Ces divers motifs l'engagèrent à laisser sa flotte embossée dans la rade d'Aboukir et c'est là que Nelson vint le surprendre avec ses vaisseaux armés de 740 canons. La ligne française était courbée en demi-cercle parallèlement au rivage: croyant sa gauche suffisamment appuyée par le fort et l'îlot d'Aboukir, Brueys, qui redoutait une attaque vers la droite, y plaça ses meilleurs vaisseaux sous le commandement de Villeneuve. La ligne d'embossage de la flotte française était composée: la gauche, par le *Guerrier* (capitaine Trullet-Timothée), le *Conquérant* (capitaine Dalbarade, jeune),

Hussard du 3e régiment,[1] vu de profil
François Aimé Louis Dumoulin
Crayon et aquarelle
sur papier 24 × 18,5 cm
Musée historique de Vevey, Vevey
Inventaire 683/2

[1] Ex-régiment Esterhazy.

le *Spartiate* (chef de division Emériau), et l'*Aquilon* (capitaine Thevenard), tous les quatre de soixante-quatorze ; la *Sérieuse,* frégate de trente-six (capitaine Martin), était derrière le *Guerrier* ; le centre, par le *Peuple-Souverain,* de soixante-quatorze (capitaine Racord), le *Franklin,* de quatre-vingts (contre-amiral Blanquet du Chayla et capitaine Gilet), l'*Orient* (vice-amiral Brueys et capitaine Casabianca), de cent vingt, le *Tonnant,* (chef de division du Petit-Thouars), de quatre-vingts, l'*Arthémise,* frégate de quarante (capitaine Stendelet), l'*Alerte* et le *Castor,* deux petites corvettes, mouillaient derrière l'amiral ; la droite était composée de l'*Heureux* de soixante-quatorze (chef de division Étienne), le *Timoléon,* de soixante-quatorze (capitaine Trullet, jeune), le *Guillaume-Tell,* de quatre-vingts (contre-amiral Villeneuve et capitaine Saulnier), le *Mercure,* de soixante-quatorze (capitaine Cambon), le *Généreux,* de soixante-quatorze (chef de division Lejoille) ; derrière le *Généreux* étaient mouillées les frégates la *Diane* (contre-amiral Decrès et capitaine Soleil), et la *Justice* (capitaine Villeneuve), chacune de quarante-quatre, les meilleures de la flotte. L'escadre anglaise marchait dans l'ordre suivant : Le *Culloden,* en tête, le *Goliath,* le *Zélé,* l'*Orion,* l'*Audacieux,* le *Thésée,* le *Vanguard,* vaisseau amiral, le *Minotaure,* le *Bellérophon,* la *Défense,* le *Majestueux,* tous de soixante-quatorze ; le *Léandre,* de cinquante, et la *Mutine,* corvette de quatorze canons. Contrairement à son attente, Nelson, dès 20 heures, le 1er août, aborda notre ligne par la gauche et fit passer une partie de ses bâtiments entre l'îlot et notre escadre. Les navires français les plus faibles, pris ainsi entre deux feux, supportèrent tout le poids de la bataille et n'en firent pas moins noblement leur devoir. Longtemps, la fortune resta incertaine, et la victoire se serait déclarée en notre faveur si Villeneuve, toujours immobile à l'extrême droite, eût vu et compris les signaux de l'amiral en chef qui lui donnait l'ordre de se rabattre à son tour sur la ligne ennemie. Nelson et Brueys furent blessés tous les deux au plus fort de l'action ; ce dernier ne voulut pas quitter son banc de quart et, tout couvert de sang, il cria à ses officiers : « *Un amiral doit mourir en donnant des ordres.* »

Régiment dit de « cavalerie lourde[1] » vu de dos

François Aimé Louis Dumoulin
Crayon et aquarelle sur papier 24 × 18,5 cm
Musée historique de Vevey, Vevey
Inventaire 683/3

[1] Ce régiment deviendra celui des Cuirassiers sous le Consulat, puis l'Empire.

Régiment dit de «cavalerie lourde» vu de face
François Aimé Louis Dumoulin
Crayon et aquarelle sur papier 24 × 18,5 cm
Musée historique de Vevey, Vevey
Inventaire 683/4

Il continua à diriger le combat jusqu'à ce qu'il tombât frappé par un boulet. L'*Orient*, dévoré par l'incendie, sauta avec tout son équipage, et les autres vaisseaux luttèrent jusqu'au jour pour sauver l'honneur du pavillon. Le lendemain matin, Villeneuve s'échappait avec deux vaisseaux et deux frégates, seuls débris arrachés au désastre ; l'un des ces bâtiments, le *Généreux*, effaça la honte de son inaction en enlevant, quelques jours plus tard, près de Candie, le navire anglais qui portait à Londres la nouvelle de la victoire et les trophées d'Aboukir. Sur 14 vaisseaux, nous en avions perdu 11, dont 5 purent être réparés et emmenés par les Anglais ; nous devions compter 1700 tués, 1500 blessés, 3000 prisonniers. Les Anglais avaient eu 218 tués et 677 blessés.

Bonaparte isolé en Égypte

La bataille d'Aboukir entraîna pour nous les plus tristes conséquences : elle ruinait notre marine, encourageait les espérances de l'Europe prête à se coaliser contre la France et enfermait pour ainsi dire les vainqueurs dans leur conquête. Bonaparte dut souffrir cruellement à la nouvelle d'un pareil désastre ; mais son visage toujours impassible ne laissa rien paraître des inquiétudes qui agitaient son âme. « *Nous n'avons plus de flotte !* dit-il *Eh bien, il faut mourir ici ou en sortir grands comme les anciens.* » Cette assurance soutint l'armée, dont il exalta encore l'enthousiasme par la proclamation suivante, qu'il adressa le 1er vendémiaire : « *Soldats, nous célébrons le premier jour de l'an VII de la République. Il y a cinq ans, l'indépendance du peuple français était menacée ; mais vous prîtes Toulon, ce fut le présage de la ruine de vos ennemis. Un an après, vous battiez les Autrichiens à Dégo. L'année suivante vous étiez sur le sommet des Alpes. Vous luttiez contre Mantoue il y a deux ans, et vous remportiez la célèbre bataille de Saint-Georges. L'an passé, vous étiez aux sources de la Drave et de l'Isonzo, de retour d'Allemagne. Qui eût dit alors que vous seriez aujourd'hui sur les bords du Nil, au centre de l'ancien continent ! Depuis l'Anglais, célèbre dans les arts et le commerce, jusqu'au hideux et féroce bédouin, vous fixez les regards du monde. Soldats,*

votre destinée est belle, parce que vous êtes dignes de ce que vous avez fait et de l'opinion qu'on a de vous. Vous mourrez avec honneur ou vous retournerez dans votre patrie, couverts de lauriers et de l'admiration de tous les peuples. »

L'organisation de la conquête

Afin de persuader les soldats qu'il fallait songer à s'établir solidement en Égypte, Bonaparte poussa avec activité l'œuvre qu'il avait commencée pour doter le pays d'une administration régulière. Il ordonna aux siens de respecter les propriétés, les mœurs et la religion des indigènes ; il laissa, comme auparavant, les cadis rendre la justice et affecta de prendre, pour les affaires importantes, l'avis des cheikhs réunis en divan ou conseil. Son imagination ardente lui donnait la facilité de parler le langage imagé qui convenait aux Orientaux, et ses proclamations aux métaphores hardies séduisaient les peuples qu'il voulait conquérir. Il s'appliqua à ne blesser en rien les croyances des muphtis et des ulémas ; on le vit même assister officiellement à la cérémonie du Nil et à la fête du Prophète. Il aimait à citer le Coran, à s'appeler lui-même l'homme du destin et à passer dans l'esprit des indigènes pour le digne enfant de Mahomet, le favori d'Allah. Du reste, la prise de Malte avait plaidé sa cause et les Turcs lui savaient gré d'avoir détruit un ordre religieux qui durant huit siècles leur avait fait un guerre acharnée.

L'Institut d'Égypte et la Commission des Sciences et des Arts

C'est à cette époque que Bonaparte fonda l'Institut d'Égypte dont firent partie, sous la présidence de Monge, tous les grands savants et artistes qui avaient accompagné l'expédition et dont l'ensemble formait la Commission des Sciences et des Arts. Le cadre qu'il traça à leurs travaux annonçait déjà ce que devaient être les réformes du Consulat : établissement d'une bibliothèque, d'un cabinet de physique, d'un observatoire, d'un jardin botanique, d'un laboratoire de chimie, d'une ménagerie, d'un musée

Trompette du 11e de hussards vu de profil

François Aimé Louis Dumoulin
Crayon et aquarelle sur papier 24 × 18,5 cm
Musée historique de Vevey, Vevey
Inventaire 683/5

Sabre d'officier de cavalerie – 1780-1790

Longueur de la lame 78,5 cm
Longueur totale 95 cm
Largeur de la monture 13,5 cm
Fourreau en laiton
Lame estampillée « Rodolphe Daniel Kirschbaum, Fabricant, Solingen »
Collection particulière
Photo : François Bertin, Grandvaux

Merveilleuse patine pour ce sabre dont nous retrouvons le modèle dans l'aquarelle de Dumoulin, fixé au ceinturon du trompette de hussards.

L'usure des pitons montre le nombre d'heures, de kilomètres, de campagnes que ce sabre a vécus au côté d'un officier particulièrement soigneux.

11

d'antiquités… Étude d'un tableau comparatif des mesures égyptiennes et françaises, d'un vocabulaire français-arabe, d'un triple calendrier égyptien, copte, européen… Création d'ateliers, d'usines, de fonderies, de manufactures d'armes, d'outils, de machines, d'étoffes… Déblaiement des anciens canaux, relèvement des barrages et des digues destinés à corriger le cours inférieur du Nil et projet de percement de l'isthme de Suez pour un grand canal maritime ; construction de moulins à eau, de ponts, de fermes… Ateliers pour la fabrication de la poudre, etc.

L'Institut d'Égypte

Après les victoires de Chébreïss et des Pyramides, Bonaparte jeta les premières bases de l'Institut d'Égypte par un ordre du jour, daté du quartier général du Caire, du 3 fructidor an VI (20 août 1798) ; c'était surtout les problèmes du règlement et de sa composition qui devaient être évoqués. Par arrêté en date du 5 fructidor an VI (22 août 1798), l'Institut d'Égypte était créé et défini suivant vingt-six articles ; l'objet principal était le progrès et la propagation des Lumières en Égypte. L'Institut était divisé en quatre sections : Mathématiques, Physique, Économie politique, Littérature et Arts. Chaque section devait comporter théoriquement douze membres qui furent désignés parmi les plus brillants savants et spécialistes. Le premier président fut le savant Monge, le vice-président Bonaparte, le secrétaire perpétuel Fourier, le secrétaire adjoint Costaz. La première séance eut lieu le 6 fructidor an VI (23 août 1798) et la 48e et dernière le 1er germinal an IX (22 mars 1801) ; Bonaparte assista à dix-neuf séances et pour la dernière fois le 21 messidor an VII (9 juillet 1799), avant de quitter définitivement l'Égypte le 22 août 1799.

La réorganisation militaire

Au point de vue militaire, Bonaparte renforça son armée en y incorporant les marins qui avaient échappé au désastre naval d'Aboukir (Légion nautique) et les esclaves de 16 à 24 ans qui se trouvaient dans la vallée du Nil. Au point de vue administratif, il

Hussard du 9e régiment, vu de dos

François Aimé Louis Dumoulin
Crayon et aquarelle sur papier 24 × 18,5 cm
Musée historique de Vevey, Vevey
Inventaire 683/6

Pistolet de cavalerie, modèle 1763-1766

Fabriqué sous la Révolution
Longueur totale 40,5 cm
Estampillé par la « Manufacture Libreville »
Collection particulière
Photo : François Bertin, Grandvaux

Ce pistolet, qui équipait les unités de cavalerie de la campagne d'Égypte, est bien visible dans la main du cavalier.

divisa l'Égypte en vingt-quatre provinces administrées par des fonctionnaires indigènes placés eux-mêmes sous la surveillance d'officiers français. En mai 1798, la composition de l'armée est la suivante : Bonaparte, commandant en chef ; aides de camp : Junot, Eugène de Beauharnais, Louis Bonaparte, Sulkowski, Jullien, Duroc, Crozier, Marmont, Le Marois, Lavalette. Secrétaire : Bourrienne. Dumas, commandant la cavalerie. Dammartin, commandant l'artillerie. Caffarelli du Falga, commandant le génie. Berthier Alexandre, chef d'état-major. Andréossy, directeur des équipages de ponts. Généraux disponibles : Dugua, Dumay, Dumas, Dupuy, Marmont.

Division d'avant-garde (2e) : **Desaix**
Généraux de brigade **Belliard** et **Friant**

21e léger (3 bataillons)	2100 hommes
61e de ligne (3 bataillons)	2800 hommes
88e de ligne (3 bataillons)	1900 hommes

Division de droite (3e) : **Reynier**
Généraux de brigade **Damas** et **Verdier**

9e de ligne (3 bataillons)	1900 hommes
85e de ligne (3 bataillons)	2100 hommes
Légion maltaise (2 bataillons)	1500 hommes

Division du centre (1re) : **Kléber**
Généraux de brigade **Lannes** et **Lanusse**

2e léger (3 bataillons)	1700 hommes
25e de ligne (3 bataillons)	2000 hommes
75e de ligne (3 bataillons)	2100 hommes

Division de gauche (4e) : **Menou**
Généraux de brigade **Vial** et **Mireur**

22e léger (3 bataillons)	2000 hommes
13e de ligne (3 bataillons)	2000 hommes
69e de ligne (3 bataillons)	1800 hommes

Division de réserve : **Bon**
Généraux de brigade **Rampon** et **Murat**

4e léger (2 bataillons)	1400 hommes

Officier de dragons, vu de face
François Aimé Louis Dumoulin
Crayon et aquarelle
sur papier 24 × 18,5 cm
Musée historique de Vevey, Vevey
Inventaire 683/7

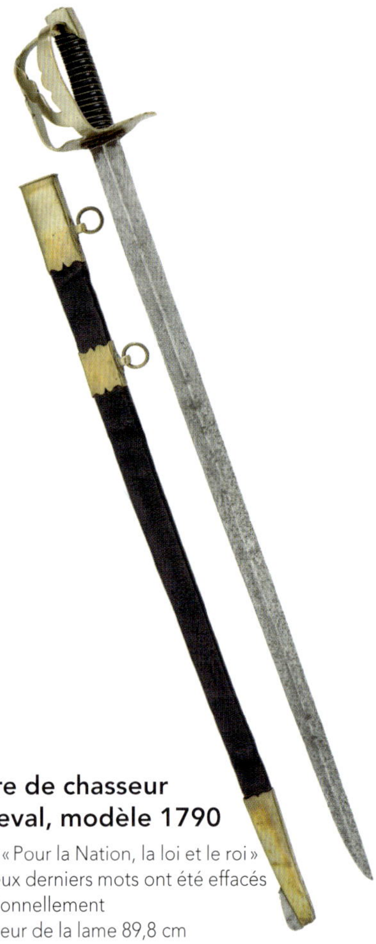

Sabre de chasseur à cheval, modèle 1790
Gravé « Pour la Nation, la loi et le roi »
Les deux derniers mots ont été effacés intentionnellement
Longueur de la lame 89,8 cm
Longueur totale 104,7 cm
Largeur de la monture 13,8 cm
Fourreau en cuir avec garnitures de laiton et d'acier
Musée d'art et d'histoire, Neuchâtel
Collection Strübin
N° d'inventaire AAS 126
Photo : François Bertin, Grandvaux
© Éditions Favre

Les chasseurs à cheval sont chargés d'actions de reconnaissance et de protection[1], ainsi que des frappes sur les centres de ravitaillement et les voies de communication de l'ennemi. C'est le 22e qui est présent à l'armée d'Orient.

1 Les chasseurs de la Garde impériale escortent l'empereur et, lorsque celui-ci descend de cheval, forment un carré autour de Sa Majesté.

18e de ligne (3 bataillons)	2100 hommes
32e de ligne (3 bataillons)	2000 hommes
Division de cavalerie : **Dumas**	
Généraux de brigade **Leclerc et Zayonszek**	
7e hussards bis (3 escadrons)	500 hommes
Destrée	
22e chasseurs (3 escadrons)	450 hommes
Lasalle	
3e dragons (2 escadrons)	300 hommes
Bron	
14e dragons (3 escadrons)	400 hommes
Duvivier	
15e dragons (2 escadrons)	300 hommes
Pinon	
18e dragons (4 escadrons)	400 hommes
Lefèvre	
20e dragons (3 escadrons)	350 hommes
Boussard	
Guides à cheval (1 escadron)	120 hommes
Bessières	
Guides à pied (1 bataillon)	600 hommes id.
Artillerie à pied (1 bataillon)	800 hommes
Sapeurs (1 bataillon)	800 hommes
Mineurs-ouvriers (1 bataillon)	800 hommes
Légion nautique (3 bataillons)	3000 hommes
Garnison de Malte : **Général Vaubois**	
7e de ligne (1 bataillon)	800 hommes
19e de ligne (2 bataillons)	1500 hommes
Garnison de Corfou : **Général Chabot**	
6e de ligne (3 bataillons)	2400 hommes
79e de ligne (3 bataillons)	2400 hommes

N.B. La composition de l'armée d'Orient a été plusieurs fois modifiée entre 1798 et 1801.

Officier de dragons, vu de profil
François Aimé Louis Dumoulin
Crayon et aquarelle sur papier 24 × 18,5 cm
Musée historique de Vevey, Vevey
Inventaire 683/8

Sabre de dragon modèle 1786
Fabrication révolutionnaire
Longueur de la lame 89,5 cm
Longueur totale 107 cm
Largeur de la monture 15 cm
Fourreau en cuir orné de laiton : monture ornée d'un faisceau de licteur
Collection particulière
Photo : François Bertin, Grandvaux © Éditions Favre

Ce sabre de dragon termine notre belle panoplie des armes de la cavalerie présentes dans l'armée française pendant les deux campagnes d'Italie et celle d'Égypte.

14 escadrons de dragons participèrent à cette dernière campagne, soit les 3e, 14e, 15e, 18e et 20e.

Hussard du 11e régiment, vu de face
François Aimé Louis Dumoulin
Crayon et aquarelle sur papier 24 × 18,5 cm
Musée historique de Vevey, Vevey
Inventaire 683/9

Victoire de Desaix sur Mourad Bey

Pendant que le général en chef se livrait à ces travaux, l'intrépide Desaix s'était mis à la poursuite de Mourad Bey qui tenait encore dans la Haute-Égypte, le battait à Sédiman (7 octobre), Keneh, et menait nos soldats victorieux jusqu'aux ruines de Thèbes et aux cataractes de Syène, limite extrême de l'Empire romain. Aussi clément après le triomphe que brave dans la mêlée, le vainqueur traita les vaincus avec humanité et mérita par sa magnanimité d'être surnommé le Sultan Juste. À cette époque, la population du Caire, excitée par les émissaires de Mourad, voulut massacrer les infidèles et pendant trois jours (21 au 23 octobre), on se battit dans les rues de cette capitale ; la grande mosquée dut être enlevée d'assaut. Bonaparte, voulant faire un exemple terrible, ordonna de décapiter tous les insurgés pris les armes à la main et fit exposer leurs têtes sur les places publiques.

Le sultan déclare la guerre à la République française

Un danger nouveau menaça bientôt Bonaparte. Sélim III, éclairé enfin sur les véritables desseins des Français et poussé à la fois par l'Angleterre et la Russie, venait de déclarer la guerre à la République (septembre 1798). Appelant tous ses sujets à une guerre d'extermination contre les ennemis du Coran, il réunit deux armées, l'une à Damas, l'autre à Rhodes, et les plaça, la première sous les ordres d'Ahmed Pacha, surnommé El-Djezzar (le Boucher), la seconde sous la direction de Mustapha Pacha, gouverneur de Roumélie. À la même période, le général Desaix, qui poursuivait Mourad Bey, le battait dans le sud du Fayoum à Sédiman, le 7 octobre ; les trois carrés français subirent le choc de cinq mille cavaliers appuyés par l'artillerie.

Expédition de Syrie

Bonaparte résolut de se porter sans retard sur la Syrie : son projet était d'attaquer l'armée de Damas avant sa complète formation, de soulever les chrétiens d'Orient pour les entraîner dans

sa lutte contre le sultan et de s'établir solidement sur les bords de l'Euphrate afin de se porter soit sur Constantinople, soit sur les Indes, où il pourrait donner la main à Tippo-Saïb. À cette même époque, Desaix luttait toujours contre Mourad Bey. Après avoir formé le régiment des dromadaires, il se mit en marche à la tête des divisions Kléber, Lannes, Bon, Murat, formant un effectif de 13 000 hommes, en même temps qu'il prescrivait au contre-amiral Perrée de suivre les côtes de Syrie avec trois frégates qui portaient les munitions et l'artillerie de siège. Il s'empara du fort d'El-Arisch (17 février), de Gaza, de Jaffa (7 mars), qui fut livré à trente heures de pillage et de massacres ; deux mille prisonniers que le vainqueur ne pouvait faire conduire en Égypte et qu'il ne voulait pas renvoyer à l'ennemi furent fusillés ou décapités sur le rivage, horrible conséquence de cette guerre qui transformait des soldats héroïques en bourreaux cruels. Le corps expéditionnaire de Syrie est composé comme suit : division Reynier, 2160 hommes ; division Kléber, 2349 hommes ; division Lannes, 2994 hommes ; division Bon, 2449 hommes ; cavalerie de Murat, 900 hommes ; artillerie du général Dommartin, 1385 hommes ; génie du général Caffarelli, 340 hommes ; corps des guides, 400 hommes ; corps des dromadaires, 88 hommes. Total, 13 605 hommes. Le parc d'artillerie était formé de quatre pièces de 12, trois de 8, cinq obusiers et trois petits mortiers de 5 pouces ; chaque division d'infanterie avait en outre deux pièces de 8, deux obusiers de 6 pouces et deux pièces de 3. Le corps des guides à cheval et à pied du général en chef, quatre pièces de 8 et deux obusiers de 6 pouces ; la cavalerie du général Murat, quatre pièces de 4. C'est à Jaffa que l'armée française fut en contact avec les germes de la peste ; Bonaparte, pour raffermir le courage des soldats, se rendit lui-même dans les hôpitaux, touchant les malades, les encourageant et les consolant. Cet épisode a été immortalisé par le pinceau de Gros, l'un des plus grands peintres de l'époque impériale.

Régiment des Dromadaires. Armée d'Égypte (1801)

Chromotypogravure 20,1 x 14,8 cm
d'après une aquarelle de Job
Parue dans le *Supplément aux Tenues des Troupes de France* N° 8, 15 juin 1902
Napoleon-Museum Arenenberg, Salenstein
Pas de numéro d'inventaire
© Document numérique fourni par Napoleon-Museum Arenenberg, Salenstein

« […] les services qu'ils rendirent n'en furent pas moins fort importants, non seulement pour la correspondance entre d'Égypte et la Palestine, pour les approvisionnements des postes avancés, pour les croisières établies dans le désert dans le but de s'opposer aux communications des corps ennemis les uns avec les autres ; mais encore pour les charges dans une bataille rangée et pour les engagements contre les Arabes ou les mamelouks. »
« Dans le principe, les hommes de ce régiment étaient armés de fusil, baïonnette, giberne, comme l'infanterie, et d'une très longue lance ; mais la lance fut promptement reconnue inutile et abandonnée. Les officiers eurent le sabre et quatre pistolets, dont deux à la ceinture et deux au pommeau de la selle du dromadaire, tous retenus par des cordons de soie. Le commandant avait une boussole pour diriger sa marche dans le désert. Chaque cavalier (on devrait dire, chaque dromadairien) portait avec lui 150 cartouches en sus de celles de sa giberne. L'équipement consistant en une selle, un licol, un caveçon, fixé par une chaînette aux narines de l'animal, pour le diriger ; des sacoches pour les vivres ; une outre de cuir pour l'eau. La nourriture journalière des animaux était de dix livres de fèves et dix livres de paille. Il y avait en outre un chamelier par six dromadaires pour les panser et les tenir en main, lorsque les cavaliers combattaient à pied. » (v. Édouard Charton, Magasin pittoresque,1835).

Siège de Saint-Jean-d'Acre (21 mars - 20 mai 1799)

L'armée marcha sur Saint-Jean-d'Acre, l'antique Ptolémaïs, et ouvrit immédiatement la tranchée devant ses remparts ; cette ville était protégée par les vaisseaux du commodore anglais Sidney-Smith, qui venait de capturer les frégates portant notre artillerie de siège ; de plus, elle était défendue par Ahmed Pacha, surnommé Djezzar (le Boucher), à cause de sa cruauté et qui gouvernait despotiquement en Syrie au nom du sultan. Tromelin et Philippeaux, deux émigrés français, dont le dernier avait été le camarade de Bonaparte à l'école de Brienne, servaient également contre Bonaparte. Les Français avaient déjà tenté inutilement un assaut, lorsque la nouvelle se répandit qu'une armée turque forte de 25000 hommes venait de passer le Jourdain sous les ordres d'Abdallah, pacha de Damas. Les préparatifs du siège commencèrent fin mars ; la tranchée de siège avait été ouverte le 30 ventôse (20 mars). Le général du génie Sansom fit une erreur d'appréciation, pensant qu'il n'y avait ni contrescarpe ni fossé. Le premier assaut de la ville fut donné le 5 germinal (25 mars), mais les assaillants furent arrêtés par la contrescarpe et le fossé ; il fallut miner. Le 8 germinal (20 mars), la mine sauta en emportant une partie seulement de la contrescarpe. L'officier Mailly et vingt-cinq grenadiers partirent à l'assaut. Mailly fut tué et Laugier, qui entraînait deux bataillons en renfort, fut également tué. Le 12 germinal (1er avril), de nouveaux travaux de minage sont exécutés sur l'ordre de Bonaparte ; de nouveaux assauts inutiles ont lieu les 24 avril, 25 avril, 1er mai. Le 18 floréal (7 mai), recevant des renforts, Bonaparte tente un nouvel assaut. Rambaud, qui commande l'assaut des premiers grenadiers, est tué, Lannes est blessé. Le 8 mai, nouvelle tentative. Bonaparte donne deux jours de repos à ses troupes et lance un nouvel assaut le 21 floréal (10 mai), c'est un nouvel échec. Bonaparte décide de lever le siège : il avait duré du 30 ventôse (20 mars) au 1er prairial (20 mai). Parlant de l'Anglais Sidney-Smith, il dira : « *Cet homme m'a fait manquer ma fortune.* »

Le Kaire. 1. Vue du jardin du palais d'Elfy-Bey. Quartier général de l'Armée française. 2. Vue de la caravane de Tôr, près de la ville des tombeaux.
État moderne, VOL. I, Pl. 52.
Balzac delt ; Couché pere sct.
Paris, Imprimerie Royale, 1809-1828
Eau-forte 41,5 × 34,5 cm
Avec les marges 72 × 54 cm
Bibliothèque publique et universitaire, Genève
N° d'inventaire Fa 711 P 2/1
Photo : François Bertin, Grandvaux

C'est à son quartier général du Caire que Bonaparte « fait ses valises », décidant de revenir en France pour sauver la République. Il quitte l'Égypte sur le *Muiron*, une frégate de construction vénitienne. Mais la possession de ce pays mythique le hantera jusqu'à Sainte-Hélène. En arrivant en vue de l'île, cette fois sur le *Northumberland*, il dira : « *Ce n'est pas un joli séjour ! J'aurais mieux fait de rester en Égypte Je serais maintenant empereur de tout l'Orient !* »
En Égypte, son départ n'est pas uniformément apprécié. Voyons ce qu'en dit de Villiers : « *Bonaparte revint ensuite au Caire, mais ce ne fut pas pour longtemps.*
Le 1er fructidor, il quitta cette ville sous un prétexte quelconque, et bientôt on apprenait qu'il s'était embarqué, le 5 au soir, près d'Alexandrie à bord du Muiron *et avait mis la voile, le lendemain matin, avec une autre frégate et deux avisos. Quatre membres de l'Institut, Monge, Berthollet, Denon et Parseval, l'accompagnaient dans son retour en France. À la nouvelle de ce départ, que beaucoup qualifièrent de fuite, l'émotion parmi les Français avait été fort grande, puis peu à peu elle s'était calmée, et Kléber avait, lorsque nous sommes arrivés au Caire, plus de partisans que celui qui allait être Premier Consul n'en avait jamais eus dans l'armée depuis le lendemain du débarquement.* »[1]

[1] Édouard de Villiers du Terrage, p. 180.

2

Dutertre del.[t]

1

Balzac del.[t] Couché père Sc.[t]

1. VUE DU JARDIN DU PALAIS D'ELFY-BEY, QUARTIER GÉNÉRAL DE L'ARMÉE FRANÇAISE.

2. VUE DE LA CARAVANE DE TÔR PRÈS LA VILLE DES TOMBEAUX.

Combat du mont Thabor

Kléber, avec sa division, se porta rapidement à sa rencontre : son avant-garde, sous les ordres de Junot, heurta le premier corps ennemi à Nazareth et lui enleva cinq drapeaux. Kléber, accouru à son secours, le rejoignit au pied du mont Thabor, près du village de Fouli, et lutta avec ses 3000 fantassins contre toute l'armée d'Abdallah. Formée en carré, sa petite troupe se fit un rempart des chevaux tombés sous les coups de l'adversaire et résista derrière cette digue de cadavres pour donner à Bonaparte le temps de la secourir. En arrivant sur le champ de bataille, le général en chef rangea ses régiments en deux carrés de manière à former avec celui de Kléber un triangle dont les feux convergents eurent bientôt mis les Turcs en déroute. Murat en tua un grand nombre sur les rives du Jourdain.

Détail des pages 106-107

Levée du siège de Saint-Jean-d'Acre (mai 1799)

L'armée victorieuse revint en toute hâte sous les murs de Saint-Jean-d'Acre, mais sa bravoure échoua contre une place qui chaque jour recevait par mer des munitions et des renforts. Après soixante jours de siège et de nombreux assauts, il fallut renoncer à une entreprise qui avait coûté la vie à un général du génie, Caffarelli du Falga, à plusieurs officiers généraux et à 4000 soldats. La rage au cœur, Bonaparte couvrit une dernière fois la ville de boulets et, après l'avoir presque réduite en cendres, il s'enfonça de nouveau dans le désert. Plus tard, en songeant à Saint-Jean-d'Acre et en parlant de Sidney-Smith, l'audacieux général, devenu l'empereur Napoléon, répétait souvent : *« Cet homme, en m'arrêtant devant une bicoque, m'a fait manquer ma fortune ; sans lui, j'eusse été l'empereur de tout l'Orient ! »* Il hâta sa marche et regagna l'Égypte, où sa présence était nécessaire pour réprimer la révolte de l'Ange-El-Mohdy et repousser la deuxième armée turque qui, partie de Rhodes, avait été conduite à Alexandrie sur la flotte anglaise. À peine arrivé au Caire, il envoya dans le Damanhour un détachement d'hommes qui tuèrent l'imposteur et dispersèrent ses partisans ; puis il songea à écraser l'armée de Mustapha.

Pages 106-107

La bataille d'Héliopolis, livrée le 29 venthôse an VIII [20 mars 1800]

[Louis-François] Couché fils aqua-fort ; [Edmé] Bovinet sculp
Eau-forte 24,9 × 38 cm
Collection Frédéric Künzi, Praz-de-Fort
Photo : François Bertin, Grandvaux

L'armée du grand vizir Jussuf a établi son camp à El-Khânka entouré de plus de quatre-vingt mille hommes. En face, Kléber n'aligne que dix mille combattants. Nous voyons la dernière phase de la bataille, alors que l'armée française est déjà victorieuse. Dans cette bataille, les pièces d'artillerie sont protégées par les dromadaires. Quatre carrés et la cavalerie ont eu raison de l'ennemi, mais il a envoyé un corps important dans la ville du Caire, qui s'est soulevée. La reconquête de la ville se fera au prix d'un siège long et d'une action finale sanglante.

Paris, 6 septembre 1800

Au citoyen Lucien Bonaparte, ministre de l'Intérieur

Le Premier Consul désire, Citoyen Ministre, que des médailles soient frappées pour perpétuer le souvenir des actions les plus mémorables de l'armée d'Égypte :

1° Une médaille pour la prise d'Alexandrie et la bataille des Pyramides ;

2° Pour le passage du désert et le combat du mont Thabor ;

3° Pour la bataille d'Aboukir ;

4° Pour la conquête de la Haute-Égypte, l'occupation de Qoseyr et des Cataractes ;

5° Pour la bataille d'Héliopolis.

Le Premier Consul pense qu'il serait convenable que ces médailles fussent frappées en nombre suffisant pour en donner aux généraux, officiers et sous-officiers de l'armée d'Orient, et pour en déposer dans les fondations des fortifications qui seront construites.

Victoire d'Aboukir : 24 juillet 1799

Les janissaires, au nombre de 18000, s'étaient fortifiés dans la presqu'île d'Aboukir, sans que Marmont, qui commandait à Alexandrie, ait pu les en déloger ; c'est là que Bonaparte vint les attaquer après une de ces marches rapides dont il avait donné tant d'exemples en Italie. Les généraux Lannes et Destaing enlevèrent bravement les deux lignes de retranchements derrière lesquelles s'abritait l'ennemi ; dans les combats précédents, nous avions lutté sans cavalerie contre les troupes d'Ibrahim, qui en étaient abondamment pourvues ; cette fois, les Turcs n'en possédaient pas et Bonaparte pouvait compter sur les escadrons de Murat, dont les charges furieuses décidèrent de la victoire. L'armée turque fut détruite presque tout entière : 3000 janissaires périrent par le feu et le fer, 12000 furent noyés dans la rade d'Aboukir ou dans le lac Madieh (24 juillet 1799). Bonaparte, d'un seul coup, venait de venger le désastre de Brueys à Aboukir, et son propre échec à Saint-Jean-d'Acre ; ses soldats, qui, peu de jours avant, doutaient de l'avenir, sentirent leurs cœurs renaître à l'espérance. Kléber, en arrivant le soir sur le champ de bataille, ne put s'empêcher d'étreindre dans ses bras l'homme dont il admirait le génie et, le soulevant de terre, il s'écria dans son enthousiasme : « *Général, vous êtes grand comme le monde !* »

Bonaparte quitte l'Égypte : 25 août 1799

Aboukir fut la dernière bataille livrée par Bonaparte en Égypte ; il avait reçu de son frère Joseph une lettre qui l'informait des projets des Alliés et de leurs victoires ; le commodore Sidney-Smith, de son côté, se fit un malin plaisir de lui faire parvenir plusieurs journaux qui relataient nos défaites d'Allemagne et d'Italie. Dès ce moment, le général ne songea qu'à rentrer en France ; mais avant de partir, il assura, autant que possible, la sécurité de son armée et en donna le commandement au général Kléber « *dont le seul aspect suffisait pour raffermir le cœur de nos soldats et pour leur faire oublier les périls, la misère et les douleurs de l'exil* ». Une escadrille, composée de deux frégates, la *Muiron* et la *Carrère*, et de deux autres petits bâtiments, emporta le général en chef qui avait voulu emmener avec lui Berthier, Lannes, Murat, Marmont, Duroc, Berthollet, Monge, etc. Le 6 fructidor an VII (23 août 1799), la *Muiron* fait voile, vers 8 heures, pour la France. Le 16 septembre, elle double le cap d'Ocre. Le 20, passage du golfe de Syrte. Le 21, passage entre Malte et la côte africaine. Dans la nuit du 22 au 23, passage dans l'île de Lampedouse. Le 23, en vue de Pantelleria. Dans la nuit du 23 au 24, elle double le cap Bon. Le 26, passage par le travers du golfe d'Oristano, en Sardaigne. Le 27, en vue du cap Falcone. Le 29, elle dépasse les bouches de Bonifacio. Le 30, elle entre dans le golfe d'Ajaccio puis reprend le large à cause du vent. Après avoir échappé, comme par miracle, aux croisières anglaises et s'être vue obligée de relâcher quelques jours en Corse, il débarque enfin le 9 octobre 1799 à Saint-Raphaël, dans le golfe de Fréjus. À la faveur de la nuit, la petite division débarque. Dès l'aube venue, la mer se couvre d'embarcations; la population provençale se presse, envahit les vaisseaux, viole les lois sanitaires tant elle est avide de revoir le vainqueur, celui que toute la France attend. Après être resté une heure à Fréjus, il prend le coche pour Paris.

Kléber commandant en chef de l'armée d'Égypte : 25 août 1799 - 14 juin 1800

Kléber souffrit amèrement de l'abandon dans lequel le laissait celui-là même qui avait proposé cette aventure lointaine ; dans une lettre datée du 26 septembre 1799, il dénonça au gouvernement la conduite de son ancien général et peignit, sous les plus sombres couleurs, la situation du corps d'expédition. Cette dépêche ne parvint en France qu'après la chute du Directoire et tomba entre les mains de celui qu'elle accusait : Kléber entrevoyait l'impossibilité de se défendre contre les Russes, les Turcs et les Anglais réunis et il croyait que le seul parti à prendre était l'évacuation de la conquête ; il eut le tort grave de laisser deviner son découragement à ses troupes, qui venaient cependant de remporter deux avantages marqués à Kosseyr et Damiette.

Détail des pages 112-113

Pages 112-113

Les Français descendent le Nil, Égypte 1801, an IX.

Vict. et Conq. Tome XIV, page 94 – vers 1820
Lithographie 25,5 × 4,2 cm
Avec les marges 32,4 × 41 cm
Au-dessus de l'image, au centre : Victoires et Conquêtes
En bas, à gauche : Au Dépôt général de lithog. Quai Voltaire No 1 ; Signé « F. Grenier »
En bas, à droite : Litho. de C. Motte
Fondation Dosne, Bibliothèque Thiers, Paris
N° d'inventaire 31/9107
Suzanne Nagy-Kirchhofer, Paris

Il n'a pas été possible de retrouver à quel événement se rapporte cette gravure, pas plus que le message de l'illustrateur n'est clair. Il dit : « *Il arrive même que des Officiers et des Soldats français sauvèrent la vie à des Turcs et à des Anglais qui allaient être victimes de la fureur des Fellahs.* » Toutefois, cela n'est pas vraiment surprenant. La gravure étant généralement l'illustration d'un texte, le choix de l'auteur peut se porter sur une anecdote qui nous semble anodine, alors qu'elle semblait primordiale au rédacteur. L'époque et les moyens techniques ont évolué, mais pas le principe ; une photographie qui choque

Détail des pages 112-113

Napoléon donne un portrait de Kléber dans le *Mémorial* : « *(...) les Orientaux attachent une importance aux formes de la nature (...) la seule vue de Kléber satisfit leur pensée : c'était un homme superbe mais de manières brutales. La sagacité des Égyptiens leur avait fait deviner qu'il n'était pas français ; en effet, bien qu'alsacien, il avait passé ses premières années dans l'armée prussienne et pouvait passer pour un pur Allemand. (...) Kléber était le talent de la nature (...) Le génie de Kléber ne jaillissait que par moments, quand il était réveillé par l'importance de l'occasion, et il se rendormait aussitôt après au sein de la mollesse et des plaisirs. (...) Kléber était doué du plus grand talent ; mais il n'était que l'homme du moment (...)* »

Convention d'El-Arisch : 18 janvier 1800

Bientôt, à la nouvelle que le Grand Vizir se disposait à quitter Constantinople pour prendre le commandement d'une armée réunie en Syrie, on parla de traiter avec l'ennemi : Desaix reçut l'ordre d'entamer des négociations, et, malgré son chagrin d'être choisi pour une pareille mission, malgré les énergiques protestations de Davout, il signa, le 28 janvier 1800, la fameuse convention d'El-Arisch. Les hostilités étaient suspendues pendant trois mois ; Kléber évacuait Le Caire, et les autres places fortes abandonnées par ses troupes étaient remises aux mains des Turcs ; les Français devaient être ramenés en France avec les honneurs de la guerre et lord Sidney-Smith, avec qui l'on arrêtait ces conditions, s'engageait en son propre nom et au nom de l'Angleterre à fournir des passeports à l'armée, afin qu'elle pût traverser les croisières anglaises.

L'Angleterre désavoue la convention

Nos généraux ignoraient que le commodore anglais n'avait pas qualité pour traiter, attendu qu'il n'était que simple commandant d'escadre et qu'il y avait à Constantinople un représentant accrédité par le cabinet de Londres (lord Elgin). L'Angleterre, s'exagérant la détresse de nos troupes, dénonça la convention du 28 janvier et Pitt donna l'ordre à lord Keith, chef de la flotte

certains peut être indispensable à l'information des autres. Des prises de vue qui semblent artistiques au photographe peuvent paraître vaines au lecteur.
Mais il est vrai que, comme dans toutes les guerres, les autochtones furent parfois pris entre deux feux et devinrent des victimes rêvées. Voyons ce que dit une lettre écrite en Égypte par un soldat :
« *Néanmoins, il* [Mourad Bey] *fait des enlèvements considérables de chameaux, de moutons et autres objets* [...] *Sarabo, voisin d'Achmomime, ayant refusé de fournir aux réquisitions, a été attaqué par les, mamluks qui, après avoir massacré 80 habitants, ont tout enlevé ce qui se trouvait en chameaux, chevaux, etc.* »
Il n'était pas rare que des habitants viennent demander protection au général Desaix, appelé « Le Sultan Juste » pour sa sagesse et sa justice éclairée.

anglaise, d'exiger que l'armée française se rendît à discrétion. Cette mauvaise foi des Anglais rendit à Kléber toute son ardeur et toute son énergie ; redevenu le héros de Mayence, il fit connaître à ses soldats l'humiliation qu'on voulait leur imposer et termina sa proclamation par ces mots : « *On ne répond à de telles insolences que par des victoires ; préparez-vous à combattre.* » Le général, après avoir laissé une petite garnison sous les ordres de Verdier, courut à l'ennemi et le rejoignit non loin des ruines de l'antique Héliopolis, au village d'El-Matarieh ; il rangea son infanterie en quatre carrés, en confia deux au brave Reynier, deux à l'intrépide Friant, plaça entre les corps de ces généraux toute sa cavalerie en l'appuyant elle-même d'une double ligne d'artillerie. Les 80 000 hommes du Grand Vizir se virent arracher la victoire par une poignée de braves (20 mars 1800) ; une partie de l'armée turque s'enfuit vers la Syrie, après avoir subi deux dernières défaites à Belbeïs (21 mars) et à Salahieh (22 mars). Kléber, après avoir inutilement cherché à désunir les chefs des osmanlis et des mamelouks, renoua avec Mourad Bey les premières négociations qu'il avait entretenues avec lui avant la bataille d'Héliopolis. Osman Bey el-Bardisi, chargé des pleins pouvoirs de la part de Mourad Bey, se rendit au quartier général et conclut un traité.

Deuxième insurrection du Caire

L'autre partie se précipita vers Le Caire dans l'espoir de soulever la population ; bientôt, en effet, une deuxième insurrection plus terrible que la première éclata dans la capitale et les 2000 Français qui s'y trouvaient réunis auraient été égorgés sans l'énergie et l'habileté des chefs ; les sages précautions qu'ils prirent donnèrent aux vainqueurs d'Héliopolis le temps d'accourir et de cerner la ville. Kléber incendia le faubourg de Boulak et, après un siège qui dura près de quinze jours, il entra victorieux dans la place qu'Ibrahim Bey et Nassif Pacha évacuèrent à la suite d'une convention signée le 24 avril.

Pages 116-117

Le retour en France

Copie de Lagrange d'après une œuvre originale de François-Joseph Bosio (1768-1845) et représentant Joséphine de Beauharnais.
Musée et château de Rueil-Malmaison, Rueil-Malmaison.
Photo : François Bertin, Grandvaux

Début 1799, le retour de Bonaparte est déjà dans l'air. Il écrit à son frère Joseph : « *Je pense être en France dans deux mois ; fais en sorte que j'aie une campagne à mon arrivée, soit près de Paris ou en Bourgogne.* » C'est finalement Joséphine qui concrétisera son souhait. Le 21 avril 1799 – alors que son époux ne rentrera d'Égypte qu'en octobre – elle achète le château de Malmaison pour 250 000 francs. Elle ne paie que le mobilier ; et encore dut-elle emprunter pour ce faire. L'ascension fulgurante de Bonaparte, après le 18 brumaire, permettra de mener à bien cette acquisition. Toutefois, lorsqu'il apprend le prix ahurissant de cet achat, Bonaparte est furieux, comme il l'a été lorsqu'en arrivant à Paris, il ne trouve pas son épouse au foyer.

Le château de Malmaison reste attaché à jamais aux grandes heures de l'histoire napoléonienne par l'intermédiaire de Joséphine, qui aime cette demeure plus que nulle autre.

La surprise de cet achat immodéré, mais somme toute prophétique puisqu'il deviendra demeure impériale, est un des événements clefs que vivra Bonaparte à son retour d'Égypte.

Nous avons considéré que, parmi tant d'autres choses plus considérables, la silhouette de Joséphine regardant par la fenêtre de Malmaison symboliserait plus que toute autre les multiples retours attendus de son illustre mari.

François-Joseph Bosio,
né à Monaco le 19 mars 1768 et mort à Paris en 1845.

Sculpteur de grand talent, Bosio sculpte en bustes un grand nombre de membres de la famille impériale. On note, entre autres, le buste de Napoléon auprès de ceux de l'impératrice, de la reine Hortense, de la princesse Pauline, du prince de Bénévent, de la duchesse de Rovigo, de Napoléon II, des statues du roi et de la reine de Westphalie. Bien que peu cité dans les historiques de Bosio, il faut relever la grâce de sa *Vierge Marie* qui se trouve au Louvre et date de 1843. Les commandes qui affluent sont telles qu'il meurt, dans la nuit du 28 au 29 juillet 1845, sans pouvoir toutes les honorer.

Assassinat de Kléber

Kléber usa de la victoire avec modération et se contenta de frapper la ville du Caire d'une contribution de dix millions et d'imposer le payement de huit autres millions aux villes qui avaient pris part à la révolte. En quelques jours, il avait reconquis l'Égypte ; bien que privé du concours de Desaix et de Davout qui étaient retournés en France, il s'appliquait par les plus heureuses mesures à lui rendre le repos et la prospérité ; en même temps il renforçait son armée en y faisant entrer des Grecs, des Syriens et des Nubiens, impatients du joug turc, lorsqu'il tomba sous le poignard d'un musulman fanatique, Suleiman, le jour même où le seul homme capable de recueillir sa succession, l'héroïque Desaix, succombait enseveli dans son triomphe à Marengo.

Menou, commandant en chef : 15 juin 1800 – 2 septembre 1801

Menou, qui n'avait ni les qualités d'un général, ni celles d'un administrateur, remplaça Kléber par droit d'ancienneté ; il n'inspirait aucune confiance aux soldats et n'avait aucune autorité sur le peuple ; son activité brouillonne détraqua l'administration ; il s'était, du reste, rendu ridicule aux yeux de tous en embrassant l'islamisme pour épouser une Égyptienne. Les Anglais comprirent que le moment était venu d'en finir avec l'armée française. Menou était jalousé des autres généraux ; il n'était devenu commandant de l'armée d'Égypte qu'en qualité de plus ancien divisionnaire. Méconnu des soldats, il s'attira de plus l'animosité de la majorité des membres de la Commission des Sciences et des Arts, auxquels l'intempestive quarantaine dans l'île de Farehi avait fait manquer l'occasion de retourner en France. Le fait de les traiter de « bouches inutiles » n'arrangeait pas les choses. Marmont donne le portrait suivant du général Menou : « *Sans aucune espèce de talents militaires, mais non pas sans bravoure. (...) Pourvu d'esprit et de gaieté, il était agréable conteur, fort menteur, et ne manquait pas d'une certaine instruction ; son caractère le plus singulier du monde approchait de la*

folie. D'une activité extrême pour les très petites choses, jamais il ne pouvait se décider à rien exécuter d'important. Écrivant sans cesse, toujours en mouvement dans sa chambre, montant chaque jour à cheval pour se promener [...] D'un caractère violent [...] Son mariage avec une Turque fut l'écart d'esprit le plus étrange et le rendit la fable de l'armée et la risée du pays. C'est un extravagant, un fou, quelquefois assez amusant, mais un fléau pour tout ce qui est dépendant de lui. »

Combats devant Alexandrie

L'amiral Keith débarqua près d'Alexandrie le 8 mars avec 20 000 soldats anglais commandés par le général Abercromby, pendant que les Turcs renouvelaient leurs attaques du côté de la Syrie et qu'un corps de 7000 Hindous ou Cipayes arrivaient des Indes pour opérer une descente sur les bords de la mer Rouge. Friant, qui commandait dans Alexandrie, essaya en vain avec 5000 hommes d'arrêter les Anglais ; quelques jours après (13 mars), il fut rejoint par le général Lanusse et recommença la lutte, mais sans plus de succès.

Bataille de Canope : 21 mars 1800

Enfin Menou parut à son tour pour livrer, le 21 mars 1801, la malheureuse bataille de Canope, dans laquelle périrent deux braves officiers, les généraux Lanusse et Roize : le commandant français eut, dans cette affaire, le tort de ne pas appuyer vigoureusement une héroïque charge de nos cavaliers qui, à coups de sabre, étaient parvenus à s'ouvrir une route sanglante dans les rangs ennemis. Le général Abercromby était tombé mort sur le champ de bataille ; son successeur Hutchinson poursuivit ces premiers succès et coupa l'armée française en deux tronçons, dont l'un s'enferma dans Le Caire avec Belliard et l'autre dans Alexandrie avec Menou. Les dangers qui menaçaient nos soldats furent encore augmentés par l'arrivée du Grand Vizir qui amenait de Syrie une armée de 30 000 hommes. Bonaparte songeait cependant à envoyer des secours en Égypte : l'amiral

La folle dépense de Joséphine

Légère et dépensière comme nulle autre, tels sont les qualificatifs qui s'appliquent à Joséphine. Et si nous tentions de regarder les choses de manière positive et de ne retenir que ses bonnes intentions ? Elle a démontré tout au long de sa vie qu'elle avait un attachement sincère, quasi viscéral, pour cette demeure. Par surcroît, Bonaparte avait déjà marchandé la demeure en 1798, peu avant la campagne d'Égypte mais elle lui était apparue comme chère, trop chère. Joséphine ne faisait donc que concrétiser une envie commune d'acheter la Malmaison. Elle ose ce que Bonaparte n'a pas entrepris. Et pourtant, oserait-on qualifier l'homme de timoré ?

Joséphine n'aurait-elle pas, prophétiquement, auguré d'une réussite prochaine, d'un prolongement de la première campagne d'Italie ?

Nous savons le plaisir de Bonaparte lorsqu'il quittait Les Tuileries, ce séjour « *triste comme la grandeur* », pour s'en aller « *auprès de la bonne Joséphine,* [passer] *les jours de congé.* » Joséphine n'aurait-elle pas acheté la maison de leurs rêves par amour, autant que par désir personnel ? Par amour, me direz-vous, mais elle trompait alors Bonaparte avec un jeune officier. Qu'à cela ne tienne, Bonaparte ne s'affichait-il pas partout en Égypte avec Pauline Fourès, affublée d'une tenue de hussard pour, maladroitement, se faire discrète ? En plus, le propre fils de la future impératrice, Eugène de Beauharnais, pouvait assister aux premières loges à cet adultère, puisqu'il était le propre aide de camp de Bonaparte et que toute l'armée savait. Cette tromperie, qui dura une bonne partie de son séjour en Orient, ne l'empêchait pas d'aimer sincèrement Joséphine et de tout lui pardonner, ses dépenses, sa frivolité, ses absences, tout.

Il semble donc que l'infidélité de l'un comme de l'autre n'entamait en rien leur amour réciproque, plus, ne choquait personne.

Il se pourrait donc que Joséphine ait acheté la Malmaison pour trois raisons, citées dans l'ordre d'importance : par caprice et goût personnels du luxe, par amour pour son mari, par volonté commune d'avoir une « résidence secondaire ». À ceux qui rétorqueront : « Oui, mais à quel prix ? », je réponds : Joséphine n'a rien fait d'autre que ce que font chaque jour des millions de particuliers, de compagnies d'aviation, d'entreprises de toute sorte et même d'États : dépenser leur argent avant même de l'avoir gagné, spéculant sur de futurs profits et gains qu'ils ne réalisent jamais ! Au moins a-t-elle parié sur le bon cheval.

En tous les cas, Napoléon ne cache pas que c'est à la Malmaison qu'il passe ses plus beaux jours. Alors, pourquoi faire éternellement un faux procès à Joséphine ?

Ganteaume, chargé de conduire 5000 soldats en Afrique, partit de Brest, franchit heureusement le détroit de Gibraltar, mais échoua dans toutes ses tentatives de débarquement ; l'amiral Linois ne réussit pas mieux ; mais, au moins, il livra aux Anglais le brillant combat d'Algésiras et coula bas deux de leurs vaisseaux.

Capitulations du Caire et d'Alexandrie : 27 juin et 2 septembre 1801

Pendant ce temps, les communications entre Le Caire et Alexandrie étaient interrompues : Belliard isolé dans la capitale voulut, pour l'honneur du drapeau, tenter une sortie ; mais la journée d'El-Menaer, en mai, ne fit que lui démontrer son impuissance et, le 27 juin, il signa une capitulation qui pouvait atténuer la douleur que devaient ressentir les vieux soldats d'Italie habitués non à subir, mais à imposer des conditions. L'armée se retirait avec les honneurs de la guerre, avec ses armes et ses bagages, avec son artillerie, ses chevaux, tout ce qu'elle possédait enfin ; elle devait être transportée en France et nourrie pendant la traversée aux frais de l'Angleterre. Menou tint dans Alexandrie jusqu'au 2 septembre, date à laquelle il se rendit aux mêmes conditions. La France perdait la seule colonie d'où elle pouvait menacer sérieusement les Indes anglaises ; c'était en vain que le sang avait coulé, que nos soldats avaient accompli des prodiges de valeur, et que des existences précieuses avaient été sacrifiées. Cette guerre lointaine avait montré ce que pouvait le courage uni à la volonté ; mais elle restait complètement stérile au point de vue politique. Il n'en fut pas de même pour les sciences et les arts : l'institut fondé par Bonaparte accomplit aussi des merveilles ; c'est à lui que revient l'honneur d'avoir révélé l'antique Égypte aux philosophes et aux historiens, en faisant connaître au monde ses richesses archéologiques qu'allait bientôt décrire Champollion. Le pays ne resta pas longtemps aux Anglais, qui furent obligés de le rendre au sultan lors de la paix d'Amiens en 1802. Sélim III pouvait croire qu'il ne lui serait plus disputé ; il se trompait : bientôt allait paraître un homme qui devait changer la face de l'Égypte, lui rendre pour un moment la vie et la gloire, et, par ses projets ambitieux, inquiéter la vieille Europe et remuer le monde musulman tout entier.

Chronologie des principaux événements de la campagne d'Égypte

12 avril 1798	Bonaparte est nommé commandant en chef de l'armée d'Orient
19 mai	Départ de l'armée d'Orient de Toulon
10 juin	Occupation de Malte
1er juillet	L'armée française débarque à Alexandrie
2 juillet	Prise d'Alexandrie
10 juillet	Desaix détruit un corps de mamelouks à Ramanieh
13 juillet	Victoire de Chebreïss
21 juillet	Victoire des Pyramides
25 juillet	Entrée de Bonaparte au Caire
1er août	Désastre naval d'Aboukir
11 août	Victoire de Bonaparte à Salahieh sur Ibrahim Bey
20 août	Création de l'Institut d'Égypte
25 août	Départ de Desaix pour une expédition en Haute-Égypte
25 août	Victoire de Desaix à Sediman sur Mourad Bey
21 octobre	Première révolte du Caire
25 décembre	Départ de Bonaparte pour Suez

22 janvier 1799	Victoire de Desaix à Samanhoud sur Mourad Bey
8 février	Début du blocus d'El-Arisch
10 février	Bonaparte part pour l'expédition de Syrie
20 février	Prise du fort d'El-Arisch
6 mars	Prise de Jaffa
11 mars	Visite de Bonaparte aux pestiférés de Jaffa
19 mars	Début du siège de Saint-Jean-d'Acre
8 avril	Victoire de Junot sur l'armée de Damas d'Abdallah à Nazareth
16 avril	Victoire de Bonaparte au mont Thabor sur les Turcs
20 mai	Fin du siège de Saint-Jean-d'Acre
14 juin	Retour de Bonaparte au Caire
28 juin	Arrivée de la Commission des Sciences et des Arts à Thèbes
12 juillet	Débarquement de la flotte anglaise à Aboukir
13 juillet	La Commission arrive à Assouan
24 juillet	Bonaparte écrase les janissaires de Mustapha à Aboukir
22 août	Départ de Bonaparte pour la France
9 octobre	Arrivée de Bonaparte en France
29 octobre	Victoire du général Verdier sur les janissaires à Menzaleh
28 janvier 1800	Convention d'El-Arisch signée entre Kléber et les Anglais
20 mars	Victoire de Kléber à Héliopolis sur les Turcs de Nassif Pacha
24 avril	Seconde révolte du Caire

14 juin	Assassinat de Kléber. Menou commandant en chef
17 juin	Exécution de Suleyman, l'assassin de Kléber
8 mars 1801	Les Anglais d'Abercromby débarquent à Aboukir et s'emparent du fort
21 mars	Victoire anglaise d'Abercromby sur Menou à Canope
27 juin	Capitulation de Belliard au Caire
2 septembre	Capitulation de Menou à Alexandrie
14 septembre	Les Français évacuent l'Égypte face à l'armée anglaise commandée par Hutchinson

La Bataille d'Aboukir, le 25 juillet 1799 (détail)
Louis François Lejeune (1775-1848)
Huile sur toile 180 × 258 cm
Établissement public du musée et du domaine national de Versailles et de Trianon, Versailles

Professeur Alain Pigeard
Docteur en Droit
Docteur en Histoire en Sorbonne

Bibliographie

Alain Pigeard : *Dictionnaire des Batailles de Napoléon*

LA FAMEUSE PIERRE DE ROSETTE

par Frédéric Künzi

La pierre de Rosette
196 av. J. C. (Époque ptolémaïque)
Provenance : El-Rashid (Égypte)
Granite noir
Hauteur 114 cm
Largeur 72,3 cm
Épaisseur 27,9 cm
British Museum, London
Inventaire EA 24

« Parmi les exploits scientifiques du XIXe siècle auxquels nous devons la révélation des langues et des civilisations de l'Orient ancien et par là même un élargissement de plus de deux millénaires des domaines accessibles à la connaissance historique, aucun n'est comparable au déchiffrement des hiéroglyphes par Jean-François Champollion » Edouard Meyer

Même si l'expédition d'Égypte n'avait été organisée par Bonaparte « que » pour la découverte de la pierre de Rosette, elle eu sa raison d'être.

Aujourd'hui, les travaux de terrassement et les fouilles occasionnelles permettent chaque jour des découvertes archéologiques majeures. Cela démontre bien qu'elles ne sont souvent que le fruit du pur hasard et qu'elles tardent parfois à se concrétiser. La pierre de Rosette aurait donc pu, fortuitement, rester enfouie pour de longs siècles encore[1].

Bien certainement, cette illustre pierre n'a pas « donné » la clef de l'écriture hiéroglyphique à Champollion. Depuis sa découverte en 1798, le plus célèbre des égyptologues a longuement travaillé pour trouver la clef de l'énigme, mais cela ne fait qu'ajouter à sa valeur. En effet, si Champollion, en 1822, résout le mystère de l'écriture égyptienne avec la pierre de Rosette, qu'en aurait-il été sans la découverte de Bouchard ? Il est permis de se

[1] Pour conforter cette assertion, une équipe d'archéologues vient de découvrir une pierre du IIe siècle avant notre ère, porteuse d'inscriptions parallèles en grec ancien et en hiéroglyphes. Bien qu'elle n'ait pas encore livré ses secrets, elle est déjà comparée à la pierre de Rosette.

demander si le mystère des hiéroglyphes, cette écriture si décorative, si parfaite, si ce mystère serait présentement élucidé.

Honneur soit donc rendu à l'expédition d'Égypte pour cet apport au monde de l'histoire humaine, honneur soit rendu à Pierre François Xavier Bouchard, petit lieutenant du génie qui eut l'idée lumineuse d'amener au général Menou cette pierre couverte de signes cabalistiques et mystérieux, imaginant qu'elle pouvait avoir une importance historique monumentale.

Monumental, le terme est définitivement jeté sur le papier.

Monumentale a été l'expédition d'Égypte, avec ses hommes de lettres, de science et des arts, monumental est l'ouvrage *La Description de l'Égypte*, monumentale est la découverte de la pierre de Rosette, monumentaux sont, et resteront, les édifices de l'Égypte ancienne.

Néanmoins, une question se pose depuis bien longtemps : pourquoi la langue et l'écriture des anciens Égyptiens se sont-elles éteintes ? Il y avait pourtant, parmi tous les intellectuels grecs, suffisamment de personnages éclairés et intéressés par les langues pour perpétuer la tradition. Même si les prêtres n'initiaient que rarement les visiteurs étrangers à l'écriture hiéroglyphique, rien n'empêchait ceux-ci d'apprendre la langue parlée ou l'écriture de l'antique Égypte ? « *Pourtant, le bilinguisme n'était pas exceptionnel. De nombreux papyrus littéraires et des exercices d'écoliers en grec, retrouvés partout dans la vallée du Nil, témoignent de la popularité que connaissaient alors la poésie, la prose et la tragédie grecques. Inversement, maints intellectuels grecs venaient en Égypte pour y étudier la théologie et la médecine égyptiennes.* »[1]

Cependant, aucune grammaire, aucun traité, n'ont permis aux linguistes d'aborder le problème avec un bagage acceptable. Seul le travail acharné, presque inhumain, de Champollion est arrivé à vaincre tout ou partie de cette lecture pourtant attirante par son côté « bande dessinée ».

Les connaissances linguistiques, l'intelligence et une capacité de travail hors du commun permirent à Jean-François

[1] Robert Solé et Dominique Valbelle, p. 28..

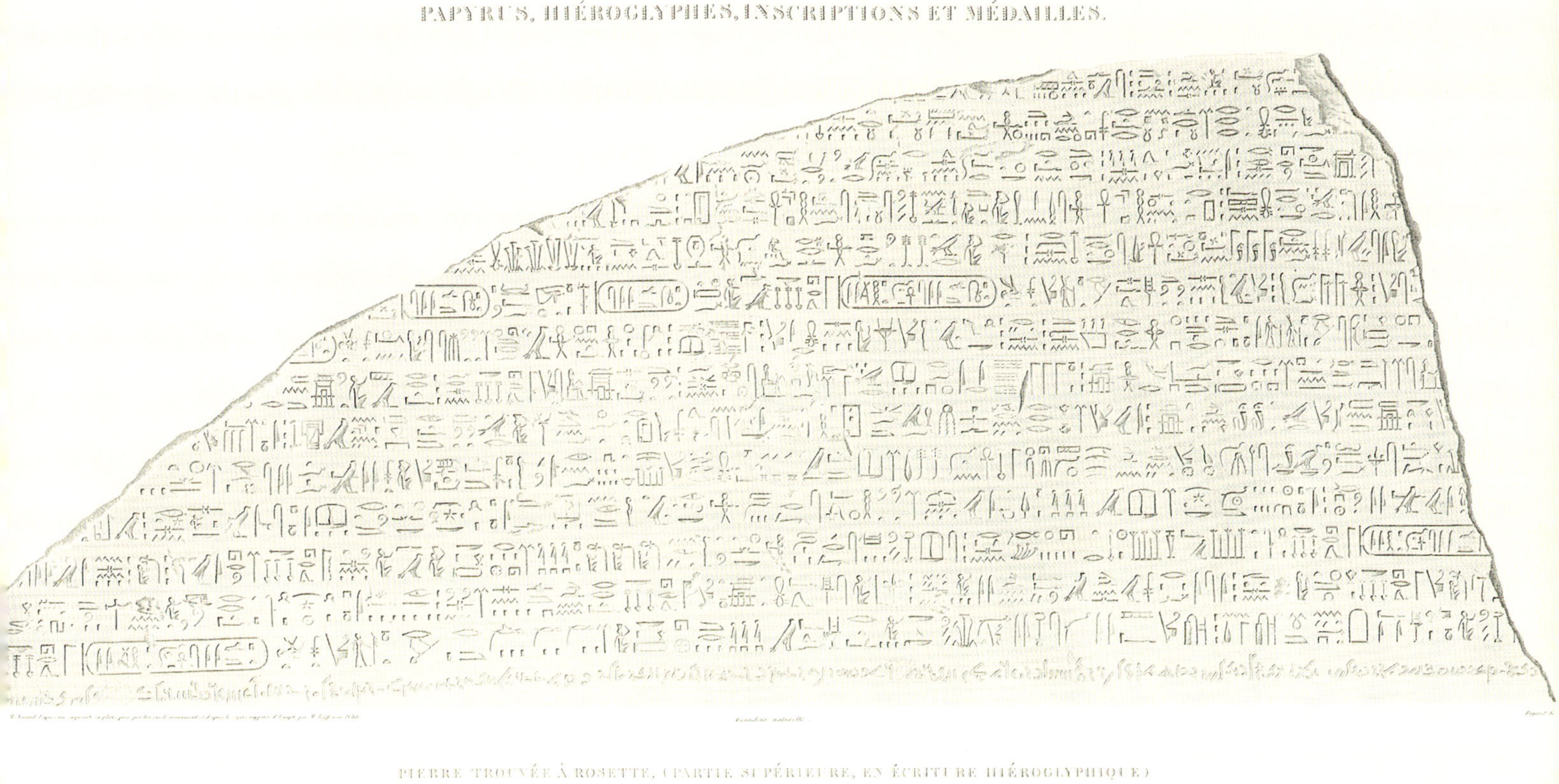

Papyrus, hiéroglyphes, inscriptions et médailles. Pierre trouvée à Rosette. (Partie supérieure, en écriture hiéroglyphique)

Atlas de format in-folio atlantique, Pl. 72.
Dessiné par Jomard d'après une empreinte en plâtre prise par lui sur le monument et d'après le soufre rapporté d'Égypte par M. Raffeneau Delile ; Bigant sc^t^.
Paris, Imprimerie Royale, 1809-1828
Eau-forte 28 × 64 cm
Grandeur de la planche 78 × 109 cm
Bibliothèque publique et universitaire, Genève
N° d'inventaire Fa 711/ 3-h gp
Photo : François Bertin, Grandvaux

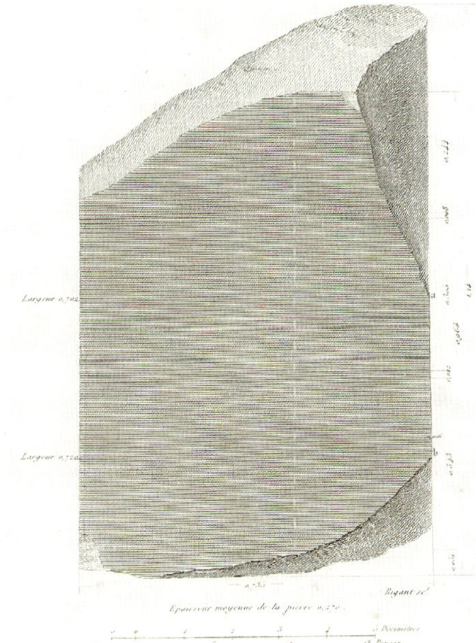

*** Pierre François Xavier Bouchard** (1772-1832)

La pierre de Rosette fut découverte en août 1799 par le lieutenant Bouchard, 27 ans, d'Orgelet, polytechnicien et officier du génie, au cours de travaux de terrassement qu'il dirigeait à Fort Julien, près du village de Rosette. Intrigué par une pierre noire réemployée dans un mur, il signala sa trouvaille au général Menou, qui fit transporter cette pierre à Alexandrie. Cette stèle portait la copie d'un décret de Ptolémée V Épiphane, inscrit en hiéroglyphes (en haut), en démotique (les 32 lignes du centre) et en grec (les 54 lignes du bas).

Champollion de décrypter les hiéroglyphes égyptiens le 14 septembre 1822, soit vingt-trois ans après la découverte de la pierre de Rosette[1] par un soldat de l'armée d'Orient. Ce 14 septembre, il court vers son frère à l'Institut, s'écriant «*Je tiens l'affaire!*» et s'écroule inanimé, restant dans un état léthargique pendant cinq jours.

Il est erroné de croire que Champollion faisait partie des savants accompagnant l'armée française, tout comme il est illusoire de croire que ce déchiffrement est issu d'une unique révélation spontanée. À partir du déchiffrement d'un seul nom d'après les textes de la tablette de granit, il progresse pendant plusieurs années, travaillant à partir de documents tels que les planches de la *Description de l'Égypte*, des monuments et objets de la collection Drovetti à Turin, des papyrus égyptiens du Vatican et de Berlin, etc.

Il est à noter que Champollion a toujours travaillé à partir de reproductions de la stèle et jamais sur l'original, celui-ci se trouvant au British Museum depuis sa capture par les Anglais comme butin de guerre. Le moulage propriété du Musée Champollion est un don de ce célèbre musée.

Héliopolis. 1. Plan des ruines et de l'enceinte de la ville. 2. 3. 4. Détails de l'obélisque.

Antiquités, VOL. V, Pl. 26.
Jacotin del^{t}; Wahl sc^{t}.
Paris, Imprimerie Royale, 1809-1828
Eau-forte 60 × 38,5 cm
Grandeur de la planche 72 × 54 cm
Bibliothèque publique et universitaire, Genève
N° d'inventaire Fa 711 P 1/5
Photo: François Bertin, Grandvaux

Si la pierre de Rosette a été le prélude aux découvertes de Champollion, la tâche n'en était pas pour autant achevée. De nombreuses étapes se sont succédé pour parfaire cette base. Hormis les travaux faits sur les pièces archéologiques importées en France et en Italie, le découvreur a beaucoup travaillé sur les planches de la *Description de l'Égypte*. Écoutons sa biographe:

« *Mais plus important encore pour l'élucidation de l'élément phonétique fut la lecture du nom « Ousertasen » (Sésostris) sur une statue du Louvre et sur l'obélisque d'Héliopolis* [dans la] *Description de l'Égypte* […] » (Hermine Hartleben)

Il s'agit en l'occurrence de la présente planche.

[1] Nom français pour Al Rashid. Située dans le delta du Nil, la ville de Rosette fut, jusqu'au XIXe siècle, le plus grand port d'Égypte.

HELIOPOLIS.

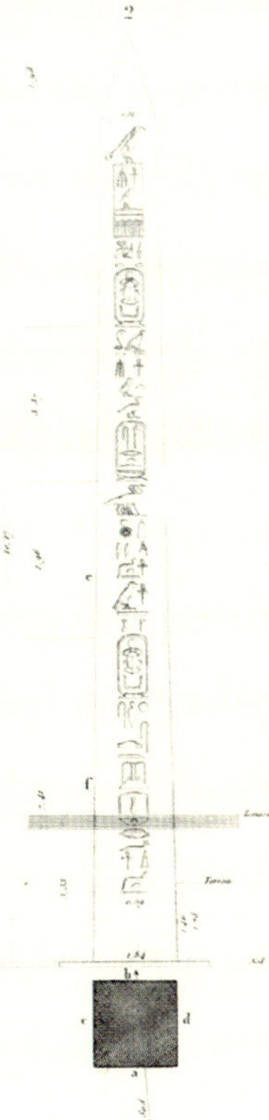

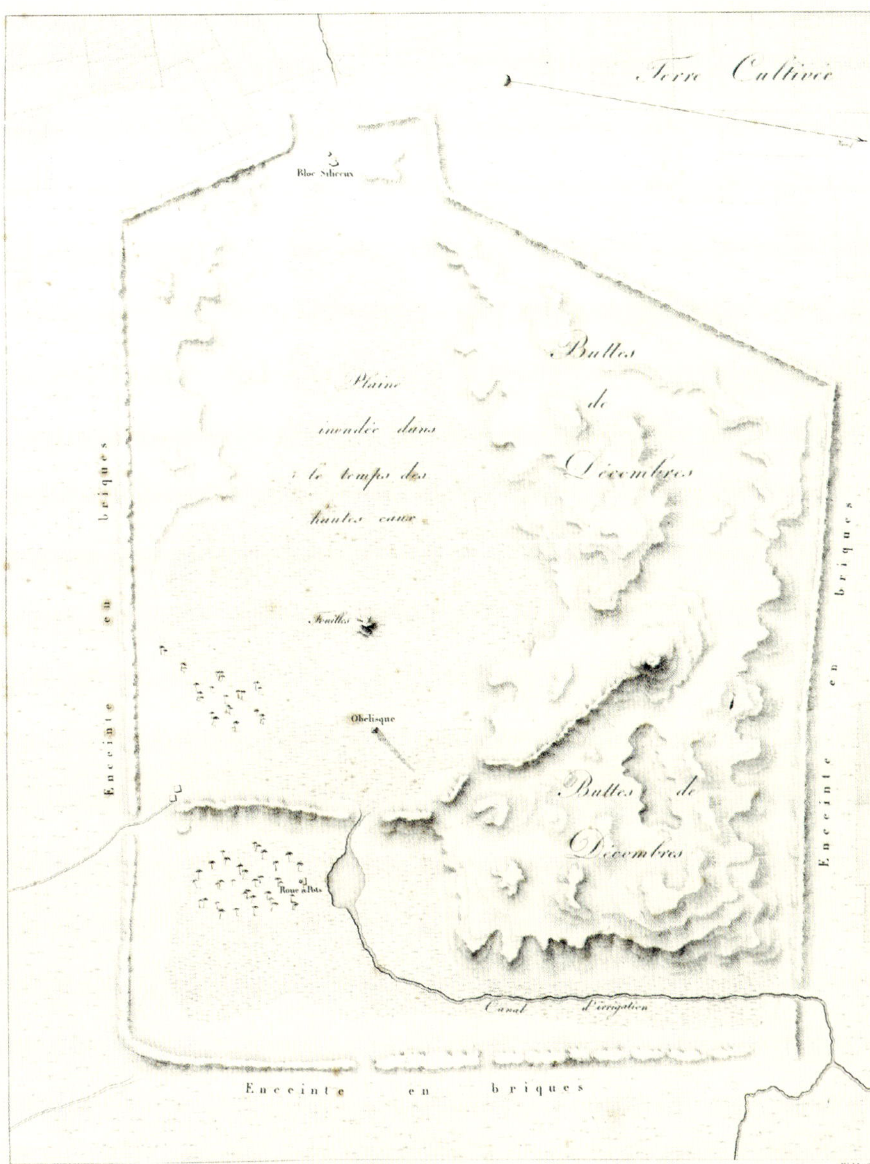

2.3.4 Lancret et Du Bois-aymé del.t

Jacotin del.t

Wahl Sc.t

1 PLAN DES RUINES ET DE L'ENCEINTE DE LA VILLE.
2.3.4 DETAILS DE L'OBELISQUE.

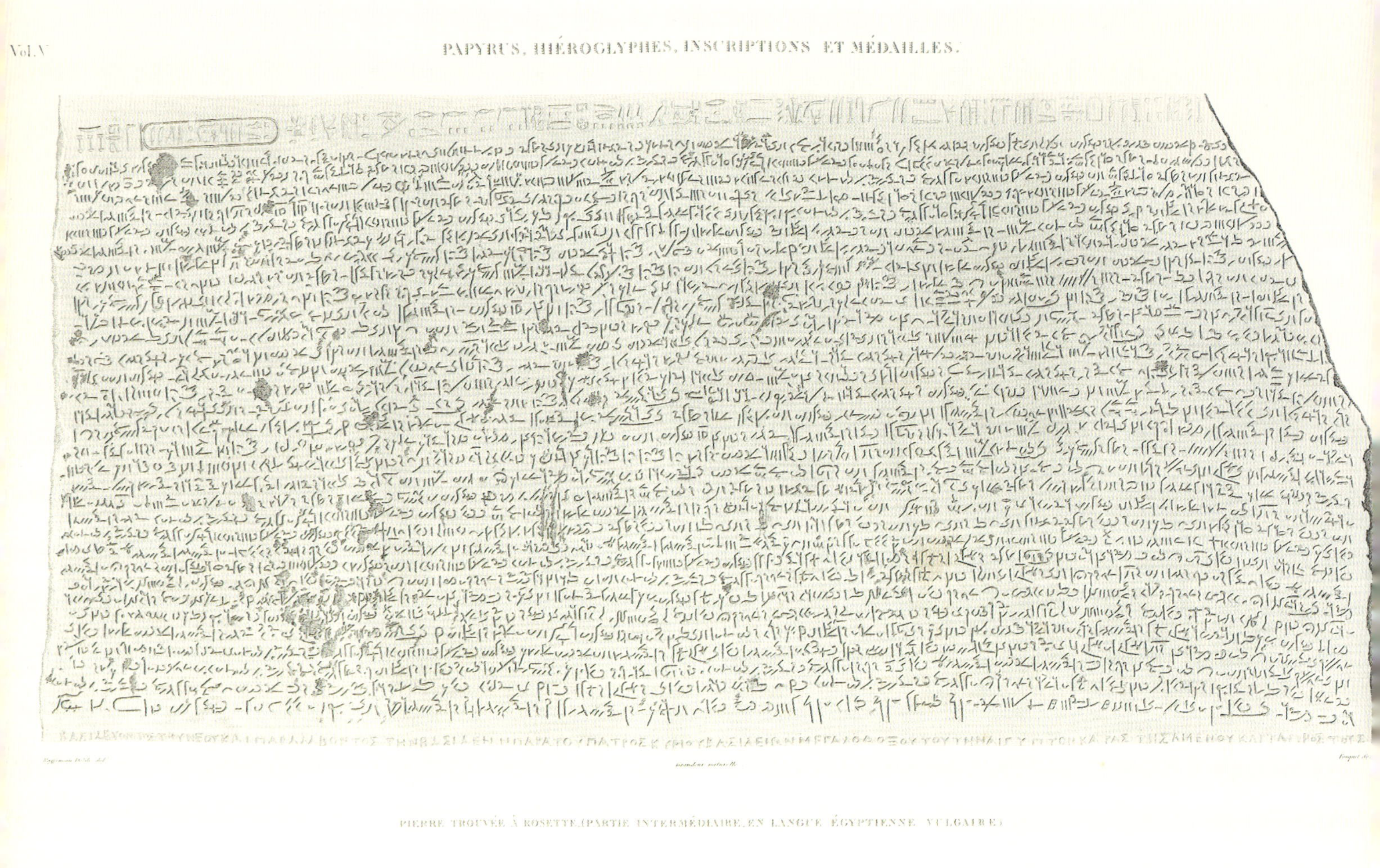

Papyrus, hiéroglyphes, inscriptions et médailles. Pierre trouvée à Rosette. (Partie intermédiaire en langue Égyptienne vulgaire)

Atlas de format in-folio atlantique, Pl. 73.
Raffeneau Delile del^{t} ; Fouquet sc^{t}.
Paris, Imprimerie Royale, 1809-1828
Eau-forte 35,0 × 72,5 cm
Grandeur de la planche 78 × 109 cm
Bibliothèque publique et universitaire, Genève
N° d'inventaire Fa 711/ 3-h gp
Photo : François Bertin, Grandvaux

La langue égyptienne vulgaire est nommée actuellement « démotique ». Elle connut une large utilisation dans les documents de la vie quotidienne (administratifs, juridiques, économiques), puis dans la littérature et les ouvrages scientifiques. À la fin de la civilisation égyptienne, seuls les prêtres furent encore capables de lire les écritures hiéroglyphiques. Les inscriptions destinées à une plus large audience étaient souvent gravées en démotique.

Le « décret de Memphis », qui fait l'objet de l'inscription en trois écritures différentes (hiéroglyphique, démotique et grecque) est un texte à la gloire de Ptolémée, pharaon dont la justice, la sagesse et le respect des décrets familiaux semblent être une règle de vie.

« En ce jour, les chefs des prêtres, les serviteurs du dieu, les prêtres qui ont accès à ce qui est pur pour procéder à l'habillage des dieux, les scribes du livre sacré et les scribes de la maison-de-vie ainsi que les autres prêtres venus depuis les temples d'Égypte jusqu'à Memphis pour la fête de l'accession à la fonction suprême du pharaon Ptolémée à la suite de son père se rassemblèrent dans le temple de Memphis et ordonnèrent : Attendu que le pharaon Ptolémée, fils du pharaon Ptolémée et de la prêtresse Arsinoë, les Dieux-qui-aiment-leur-père, accomplit de nombreux bienfaits pour les temples d'Égypte et pour tous ceux qui sont sous son autorité de pharaon. »[1]

[1] Bref extrait de la traduction en français de Didier Devauchelle, cité par Robert Solé et Dominique Valbelle, pp. 184-185. Ladite traduction, bien qu'ayant été expurgée des redondances du texte original, comporte six pages pleines dans le livre.

49
C. de Berelos
Megaizel
C. Mestero
ASCID ou ROSSETT
Casa rossa
Mehallet-il Emir
Madié
Etko
Hasbet
Berimbal
Berelos
L. Molubis de Berelos
Abu Sishé
Kauadi
Lashom
Tannas
Isbeli-burg
Bogas
DAMIAT
Selanié
Kefr-il Batik
Kefr Suleiman
Adlije
Bistan
Asraïl
L. de Manzalé
Fareskur
Albuglat
Gemiané
Tekebi
Sindion
Fezzara
Deirut
Gezirat Iddahab ou Isle d'Or
FOUA
Mehallet Malik
Dahrije
Zarca
Bashmut
Lahmedie
Mut-el Koli
Sharbin
Seremsah
Diast
Mehallet-il Meshak
Démarié
Barub
Canal de Rascia
Kabas
Mehallet Abu Ali
Mehallet Dijé
Samocrat
Laff
Alexandrie
Demenhur el Wohosh
Rahmanié
Mri
Genadge
Ferastak
Belkin
Bahbeit
Gruger
Tauile
Mansora
Beramun
Manzalé
Ashmun-Tanah
Nabalia
Mut Bedr
Tinaié
Tabanié
Semennud
San ou Tanis
Miniet Semennud
Mut Naser
Elrim
Donshal
Miniet Selamé
Mehallet-il
Sa
Loben
C. de Belkin
Nakrash
Niklé
Eshlimé
Kunaisé
Denu
MEHALLE-KEBIR
Busir
Bana
DAKELI
Fars
Kalits-ul
Mut Gera
Mut Abul Gera
Canal de Bahiré
Shâbur
Kafr Jacub
Selamun
Kafr Gedid
Kalits-ul
Shiobret-el Yemeni
Selemié
Albuhé
Colline du Lion
Kafr Akl
Tel Essabé ou
Shianshia
OU
Ashmon
BAHIRÉ
GARBIÉ
Taûa
Tunub
Zaûed-ul bahri
Babel
Sendebas
Mandara
Mut Harun
Mut Demsis
Basta
Magnin
Amrus
Mut Lafsi
Dishné
Abu-l-kaûi
Tensesur
Bala
Nikios
Sarnaghi
SHARKIE
Alkan
Nadir
Shebshir
Sedis
Atrib
Mut Kamar
el Bur
edgiat
zeid
Kafr
Menuf
MENUFIE
Kudamié
Belbeïs
Habas
Terané
Tabué
Farugamie
Serbadje
Ikmas
Menshié
Ninal
Mutaltar
Kiad
Khalits Abu Meneggi
A. birelcara
Colline de la Juiverie
Etris
Shumum
Korsenbas
Senam
Daguié
Tel el Ihudieh ou
el Bueib ou le Détroit
Vardan
Elkatta
Shalalub
Kaliub
Birk el Hadgis ou L. des Pelerins
Errabari
Omdinar
Kumije
Beissus
Hank
Matlaria
Derb el Ha
Dar
Embabé
Bulac
Tarie
KAHIRA ou LE CAIRE
EL HARAM ou les Pyramides
Gizeh
Vieux Caire
Busir
Adawieh
Meniet Rahiné
Tora
Vallon de Tiheh ou de l'Egarement
Sakara
Mokattam
Shek-il Elman
Nahel
eau douce
Dabrashin
Holuan
Dashur
Tebein
Shaubé
Kafr-Irrizé
Deïr Abulifé
Plaine de Gendeli
Alaia
dé Lacs de Natron
Monast. d'Askit ou de S. Macaire
Monast. des Syriens
Grecs
Sciahiat

L'Égypte et les Grecs

L'influence de la civilisation grecque en Égypte est telle que les noms propres s'en trouvent fondamentalement modifiés.
En effet, qui n'a jamais entendu prononcer le nom d'Isis, alors qu'Aset ou Eset, lui, est totalement inconnu, sacrifiant son nom égyptien au profit de la langue de Platon? De la même manière, Aménophis III n'est inconnu de personne, alors qu'Aménotep III, ou encore Nebmaâtrê, restent des noms mystérieux et vides de sens.
Cette utilisation persistante de la langue grecque est due à la conquête du pays par Alexandre le Grand en 332 av. J.-C. Le pouvoir et l'autorité de cet empereur s'étendirent sur l'ensemble du pays égyptien, laissant en témoignage durable la ville d'Alexandrie, promise à une destinée éclatante.

Pages 132-133

Thèbes, (hypogée)

Manuscrit sur papyrus en caractères hiéroglyphiques. Deuxième partie.
Atlas de format in-folio atlantique, Pl. 73.
Tiré du Cabinet de Mr Marcel; Willemin sc[t].
Paris, Imprimerie Royale, 1809-1828
Eau-forte rehaussée 55 × 144 cm
Dimensions de la planche 70 × 175 cm
Bibliothèque publique et universitaire, Genève
N° d'inventaire Fa 711/ 3-h gp
Photo: François Bertin, Grandvaux

La proportion de planches coloriées dans la *Description de l'Égypte* est relativement faible, considérant le nombre total de gravures de grande qualité. Si la somptuosité de certains sites archéologiques et les coloris des oiseaux justifient la couleur, on peut, dans un premier temps, être étonné de voir les auteurs privilégier la totalité des papyrus par la quadrichromie.
Ce choix s'explique pourtant en considérant que, d'entrée de jeu, les savants recherchèrent la clef du langage hiéroglyphique[1]. On devine dans leur pensée le rôle hypothétiquement actif de la couleur dans le déchiffrement: « Ils [les savants] recueilleront également [pour trouver la clef des hiéroglyphes] quatre ou cinq grands manuscrits composés de soixante et une pages égyptiennes en écriture vulgaire et de cinq à six cents colonnes en écriture hiéroglyphique »[2]. Il s'agit bien d'un de ces papyrus que nous avons sous les yeux.

[1] Dès que le relief de la pierre de Rosette est estampé, les deux orientalistes Jean-Joseph Marcel et Louis Rémi Raige travaillent ardemment, mais en vain, à son décryptage. Raige scrutera la stèle jusqu'à sa mort en 1810, mais toujours sans succès.

[2] Robert Solé et Dominique Valbelle, p. 43

Papyrus, hiéroglyphes, inscriptions et médailles. Pierre trouvée à Rosette. (Partie inférieure en langue Grecque)

Atlas de format in-folio atlantique, Pl. 74.
Raffeneau Delile delt; Bigant sct.
L'épaisseur moyenne de la pierre est de 0,2..0.
Paris, Imprimerie Royale, 1809-1828
Eau-forte 38 × 72 cm
Grandeur de la planche 78 × 109 cm
Bibliothèque publique et universitaire, Genève
N° d'inventaire Fa 711/ 3-h gp
Photo : François Bertin, Grandvaux

Grâce aux auteurs grecs de l'Antiquité, les savants de Bonaparte connaissaient suffisamment l'histoire d'Égypte pour comprendre pourquoi un décret datant du IIe siècle avant Jésus-Christ devait obligatoirement être bilingue et éventuellement comporter trois écritures, mais, concernant la culture actuelle, on connaît plutôt l'histoire de Cléopâtre et on lui associe davantage une présence romaine que grecque. Il faut donc préciser qu'au moment de la conquête d'Alexandre le Grand, alors que la langue grecque se répand, les Égyptiens abandonnent progressivement les écritures traditionnelles au profit de l'alphabet grec : c'est l'origine du copte, dernier état de l'écriture égyptienne.

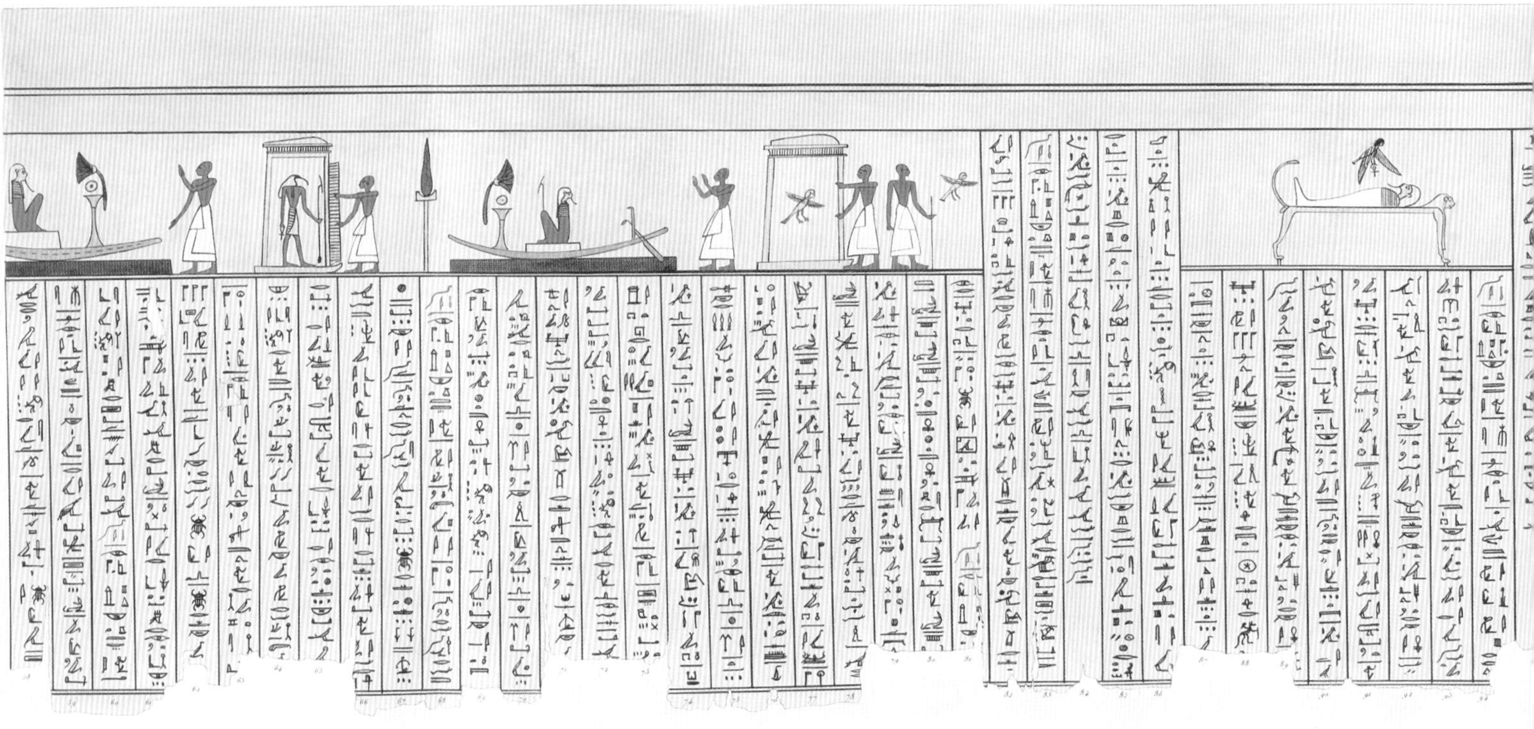

Tiré du Cabinet de M.r Marcel

MANUSCRIT SUR PAPYRUS EN CARACT

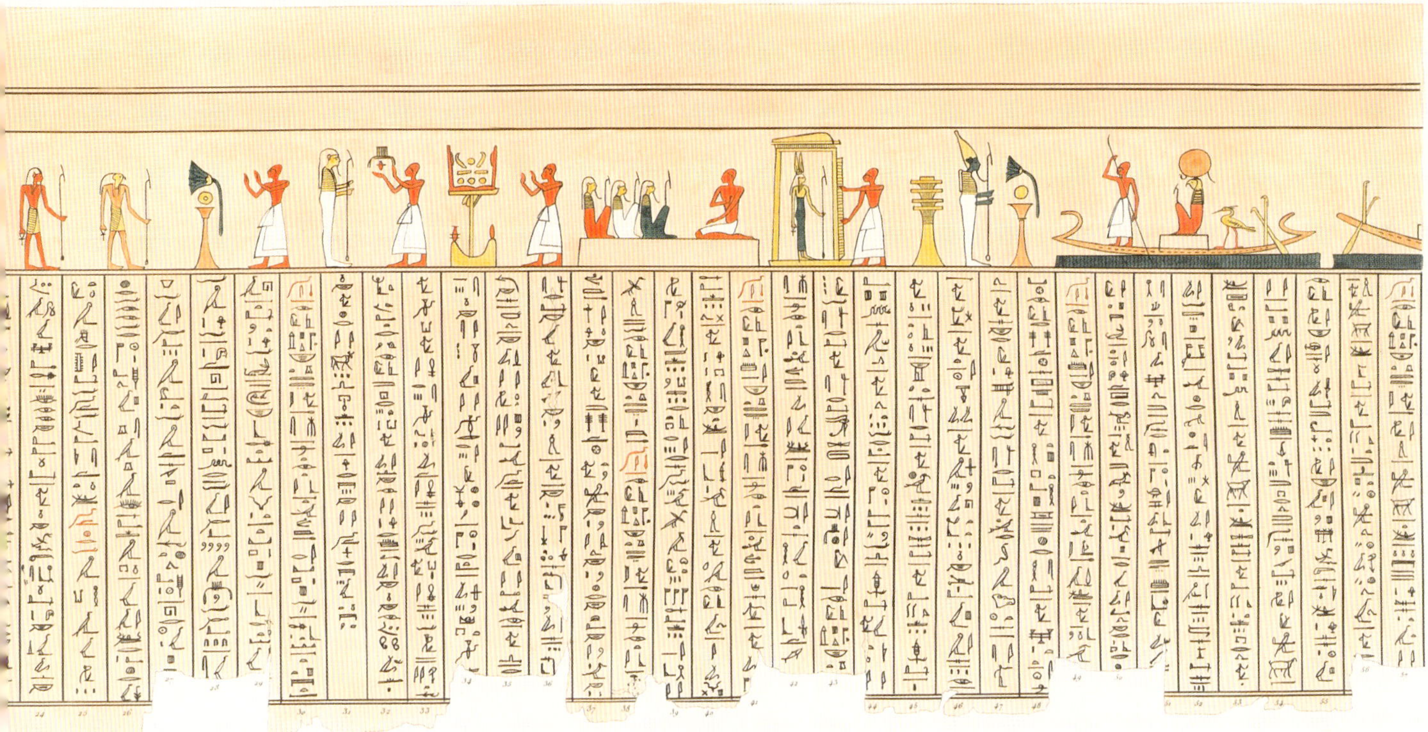

Willman Sc.

Thèbes (Louqsor). Détails de trois faces de l'obélisque occidental du Palais.

Atlas de format in-folio atlantique, Pl. 12.
Jollois et Devilliers del[t]; Chabrol del[t]; Jollois et Devilliers delt; Charlin sc[t].
Paris, Imprimerie Royale, 1809-1828
Eau-forte rehaussée 72 × 40 cm
Dimensions de la planche 109 × 75 cm
Bibliothèque publique et universitaire, Genève
N° d'inventaire Fa 711/ 3-h gp
Photo : François Bertin, Grandvaux

De nombreux membres de la Commission des Sciences et des Arts restent persuadés du caractère indéchiffrable de la langue égyptienne. Saint-Genis, après avoir observé les textes des ruines d'El-Kab, au nord d'Edfou, écrit : « *On n'aperçoit aucun rapport suivi entre ces caractères et les sujets représentés, ce qui détruit plus que jamais l'espérance que l'on a quelquefois conçue de trouver la clef des hiéroglyphes et de l'écriture cursive des Égyptiens.* »

Pourtant, c'est bien dans l'espoir d'y arriver que les savants de Bonaparte vont recopier, très soigneusement, «*près de cent tableaux avec leurs hiéroglyphes, dix obélisques inédits, plusieurs monolithes, cuves et sarcophages couverts d'écriture hiéroglyphique, une multitude de scarabées et d'antiques portant des caractères sacrés, enfin une collection de légendes et de phrases puisées dans les temples et les palais*».

UN APERÇU DE QUELQUES SCIENTIFIQUES ARTISTES ET MILITAIRES DE L'EXPÉDITION D'ÉGYPTE

par Frédéric Künzi

Autant qu'elle est une campagne militaire, celle d'Égypte a un enjeu culturel. D'ailleurs, pour nommer cette grande aventure parfois dramatique, parfois burlesque, on utilise plus souvent le terme « d'expédition » d'Égypte que celui de « campagne ».

De nombreux participants, savants, artistes, mais aussi militaires, se sentent concernés par les merveilles qui les entourent, parfois même « investis » d'une mission culturelle.

Bien sûr, la fonction des savants est évidente, mais les militaires ne sont pas en reste. Par exemple, le lieutenant Bouchard, découvreur de la pierre de Rosette, mais aussi ses supérieurs hiérarchiques. En effet, la moindre paresse, la moindre négligence, la moindre inaction peut tout changer. Un rien, un détail, aurait pu bouleverser le cours de l'histoire, la pierre de Rosette aurait pu être négligée, oubliée dans un coin, voire détruite. Or Bouchard comprend immédiatement l'intérêt de sa découverte et la transmet au général Menou[1] qui fait transporter la stèle au Caire, plus exactement à l'Institut d'Égypte.

Rosette se trouve au bord de la Méditerranée, soit à quelque deux cents kilomètres du Caire. À l'époque où se passent les faits, cette distance, compte tenu de l'insécurité, du climat et des routes déplorables, représente une voyage périlleux. Or, dans cette histoire merveilleuse, personne n'a failli. Personne n'a remis la pierre de Rosette sous la pile, comme ces dossiers trop lourds qui, dans les administrations, refluent irrémédiablement vers le dessous.

[1] Si Menou semble incapable, par sa mollesse et son incapacité à décider, de commander l'armée d'Orient après la mort de Kléber, il est ici à la hauteur de la situation.

La pierre de Rosette est un exemple connu, mais il y en a d'autres, moins médiatisés.

Il y a par exemple le général Caffarelli. Celui-ci, après avoir joué un rôle primordial dans l'organisation de l'expédition, recrute parmi ses amis nombre des 167 savants présents, notamment Berthollet, Costaz, Dutertre, Fourier, Geoffroy-Saint-Hilaire, Monge, Redouté, Rigo, etc. Arrivé au Caire, il en restaure et améliore la protection, l'enceinte n'étant plus qu'un « *amas de décombres* » et, en même temps, répare les murailles de Gizeh, Belbeis, Salheyeh et Rosette, facilitant aussi la liaison entre Alexandrie et le Nil.

Lorsque Bonaparte charge les membres de l'Institut de France de désigner les trente-huit membres des diverses sections d'un institut nouvellement créé, celui d'Égypte, Caffarelli est chargé de les convoquer et préside la section des Sciences économiques. C'est dire à quel point il est polyvalent et s'implique dans cette aventure.

Particulièrement investis dans les travaux des savants, nous trouvons aussi le capitaine[1] Coutelle, mécanicien et officier aérostier. Le nombre et l'importance de ses travaux sont considérables. Nous lui devons notamment :

- *Mémoire sur le transport de l'obélisque de Lûqsor* [Louxor].
- *Observations sur la construction et le revêtement des pyramides de Gizeh*
- *Rapport à l'Institut d'Égypte, Sur les recherches à faire dans l'emplacement de l'ancien Memphis et dans toute l'étendue de ses sépultures.*

Pour conclure ce texte et illustrer le zèle d'une certaine majorité intellectuelle malgré le mal du pays et les mauvaises conditions climatiques, citons de Villiers du Terrage[2] concernant le site de Dendérah : « *Au travers de cette porte, on découvre le grand temple, qui forme le fond du plus magnifique des tableaux. Il serait difficile de décrire tout ce que fait exprimer de sensations diverses l'aspect de ces figures colossales d'Isis qui portent l'entablement*

« L'épopée du costume militaire français »

Aquarelles et dessins originaux de Job [Jonfroy de Bréville]
Société Française d'Édition d'Art, Paris
Terminé d'imprimer le 30 novembre 1898
Musée d'art et d'histoire, Neuchâtel
Collection Strübin
N° d'inventaire non communiqué
Photo : François Bertin, Grandvaux

Dans cette expédition, tout ce qui pouvait servir de monture était le bienvenu.

Devilliers nous a parlé du pas de son chameau pour mesurer des distances. Mais, en un autre endroit de son carnet journalier, il fait aussi état de son ophtalmie momentanée et de l'aubaine d'avoir une jument qui suivait la monture de Dubois-Aymé, disposition bien pratique en l'absence de guide. Les ânes sont néanmoins largement utilisés par les savants, mais aussi par les soldats. La figure pages 42 et 43 nous montre les péripéties de ces derniers en l'espèce, les manuscrits nous donnant aussi des indications supplémentaires.

« Nous nous y transportons avec nos effet sur des ânes. Ces animaux, dont tout le monde se sert, sont au Caire ce que les fiacres sont à Paris. Ils se tiennent tout sellés avec leurs conducteurs sur des places désignées et se louent à la course […] »

[1] Coutelle sera nommé chef de brigade (Colonel) en récompense de son action comme commissaire chargé de l'application de la convention d'El-Arisch (janvier 1800).

[2] De Villiers du Terrage, Édouard, pp. 117-118.

du portique. Il semble que l'on ait été transporté tout à coup dans un lieu de féerie et d'enchantement ; on est, tout à la fois, saisi d'étonnement et d'admiration.

Ce que l'on aperçoit n'a aucun rapport avec les monuments de l'architecture des Grecs, ni avec ceux que le goût des arts de l'Europe a enfantés : et cependant, en considérant un spectacle si nouveau, l'on éprouve d'abord un sentiment de satisfaction, et l'on contemple avec avidité un édifice qui se présente sous les dehors de la magnificence la plus imposante.

La seule vue des monuments de Dendérah suffirait pour dédommager des peines et des fatigues du plus pénible voyage, quand bien même on n'aurait pas l'espoir de visiter tout ce que renferme de curieux le reste de la Thébaïde.

Ce temple a excité l'admiration de l'armée qui a conquis le Say'd ; et c'était une chose vraiment remarquable de voir chaque soldat se détourner spontanément de sa route pour accourir à Tentyris et en contempler les magnifiques édifices. Ces braves guerriers en parlaient encore longtemps après avec enthousiasme, et quelque part que la fortune les ait conduits, il ne les ont jamais oubliés : car les impressions que laissent dans l'âme du voyageur les monuments de Dendérah ne sont pas seulement passagères et momentanées ; nous avons acquis la conviction que les idées de grandeur et de magnificence qu'elles avaient fait naître en nous étaient de nature à résister à toutes les épreuves[1]. »

Ou encore, Vivant Denon, qui ne tarit pas d'éloge sur la 21e demi-brigade et leur exaltation :

« *Le soir, Latournerie, officier d'ou courage brillant, d'un esprit et d'un goût délicats vient me trouver, et me dit : Depuis que je suis en Égypte, trompé sur tout, j'ai toujours été mélancolique et malade : Tintyra [Dendérah] m'a guéri ; ce que j'ai vu aujourd'hui m'a payé de toutes mes fatigues ; quoi qu'il puisse en être pour moi de la suite de cette expédition, je m'applaudirai toute ma vie de l'avoir faite par les souvenirs que me laissera éternellement cette journée* […] *Je fis un dessin de ce premier aspect comme si j'eusse pu craindre que Thèbes m'échappât ; et je trouvai dans le*

[1] Édouard de Villiers du Terrage, pp. 117-118.

L'un des savants faisant un relevé.

Photo tirée du film « Adieu Bonaparte »
Format 21 × 27 cm
Réalisation : Youssef Chahine
Avec : Michel Piccoli, *Caffarelli*
Mohsen Mohieddin, *Ali*
Patrice Chéreau, *Napoléon Bonaparte*
Mohsena Tewfik, *La mère*

complaisant enthousiasme des soldats des genoux pour me servir de table, des corps pour me donner de l'ombre… »[1]

Louis-Marie-Joseph-Maximilien, dit Max Caffarelli du Falga (1756-1799)

Général, commandant du génie. Reproduction du portrait réalisé d'après nature en Égypte par André Dutertre. Photo : Alain Pigeard, Dijon

Max Caffarelli du Falga

Reconnu comme un homme au grand cœur par ses proches, intime de Bonaparte en compagnie de Monge, Max Caffarelli est souvent méconnu, principalement en raison de sa brève carrière. Son activité est entrecoupée : disgrâce pendant la Révolution, participation à l'armée du Rhin sous les ordres de Moreau, amputation de la jambe gauche le rendant inapte, rappel en 1797 à l'armée « d'Angleterre » et, enfin, apogée de sa carrière… la campagne d'Égypte. Mais, nouveau manque de chance, le siège de Saint-Jean-d'Acre voit une carrière prometteuse tourner court. Atteint par une balle de fusil, c'est en ce lieu qu'il subit sa deuxième amputation, celle du bras droit. Se remettant bien de l'opération, il n'en meurt pas moins quelques jours plus tard, peut-être simplement en raison du manque d'asepsie notoire de cette époque. Dans cette ville israélienne devenue Akko, on peut voir un petit cimetière appelé « Carré Caffarelli ». Il s'agit d'un monument à la mémoire des héroïques soldats français tombés au combat et où le général repose en compagnie de neuf compagnons.

Au chapitre de l'anecdote, mentionnons que ses hommes aimaient bien ce général qui marchait à leur tête dans le sable, malgré son pilon de bois[2]. Remontant le moral de ses troupes fatiguées et démoralisées, Caffarelli évoquait les merveilles architecturales alentour, sa gaieté naturelle et son optimisme étant communicatifs. Ce à quoi un de ses grenadiers, resté inconnu, rétorque : « *Pardi. Général, vous vous moquez bien de tout ça* [sous-entendu leur mal du pays], *vous qui avez encore un pied en France.* » Ce bon mot fit le tour de l'armée et rire plus d'un soldat à la veillée.

Il était un fidèle et aimé compagnon de Bonaparte, qui lui a rendu plusieurs manifestations d'estime, dont une arme d'honneur pour son comportement héroïque au combat.

[1] Vivant Denon, Dominique – *Voyage dans la Basse et la Haute-Égypte, pendant les campagnes du général Bonaparte*, tome I, Paris 1802, pp. 116 et 117.

[2] Le 7 décembre 1795, Caffarelli avait perdu une de ses jambes, fracassée par un boulet de canon.

Affiches du film
Adieu Bonaparte

60 × 80 cm
Centre d'archivage de la Cinémathèque suisse, Penthaz
Réalisé par Youssef Chahine - 1985
Avec : Michel Piccoli dans le rôle de Caffarelli et Patrice Chéreau dans celui de Bonaparte.
Photo : François Bertin, Grandvaux

Le film de Youssef Chahine, bien que titré *Adieu Bonaparte*, a comme fondement l'histoire du général Maximilien Caffarelli du Falga. Sa projection est le choix que nous avons fait pour illustrer la présence de ce commandant du génie lors de la campagne d'Égypte.

Le film montre l'impact de cette campagne sur l'esprit des Égyptiens. Il s'intéresse plus particulièrement à la relation d'admiration et de séduction mutuelle qui s'installe entre Caffarelli, un général humaniste, et deux jeunes Égyptiens avides d'apprendre la science et la culture françaises. Il s'intéresse au choc des deux cultures et le héros n'est pas Bonaparte, qui apparaît plutôt comme un jeune ambitieux venu en Égypte pour y construire un monument à sa gloire.

Le message transmis par le film, ambivalent quoique recevable avec le recul, consiste à rendre hommage à l'apport culturel de la France tout en dénigrant son expansionnisme militaire. Il est aussi une réflexion sur la position de Caffarelli, un des rares généraux à croire à cette mission civilisatrice.

Jacques-Nicolas Conté

Cet insatiable travailleur est engagé pour l'expédition d'Égypte dans le groupe des mécaniciens-physiciens en raison de sa formation et de son poste de directeur de l'École aérostatique de Meudon.

En réalité, sa formation est celle d'un physicien, ce qui, au XVIIIe siècle, est un terme vague qui peut s'appliquer à des chimistes (la chimie se nommant aussi « physique particulière »), aux ingénieurs des poudres et salpêtres et même aux premiers aéronautes.

Si l'on considère les travaux réalisés tout au long de sa carrière, Conté peut sans risque être associé aux chimistes.

Les travaux de Conté qui peuvent, entre autres, procéder de la chimie :

- En 1794, Conté découvre un substitut de la plombagine, qui ne peut plus être importée d'Angleterre en raison des conflits quasi permanents avec ce pays. Après vingt-six mois de travail incessant, il met au point un mélange de graphite français et d'argile qui donne naissance au crayon. Ils seront quotidiennement utilisés en Égypte par les nombreux dessinateurs (polytechniciens, géomètres et artistes). La manufacture Conté est toujours en activité et nombreux sont nos écoliers qui utilisent chaque jour les crayons de cette marque.
- En Égypte, Conté a épuré de l'eau avec des particules de charbon pilé, inventant la filtration par charbon actif.
- Il analyse aussi les poteries égyptiennes pour expliquer leurs facultés réfrigérantes. Il note qu'elles sont faites avec des argiles mêlées de silice, mais que cela ne peut tout expliquer. Il découvre alors qu'il suffit d'y ajouter la cendre des bains et allonger la forme des vases pour affiner le procédé.

Quelques produits Conté

Photo : François Bertin, Grandvaux/© Éditions Favre

Les différentes étapes de la fabrication d'un crayon sont :

- Le délitage de planchettes de bois brut
- La fabrication des rainures
- Le collage des mines (avec leur recouvrement)
- Le rabotage (comprenant la séparation en crayons bruts)
- Le vernissage

Anciennes gammes de crayons de couleur Conté

© Société BIC, Clichy

Les premiers crayons n'ont rien à voir avec leur apparence actuelle, particulièrement dans l'ergonomie, mais le principe en est resté le même jusqu'au moment où intervient la machine à écrire, qui, elle, crée la deuxième vraie révolution depuis la fin du XVIIIe siècle. La première de ces révolutions dans notre manière d'écrire est celle de l'invention du crayon.

Au XIVe siècle, les artistes dessinent avec des bâtons faits d'un mélange de plomb et d'étain.

En 1564, on découvre en Angleterre des gisements de graphite[1] naturel. La matière est découpée en fines lamelles, mais la consommation en est si forte que le filon est rapidement épuisé. On tente ensuite d'agglomérer des résidus de graphite avec de la colle ou de la résine, mais en vain.

C'est en 1795 que Conté invente, sur les exigences du Comité de salut public, la mine de crayon moderne, obtenue en mélangeant du graphite à l'argile[2]. En janvier de cette année-là, son invention obtient le brevet français N° 32 et Conté entreprend la fabrication des crayons que nos élèves achètent encore sous ce nom. Son procédé reste une invention considérable, puisqu'il est encore aujourd'hui le seul utilisé.[3]

[1] Graphite et plombagine sont des synonymes.

[2] C'est ce mélange qui a rendu enfin possible la graduation en dureté de la mine. L'argile joue un rôle d'agglomérant et assure la résistance mécanique, le graphite donne à la mine son pouvoir couvrant. Plus la proportion d'argile est grande, plus la mine est dure et sèche.

[3] Texte inspiré de la brochure de la Société BIC : *Si le crayon m'était Conté.*

Jacques-Nicolas Conté (1755-1805)

Ingénieur, chimiste, peintre, physicien, officier aérostier et inventeur. Reproduction du portrait réalisé d'après nature en Égypte par André Dutertre.

Photo : Alain Pigeard, Dijon

Tout ce dont les savants ou les militaires avaient besoin en Égypte, Conté le réalisait avec les moyens les plus rudimentaires. La majorité du matériel ayant disparu lors de naufrages dus aux Anglais ou des pillages lors de l'insurrection du Caire, Conté réalise ce qui suit : des fourneaux à boulets rouges dans un phare d'Alexandrie, des moulins à vent, *« des ateliers dans lesquels on crée jusqu'aux plus primitifs outils ; là se fabriquent l'acier et la toile, les vernis et le carton. Des fonderies s'élèvent : il en sort des caractères orientaux pour l'imprimerie ; des machines y sont forgées, celles-ci pour battre monnaie, celles-là pour la fabrication de la poudre. »*

Il fabrique aussi des instruments de mathématiques et de chirurgie, du drap et des sabres pour les soldats, des lunettes pour les astronomes, des loupes pour les naturalistes, des crayons pour les artistes.

La conclusion revient de droit à de Villiers, celui à qui l'on doit tant de merveilleux relevés des monuments antiques : *« Je vous prie de vous occuper aujourd'hui de vous procurer les objets dont voici la note :*

Quelques crayons ; 4 mains de papier ; 4 bâtons de colle à bouche ; 6 crayons. » Les crayons, ces merveilleux crayons, nommés par deux fois en quatorze mots et inventés par Conté pour si bien servir.

Dans les travaux n'ayant pas de rapport avec la chimie :

- Peu avant son départ pour l'Égypte, il réalise un baromètre révolutionnaire et *« propre à mesurer les hauteurs »*, ce qui va sans doute de pair avec son métier d'aérostier.
- En décembre 1799, il mesure la hauteur de la grande pyramide de Gizeh par variation de la pression atmosphérique à l'aide d'un baromètre spécial de son invention (certainement celui mentionné plus haut).
- Il réalise une étude sur les « fours à poulets », ces couveuses artificielles égyptiennes.
- Il crée la machine qui porte son nom et sert à graver les ciels et les grandes surfaces des immenses planches de la *Description de l'Égypte*. Sans cette machine de Conté, jamais les graveurs n'auraient mené à bien, à la main, la gravure des cuivres. Il est reconnu que sa machine à graver fit économiser près de 300 000 francs à l'État.

Cette machine à graver sert à faire, avec une très grande régularité, des séries de lignes parallèles, également espacées, comme cela est nécessaire pour les ciels des grandes gravures. Elle se compose essentiellement d'une règle ou d'un cylindre portant des ondulations que l'on fait mouvoir au moyen d'une vis de rappel parfaitement régulière, et d'une pointe qui trace une ligne le long de cette règle ou de ce cylindre.

Détails de la page 147

Arts et métiers, vue de la roue à pots ou machine à arroser.

État moderne, VOL. II, Pl. V.
Conté del[t]; [Berthault sc[t].]
Paris, Imprimerie Royale, 1809-1828
Eau-forte 32,6 × 47,5 cm
avec les marges 52 × 70 cm
Bibliothèque publique et universitaire, Genève
N° d'inventaire Fa 711 P 2/2
Photo : François Bertin, Grandvaux

« Le Patriote, qui apportait en Égypte les outils et les machines du corps expéditionnaire, s'était perdu. Pour commencer, Conté se vit obligé de faire fabriquer jusqu'au moindre outil ; aussi l'admiration et l'étonnement furent-ils grands, quand, après quelques mois, on le vit fournir tout ce qu'on lui demandait : canons, lunettes, microscopes, instruments de chirurgie, poudres, draps, papiers, vernis, machines à tanner, à imprimer, à nettoyer le grain, et jusqu'à des chapeaux.

Il voulut doter l'Égypte de la télégraphie aérienne et inventa des affûts de canon pour traverser le désert. Malgré tous ces travaux, Conté trouvait encore le temps d'étudier les procédé industriels arabes et de faire de nombreuses aquarelles »[1], notamment celle qui servit de modèle pour cette planche.

[1] De Villiers du Terrage, Édouard, p. 88, note 9

Jean-Marie-Joseph Coutelle

Bien qu'il ait tenté tout au long de son séjour en Égypte – par la qualité et la perspicacité de ses travaux – de se faire élire au sein de l'Institut d'Égypte, Coutelle s'y essayera en vain. Et la mésestime de ses travaux ne s'arrêtera pas là. Lorsque, en 1832, le merveilleux obélisque de Louxor est transféré à Paris par LeBas, ce dernier ne semble pas avoir eu connaissance du travail de l'officier aérostier[1] sur le sujet.

Pourtant, le *Mémoire sur le transport de l'obélisque de Lûqsor* est parfaitement réaliste et très proche de ce qui sera fait près de trente années plus tard. On peut aussi conjecturer que LeBas, bien qu'il passe ce *Mémoire* sous silence, peut très bien en avoir eu connaissance.

Cette intervention auprès de l'Institut d'Égypte est présentée le 8 octobre 1800, mais, le 23 octobre, notre aérostier présente ses *Observations sur la construction et le revêtement des pyramides de Gizeh près Le Caire*, démontrant qu'il est « *très représentatif de l'œuvre scientifique de l'expédition, faite de travaux archéologiques, ethnographiques et techniques.* »[2]

On peut être étonné par l'importance donnée par Coutelle dans son étude à la serrure en bois. C'est que, par sa nature, cette serrure différait fondamentalement des habitudes artisanales françaises. «*Elle fonctionnait simplement par un jeu de clavettes ou fiches mobiles verticales et d'entailles correspondantes dans le pêne horizontal. La clef – un simple morceau de bois garni de six dents – permettait de soulever ces fiches pour libérer le pêne. Lorsqu'elle était réalisée avec soin et précision, une telle serrure semblait parfaitement incrochetable.*» Les Français virent donc dans ce produit de l'artisanat égyptien, une sorte de serrure parfaitement sûre. Ces études tombaient à point nommé, puisque « *la sécurité des serrures et cadenas faisaient alors l'objet de recherches en France et en Angleterre* ».

Jean-Marie-Joseph Coutelle (1748-1835)

Physicien, mécanicien et officier aérostier. Reproduction du portrait réalisé d'après nature en Égypte par André Dutertre. Photo : Alain Pigeard, Dijon

Dans l'expédition de décembre 1799 aux pyramides, Coutelle en examine lui-même les entrailles, non seulement les chambres et les galeries, mais aussi le puit de celle de Khéops.
« A plus de cinquante ans, il a exploré celui-ci sur près de quarante mètres, pendu à un câble ou prenant appui sur les parois de l'étroit conduit, une lumière dans la bouche et muni d'une boussole, d'un thermomètre et « des instruments pour mesurer la profondeur et l'inclinaison ».

[1] Officier aérostier il observe, à Fleurus le 26 juin 1794 pendant huit heures, l'armée ennemie à bord de *l'Entreprenant* (son aérostat) et dévoile au général Jourdan chaque mouvement de l'ennemi.

[2] Patrice Bret, dans *L'Expédition d'Égypte, une entreprise des Lumières*, p. 129

Porte en bois avec serrure.
Égypte, Oasis d'Amun-Siwa

Hauteur 151 cm
Largeur 65 cm
Musée d'ethnographie, Genève
N° d'inventaire 63109

« Le serrurier en bois, dobab *»,* *fabrique des serrures en bois,* dobbeh, *qui sont les plus répandues dans le Kaire et dans tout le pays […] Un artiste français a cherché à les introduire dans notre industrie […] Ces ouvriers occupent des quartiers distincts, tels que* Khorounfech et Tah el-Robt. »

Arts et métiers, vue intérieure de l'atelier du tisserand.

État moderne, VOL. II, Pl. XIII.
Conté del[t]; Schroëder et E. Voysard sc[t].
Paris, Imprimerie Royale, 1809-1828
Eau-forte 29 × 44 cm
Dimensions de la planche 54 × 72 cm
Bibliothèque publique et universitaire, Genève
N° d'inventaire Fa 711 P 2/2
Photo : François Bertin, Grandvaux

Selon le mémoire publié par Coutelle, les ateliers des tisserands sont vastes et retirés pour recevoir de nombreux métiers à tisser. Ils sont éclairés par des ouvertures situées au ras du sol et le plafond soutenu par des *« fûts de colonnes de granit ou des tronçons de diamètres inégaux, placés sans ordre les uns sur les autres, ou simplement par des troncs de palmier […] Les toiles de lin qu'on y fabrique sont généralement claires, légères, de 4 décimètres 6 centimètres de largeur, unies ou rayées. »*[1] Ces étroites bandes sont parfois cousues ensemble lorsqu'on veut obtenir une toile de grande dimension.

[1] C.L.F. Panckoucke, Tome douzième, *État moderne*, p. 445.

Plusieurs oiseaux identifiés lors de la campagne d'Égypte portent des noms vernaculaires associés à des membres de l'expédition, notamment : le Vanneau de Villoteau, le Guêpier de Savigny, le Pipi de Coutelle et le Pipi de Cécile.

Oiseaux. [1. le coucal houhou
2. le coua noir et blanc
3. le guêpier de Savigny
4. hirondelle de Riocour]

Histoire naturelle, VOL. I (Zoologie), Pl. 4.
Par Jules-César Savigny
2. H. J. Redouté del[t]
1. 3. 4. Barraband del[t]; Bouquet sc[t].
Paris, Imprimerie Royale, 1809-1828
Eau-forte 53,5 × 36 cm
Dimensions de la planche 72 × 54 cm
Bibliothèque publique et universitaire, Genève
N° d'inventaire Fa 711 P 3/1
Photo : François Bertin, Grandvaux

1. 3. 4. Barraband del.t Bouquet sc.t

Édouard de Villiers du Terrage

De Villiers nous a laissé un journal de son séjour en Égypte où foisonnent les détails anecdotiques. Si ceux-ci peuvent parfois paraître futiles, ils n'en restent pas moins des témoignages irremplaçables sur la vie de tous les jours. Pour preuve de cette assertion, notons qu'il est mentionné nommément dans quarante-cinq pages des actes du colloque *L'Expédition d'Égypte, une entreprise des Lumières* et que d'innombrables renseignements ont comme source ce même journal sans qu'il soit pour cela nommé. Notons qu'il n'est pas moins présent au sein de cet ouvrage.

Au chapitre des renseignements les plus utiles, nous pouvons citer ses notes sur :

- L'ambiance qui régnait entre les soldats et les « savants » et entre ces derniers et leurs supérieurs hiérarchiques.
- La manière dont ont été réalisés les relevés des monuments de Dendérah et son zodiaque, de Thèbes, d'Esné, de l'île d'Éléphantine, mais aussi du nivellement de l'isthme de Suez, des crues du Nil, etc.

Pour lui rendre hommage, je citerai ici quelques phrases, quelques renseignements, que nous n'aurions pu trouver dans nulle publication officielle de la campagne d'Égypte :

« *Nous étions découragés. Pour les moins perspicaces, notre maintien en Égypte n'était qu'une question de mois. Dès lors, à quoi bon lutter sans cesse pour enrichir malgré eux et contre leur insouciance des fellahs stupides et routiniers ?*

Enfin le mauvais vouloir régnait contre nous. Nous avions perdu tous les hommes qui par leur position nous protégeaient : Bonaparte, Monge, Berthollet, revenus en France, Caffarelli, Kléber, morts.

Beaucoup de militaires nous traitaient de bouches inutiles ; quelques-uns croyaient toujours que c'était pour les savants qu'avait été faite la campagne ; enfin tous les soldats étaient convaincus que nos lourdes caisses d'antiquités, que toujours nous surveillions avec soin, étaient remplies de trésors. On en conviendra ; rien de

Édouard de Villiers du Terrage, dit Devilliers (1780-1855)

Élève géomètre, ingénieur des Ponts et Chaussées
Dessin au crayon signé [Louis]. « Dupré » et daté « 1821 » b. d.
17,6 × 14,5 cm pour le dessin et 25 × 18,8 cm pour la feuille.
Napoleon-Museum Arenenberg, Salenstein
Pas de numéro d'inventaire

Bien que de Villiers soit représenté sans sa petite moustache dans le portrait de Dutertre, il n'en est pas moins parfaitement reconnaissable sur ce dessin où il apparaît de face. La moustache est un attribut qui varie beaucoup, surtout dans un habitat défavorable. En outre, le sabre de mamelouk qu'il porte au côté l'identifie distinctement : « *[…] mais mon sabre, arme magnifique d'un mamelouk ramassée par un soldat sur le champ de bataille des pyramides, en fut longtemps infecté*[1]. »

[1] De Villiers du Terrage, Édouard, p. 221.

L. Dupré Rome
1821

tout cela n'était beaucoup de nature à nous faire désirer de rester en Égypte.»

Cette déclaration contraste toutefois avec l'enthousiasme du début, ce qui laisse entrevoir une lassitude due à l'écoulement du temps, mais aussi à une érosion des possibilités de travailler, celles-ci étant en relation avec une dégradation de la sécurité.

Quittons de Villiers avec le flot d'optimisme qui l'animait à ses débuts: «*Il serait difficile de peindre l'effet que produisit sur nous l'aspect intérieur du portique d'Esné. Son architecture, dont les autres monuments de l'Égypte ne nous avaient donné qu'une faible idée, fit sur chacun de nous la même impression; nous étions saisis d'une certaine admiration confuse […] chacun de nous cherchait à s'assurer s'il était trompé par sa vue ou son esprit […] mais bientôt nous fûmes entraînés par un mouvement unanime d'admiration. On s'empressait de se communiquer les beautés dont on n'était particulièrement frappés, soit en considérant l'ensemble de l'édifice, soit en examinant de près la pureté et l'élégance des détails d'architecture, le fini des sculptures et la précision des plus petits hiéroglyphes.*»[1]

Déodat de Gratet de Dolomieu

Les travaux de Dolomieu sont variés et font, comme ceux de Conté, l'objet de notre quotidien. En effet, qui n'a pas entendu parler de la chaîne de montagnes des Dolomites?

De son séjour en Égypte, nous pouvons retenir son *Enquête sur les précautions à envisager pour le choix, la conservation et le déplacement des monuments antiques* et son *Étude du mécanisme de l'altération des monuments antiques sous l'influence des agents atmosphériques*, thème pour le moins avant-gardiste en matière d'écologie et de préservation du patrimoine.

Par son esprit logique, la très grande qualité de ses observations naturalistes et sa formation de chimiste, Dolomieu peut déceler de nouveaux minéraux parmi ceux qu'il analyse ou fait immédiatement analyser par ses amis chimistes, notamment:

Dieudonné ou Déodat de Gratet de Dolomieu (1750-1800)

Géologue et minéralogiste
Reproduction du portrait réalisé d'après nature en Égypte par André Dutertre
Photo: Alain Pigeard, Dijon

Dolomieu ne reste pas très longtemps en Égypte. Arrivé le 30 juin 1798, il en repart déjà le 10 mars 1799. Bien mal lui en a pris puisqu'il se retrouve capturé et reste enfermé vingt et un mois dans un cachot du roi de Naples tellement sordide qu'il est obligé, pour arriver à respirer, de s'éventer au moyen d'un livre qu'il est parvenu à cacher. Cette détention inhumaine, sans air et pratiquement sans lumière, lui vaudra une mort précoce puisqu'il s'éteint en 1800.

[9] De Villiers du Terrage, Édouard, pp. 134-135.

Dendérah (Tentyris). Zodiaque sculpté au plafond de l'une des salles supérieures du grand temple.

Atlas de format in-folio atlantique, Pl. 21.
Jollois et Devilliers del^t^; Allais sc^t^.
Paris, Imprimerie Royale, 1809-1828
Eau-forte 79 × 70 cm
Dimensions de la planche 109 × 79 cm
Bibliothèque publique et universitaire, Genève
N° d'inventaire Fa 711 9h98
Photo : François Bertin, Grandvaux

« Ce fut un travail long et pénible : placé dans une petite chambre construite sur le haut du grand temple, le zodiaque se trouve dans une obscurité presque complète. Il nous fallut le copier, la plupart du temps avec de mauvaises lumières. Comme il est au plafond et très noirci par une sorte de fumée, pour bien discerner un signe il nous fallait souvent regarder de longs instants dans une position des plus incommodes. Nous avions commencé par le diviser en huit secteurs égaux par des fils tendus horizontalement au plafond. Enfin ce travail fut terminé à notre entière satisfaction[1] ». Charles C. Gillispie cautionne cette assertion de la manière suivante[2] : *« On peut juger de leur réussite en comparant la planche avec l'original conservé au Musée du Louvre. Il faut une inspection très fastidieuse pour y constater la moindre erreur. »*

[1] De Villiers du Terrage, Édouard, pp. 120-121.

[2] Voir Bret, Patrice – *L'Expédition d'Égypte, une entreprise des Lumières*, p 47.

Dolomite

Classe : Carbonates
Formule chimique : Ca Mg (CO3)2_4
Associé : Sidérite, quartz, magnétite
Provenance : Traversella, Piémont, Italie
Hauteur 8,5 cm
Largeur 15 cm
Épaisseur 13 cm
Musée d'histoire naturelle, département minéralogie, Genève
N° d'inventaire 309.006
Collection de Marignac, Galissard - 1845
Photo : François Bertin, Grandvaux

Dolomieu doit la pérennité de son nom au minéral et à la roche qu'il a découverts, la dolomie, devenue dolomite suivant les normes de la classification internationale. Son article paraît en juillet 1791 dans le *Journal de physique*, sous la mention *Sur un genre de pierres calcaires très peu effervescentes avec les acides, et phosphorescentes par la collision.*

Le 31 octobre 1791, Dolomieu envoie à Nicolas de Saussure quatre échantillons pour analyse. « *Votre question sur le nom à donner… m'embarrasse. Je vous dirai d'abord que le baptême vous appartient.* » La création du mot « dolomie » est donc due à Nicolas de Saussure, mais non la découverte, comme elle lui est souvent attribuée à tort. Nous verrons plus loin que l'habitude de Dolomieu de faire nommer ses découvertes par d'autres savants a été préjudiciable à sa notoriété. La chaîne de montagnes italiennes des Dolomites est ainsi nommée eu égard à l'analyse chimique qu'en a faite le savant.

Psilomelane

Classe : Oxydes
Formule chimique : Ba Mn_8 O_{16} $(OH)_4$
Provenance : Romanèche, Saône-et-Loire, France
Hauteur 12,2 cm
Largeur 10 cm
Épaisseur 6 cm
Musée d'histoire naturelle, département minéralogie, Genève
N° d'inventaire 258.015. Collection de Candolle-Baraban - 1838
Photo : François Bertin, Grandvaux

C'est précisément dans la mine de Romanèche, dont est issu cet échantillon minéral, que Dolomieu décèle ce nouvel oxyde.

Analcime

Classe : Tectosilicates
Formule : $NaAlSi_2O_6 \cdot H_2O$
Provenance : Kilpatrick, Écosse, Grande-Bretagne
Hauteur 9,5 cm
Largeur 16,5 cm
Épaisseur 9,5 cm
Musée d'histoire naturelle, département minéralogie, Genève
N° d'inventaire 002.038 Collection L. Necker - 1819
Photo : François Bertin, Grandvaux

Ce bloc de roche volcanique de 20 cm découvert en 1819 par Necker comporte une couche d'analcime d'un centimètre.

La découverte de l'analcime est souvent attribuée à Haüy tout en la datant de 1797. Cela démontre bien l'amalgame qui est fait entre la découverte de Dolomieu (qui a eu lieu en 1797) et l'appellation faite par Haüy en 1820 seulement.

Nous pouvons voir une fois encore que Dolomieu laisse à d'autres le soin de baptiser ses découvertes et que cette habitude lui est préjudiciable.

Anthracite

Hauteur 10,2 cm
Largeur 14 cm
Epaisseur 8 cm
Musée d'histoire naturelle, département de géologie, Genève
Photo : François Bertin, Grandvaux

L'anthracite a ceci d'intéressant qu'il est utilisé pour la filtration par charbon actif et que le premier à avoir imaginé cette technique est une vieille connaissance en la personne de Jacques-Nicolas Conté. Celui-ci, conscient des problèmes générés par la qualité souvent mauvaise, voire dangereuse, de l'eau en Egypte, imagine un moyen ingénieux de l'épurer avec des particules de charbon pilé. Ainsi naît, parmi les multiples produits de l'érudition dont ont fait preuve les « savants », le principe dit de « filtration par charbon actif ».

Célestine

Classe : Sulfates
Formule chimique : $SrSO_4$
Provenance : Kapsete, Madagascar
Hauteur 24,5 cm
Largeur 37,5 cm
Épaisseur 27 cm
Musée d'histoire naturelle,
département minéralogie, Genève
N° d'inventaire 458.072
Collection Alain Darbellay - 1992
Photo : François Bertin, Grandvaux

Magnifique géode de 28 kg pour cette célestine, minéral identifié par Dolomieu sous le terme de « strontiane sulfatée » et nommée célestine (ou célestite) en 1798. Là encore, on confond souvent la découverte faite en 1791 par Dolomieu avec l'appellation de « célestine » réalisée en 1798 seulement par Werner. Notons que c'est précisément l'année où Dolomieu s'embarque pour l'Égypte.

Son nom vient du latin *caelestis*, venant du ciel, en allusion à sa couleur bleu ciel.

Béryl (aigue-marine)

Classe : Cyclosilicates
Formule chimique : $Be_3 Al_2 Si_6 O_{18}$
Provenance : Nagar, Pakistan
Hauteur 7,4 cm
Diamètres 7,5 et 3 cm
Collection Thierry et Marie-José Künzi, Praz-de-Fort
Photo : François Bertin, Grandvaux

L'aigue-marine est la variété bleue du béryl, l'émeraude en étant la verte.

Cet exemplaire d'aigue-marine est d'une excellente pureté et d'une notable dimension, mais le Pakistan fournit également de remarquables spécimens dont les plus gros atteignent 40 cm de long pour un poids de 10 kg. Le Brésil a aussi produit un prodige de 110 kg. C'est la pureté qui fait la qualité principale d'un béryl, puis, bien entendu, dans un même état de pureté, la taille.

Béryl

Classe : Cyclosilicates
Formule chimique : $Be_3 Al_2 Si_6 O_{18}$
Provenance : Brésil
Hauteur 21,8 cm
Diamètres 12,5 et 9,8 cm
Musée d'histoire naturelle, département minéralogie, Genève
N° d'inventaire 460.071 Collection, Carozzi - 1991
Photo : François Bertin, Grandvaux

Silicate de béryllium et d'aluminium. Le mot *béryl* désigne toutes les variétés de ce groupe, à l'exception de l'émeraude et de l'aigue-marine qui ont chacune un nom spécifique adopté par les joailliers pour différencier les gemmes. Le béryl vert est coloré par le fer et non par le chrome, comme c'est le cas pour l'émeraude. Ses teintes peuvent être incolore, blanche, jaunâtre, jaune-vert, verte, rose, bleuâtre, bleu-vert, rouge, jaune d'or.

Les sites d'extraction de l'émeraude, sans doute les plus anciens qui soient, se trouvent près de la mer Rouge. Ces mines de pierres gemmes étaient déjà en exploitation sous les pharaons égyptiens entre 3000 et 1500 avant notre ère. Elles furent fameuses sous le nom de « Mines de Cléopâtre ».

Béryl (aigue-marine), muskovit (mica blanc), quartz, tourmaline noire

Classe aigue-marine : Cyclosilicates
Classe muskovit : Calcites
Classe quartz : Tectosilicates
Classe tourmaline : Silicates
Formule chimique aigue-marine : Be3 Al2 Si6 O18
Formule chimique muskovit : $KAl_2(Si_3Al)O_{10}(OH,F)_{11}$
Formule chimique quartz : SiO_2
Formule chimique tourmaline : $Na\,Fe_3{}^{2+}(Al,Fe^{3+})_6[(OH)_4|(BO_3)_3|Si_6O_{18}$
Provenance : Haramosh, Pakistan
Hauteur 5,7 cm
Diamètre 3,2 et 3,8 cm
Collection Thierry et Marie-José Künzi, Praz-de-Fort
Photo : François Bertin, Grandvaux

Brute, l'aigue-marine présente parfois des inclusions typiques, les plus caractéristiques étant de fines cavités disposées parallèlement remplies de liquide transparent avec une bulle gazeuse qui, dans certains cas, peut être observée en mouvement ; cette inclusion est dite « à niveau ». Elle peut aussi contenir des cristaux de muscovite, de mica, d'hématite, d'ilménite, et de petits « voiles » transparents de minuscules gouttes liquides.

- Dans les laves des îles Cyclope, l'***analcime*** (silicate hydraté de sodium), ainsi nommé par Haüy en 1820.
- Dans la mine de Romanèche près de Mâcon, le ***psilomélane*** (oxyde de manganèse et de baryum hydraté), un composé de manganèse et de baryum baptisé par Haidinger en 1827.
- ***L'anthracite***, en 1797.
- La «***strontiane sulfatée***» (sulfate de strontium), dénommée ensuite **célestite** par Werner, en 1798.

Il décrit aussi :

- Le ***béryl*** (silicate d'alumine et de béryllium).
- ***L'émeraude*** (variété verte du béryl).

Il insiste sur la nécessité d'unir les connaissances chimiques à celles du minéralogiste, sur la couleur regardée à tort comme caractère des pierres, sur les limites de la minéralogie, de la chimie minérale, de la géologie et de l'art du mineur.

Pierre-Simon Girard

Avant la campagne d'Égypte, plus exactement en 1790, Girard remporte le prix du concours lancé par l'Académie des Sciences sur le thème de la théorie des écluses applicable aux ports de mer et aux canaux de navigation et les meilleurs procédés à suivre pour la construction de ces ouvrages. C'est alors qu'il est enrôlé pour la campagne d'Égypte.

Sur place, il participe à l'élaboration des plans de la ville d'Alexandrie, du port et de la côte environnante et propose d'étudier le Nil jusqu'aux cataractes. Il s'occupe aussi de l'étude du nilomètre de l'île d'Éléphantine.

En 1802. de retour en France, le Premier Consul Bonaparte propose au corps législatif de canaliser la rivière de l'Ourcq sur la base d'un projet de Jean-Pierre Brullée datant de 1785. L'objectif de ces grands travaux est d'amener à Paris une eau riche quantitativement et qualitativement, ce dont la capitale manque cruellement (par exemple pour son irrigation). Le début des travaux ne se fera qu'en 1805 en raison des dissensions sur

Pierre-Simon Girard (1765-1836)

Ingénieur des Ponts et Chaussées
Reproduction du portrait réalisé d'après nature en Égypte par André Dutertre
Photo : Alain Pigeard, Dijon

En Égypte, il est sous-directeur des ingénieurs des Ponts et Chaussées. Girard est perçu très négativement par de Villiers dans son journal. Il faut dire que c'est lui qui envoie Dubois-Aymé, son grand ami, en « exil » chez les nomades, ce qui, en définitive, est un bienfait si l'on considère le magnifique travail que ce dernier a réalisé près de Quoceir.

Pour illustrer l'amitié qui unissait de Villiers à Dubois-Aymé, voici une anecdote : « *Celui-ci [Girard] mit Du Bois aux arrêts dans un fort, arrêts pendant lesquels mon ami était exposé à nous voir partir sans lui. Il prit du chagrin et se crut un jour attaqué de la peste. J'allais le voir souvent. Il m'a rappelé depuis, ce dont je ne me souvenais pas, qu'au moment où il manifestait cette crainte d'avoir la peste, je lui sautai au cou en niant sa maladie. Cela, m'a-t-il dit, le tranquillisa et rétablit sa confiance et sa santé*[1]. »

[1] De Villiers du Terrage, Édouard, p. 231.

Le canal de l'Ourcq près de Tremblay-en-France

Archives communales, Tremblay-en-France
© Jean-Pierre Degas, Tremblay-en-France

Joignant maintenant l'agréable à l'utile, le canal de l'Ourcq conçu par Girard est devenu une promenade merveilleusement bucolique pour ses riverains. Profitons de faire remarquer aux détracteurs de Napoléon Bonaparte que le despotisme de ce dernier était compensé par de grandes réalisations urbanistiques, culturelles et législatives.

Fontaine des Lions de Nubie - 1811

Photo : François Bertin, Grandvaux

Imaginée par Girard alors que l'expédition d'Égypte est consommée depuis dix ans, on peut admirer les traces laissées par cette grande aventure culturelle dans l'esprit du concepteur. Le style est d'inspiration éminemment égyptienne et on peut y reconnaître sans ambages le séjour de Girard au pays des sphinx.

le choix du meilleur projet. En définitive, c'est celui de Pierre-Simon Girard qui est choisi par celui qui, entre-temps, est devenu Napoléon Ier. Il amène de l'eau potable à Paris et crée un ensemble de canaux (ceux de l'Ourcq, de Saint-Denis et de Saint-Martin) permettant de couper une boucle de la Seine et d'éviter la traversée de Paris.

Pierre-Simon Girard travaille à ces travaux jusqu'en 1820, date à laquelle la ville décide, en plus de l'irrigation, de rendre le canal navigable. L'ingénieur sera alors chargé de diriger les travaux d'éclairage au gaz des grands théâtres et de plusieurs quartiers de Paris. Il conservera la direction des Eaux de Paris jusqu'en 1831.

On lui doit aussi la *Fontaine des Lions de Nubie* construite en 1811 sur la place du Château-d'Eau.

Guillaume-André Villoteau (1759-1839)

Musicien et premier ethnomusicologue
Reproduction du portrait réalisé d'après nature en Égypte par André Dutertre
Photo : Alain Pigeard, Dijon

Guillaume-André Villoteau

Villoteau arrive en Égypte un peu par hasard et y trouve une musique qu'il juge dissonante et anarchique : « *Sans éducation ; ceux qui se déterminent à embrasser la profession de musicien, ne sachant ni lire ni écrire, ne peuvent étudier les traités manuscrits sur la théorie de leur art.* » Toutefois, après avoir travaillé jusqu'au dernier instant (5 août 1801) et rédigé les textes qui donneront lieu à la publication de nombreuses pages d'études musicales dans la *Description*, Villoteau s'en retourne en France presque à regret, sa vie transformée à jamais. À l'instant du départ, sans avoir jamais commenté aucun événement militaire ou politique, il écrit cette phrase nostalgique : « *Nous entendions au loin les sons de quelques instruments de musique ; c'était un grand nombre d'Osmenlis qui se divertissaient. Nous vîmes un enfant danser au son d'une espèce de chalemie appelée zouqqarah et une sorte de tambour appelé daraboukka.* »

Les travaux de notre premier ethnomusicologue sont vastes et complexes. L'ensemble des *Mémoires* qu'il publie à son retour en France comporte plus de 800 pages, soit plus que nul autre auteur. À son arrivée, il ne sait trop par quel bout aborder

**Thèbes (bybân et molouk).
1. 2. Tableaux de la salle des harpes dans le 5e tombeau des Rois à l'Est.
3..8 Peintures des tombeaux.**

Antiquités, VOL. II, Pl. 91.
Dutertre delt ; Monsaldy sct
Paris, Imprimerie Royale, 1809-1828
Eau-forte 52 × 37 cm
Dimensions de la planche 72 × 54 cm
Bibliothèque publique et universitaire, Genève
N° d'inventaire Fa 711 P 2/2
Photo : François Bertin, Grandvaux

« Toutes les parois de ce tombeau sont couvertes de peintures. Dans quelques petites pièces sont peints différents objets relatifs à l'agriculture et aux arts, tels que le labourage, la semaille, la moisson, des vases, des armes, des instruments, des fauteuils et différents meubles. C'est sur les côtés d'une de ces pièces que sont peintes les scènes de harpistes dessinées par Dutertre[1]*. »*

[1] De Villiers du Terrage, Edouard, p. 159

1

3

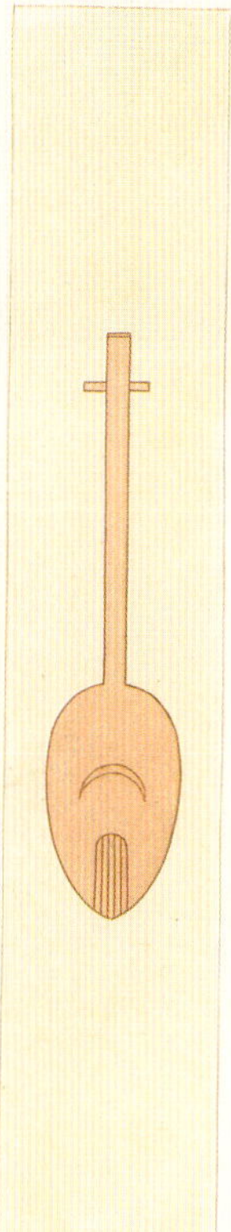

4

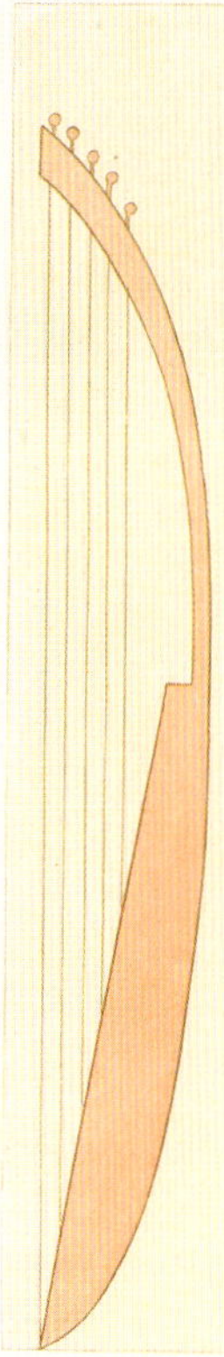

2

5

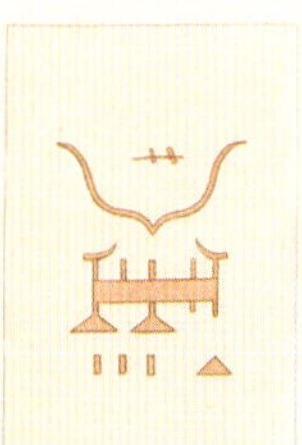

6

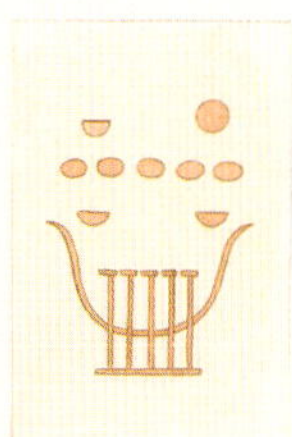

7

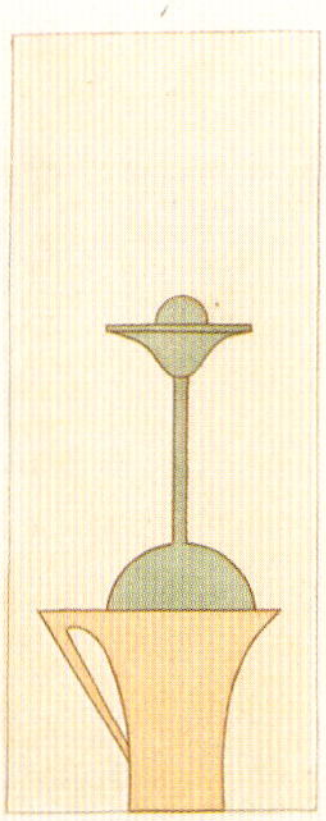

8

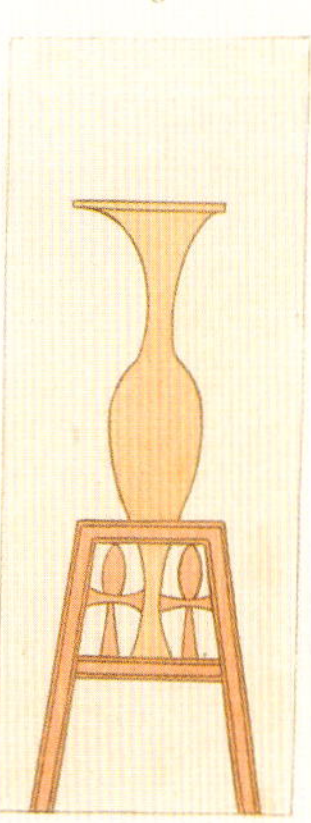

Dutertre del.t — Monsaldy Sc.t

1. 2 TABLEAUX DE LA SALLE DES HARPES DANS LE 5.e TOMBEAU DES ROIS À L'EST, 3..8 PEINTURES DES TOMBEAUX.

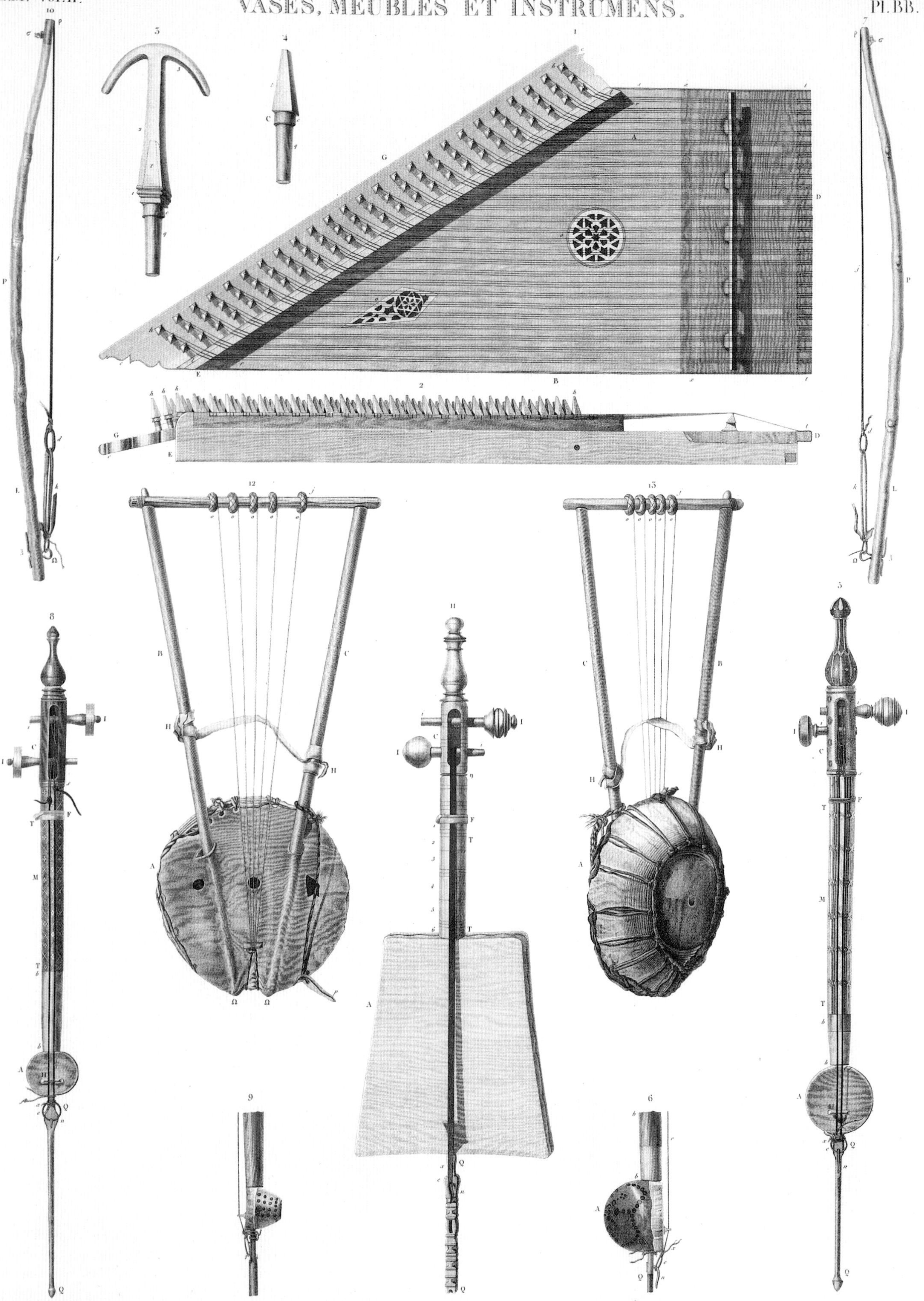

Dessiné d'après les instrumens rapportés d'Égypte par M.r Villoteau.

INSTRUMENS A CORDE QUI PAROISSENT PROPRES AUX ÉGYPTIENS.

David Sc.t

Lyre [kissar, *kissar*][1]

Provenance : Égypte
Hauteur 75 cm
Largeur 25 cm
Diamètre 25 cm
Musée d'ethnographie, Genève
N° d'inventaire k001996
Photo : François Bertin, Grandvaux

Pour chaque instrument, Villoteau décrit les techniques, les matériaux, les dimensions :

« *Le corps sonore A du kissar est composé d'une sébile de bois d'érable grossièrement travaillée, que les Nubiens appelèrent dans leur langue goussa. Son diamètre du côté de l'ouverture, sur laquelle est tendue la peau qui forme la table, est de 258 mm ; celui du dessous est de 131 mm. Au centre de cette partie est un trou à peine rond qui traverse toute l'épaisseur du bois, laquelle est de 25 mm ; ce trou a, extérieurement, 20 mm, et intérieurement, 7 mm.*

La table est faite d'un morceau de peau de mouton, taillé en rond, proportionné à l'orifice de la sébile. Cette peau est percée de trois trous, qui probablement servent d'ouïes : ces trois trous sont sur une même ligne, l'un au centre de la table, l'autre à droite, et le troisième à gauche. Le trou qui est au centre est passablement rond ; son diamètre est de 14 mm. Celui qui est à droite (en regardant l'instrument de face, du côté de la table) a à peu près la forme d'un fer de lance : son plus grand diamètre en longueur est de 42 mm, et son plus grand diamètre en largeur est de 32 mm[2]. »

---

[1] Dans le titre figurent : le nom usuel de l'instrument en français, puis, entre crochets, les noms en arabe. Les lettres italiques sont réservées aux noms utilisés par Villoteau dans le *Description* de l'Égypte.

[2] C.L.F. Panckoucke, Tome treizième, *État moderne*, pp. 375-376.

Vièle [rabâb, *rebâb, rabab al-mughanní*]

Provenance : Égypte
Hauteur 60 cm
Largeur 31 cm
Longueur 89 cm
Musée d'ethnographie, Genève
N° d'inventaire 37786
Photo : François Bertin, Grandvaux

Les techniques de la musique développées par Villoteau en démontrent une connaissance pratique, comme si l'auteur avait joué lui-même au sein d'un groupe local : « *Laborde en confondant le rebâb avec la kemângeh, et dont les sons, selon lui, étaient accordés à la tierce majeure l'un de l'autre. Néanmoins, cela nous paraît contraire aux principes de la musique arabe, lesquels, étant établis sur ceux de l'ancienne musique grecque, n'admettent point la tierce au nombre des consonances dont tout accord doit se composer. Il serait même peu raisonnable de supposer que les musiciens arabes aient précisément choisi deux sons qui, dans leur système musical, ne s'accordent point ensemble, pour en former l'accord d'un de leurs instruments de musique, et surtout d'un instrument destiné à accompagner la voix dans le chant et dans la récitation poétique*[2]. »

---

[2] C.L.F Panckoucke, Tome treizième, *État moderne*, p. 360.

Vases, meubles et instruments. Instruments à cordes qui paroissent propres aux Égyptiens.

État moderne, VOL. II, Pl. BB.
Dessiné d'après les instruments rapportés d'Égypte par M· Villoteau ; David sc[t]
Paris, Imprimerie Royale, 1809-1828
Eau-forte 54 × 39,5 cm
Dimensions de la planche 72 × 54 cm
Bibliothèque publique et universitaire, Genève
N° d'inventaire Fa 711 P 2/2
Photo : François Bertin, Grandvaux

Cithare [qânûn, *qanon*]

Provenance : Syrie
Épaisseur 10 cm
Largeur 43 cm
Longueur 104,5 cm
Musée d'ethnographie, Genève
N° d'inventaire 63523 collection Jargy
Photo : François Bertin, Grandvaux

« Les cordes du qânon sont accordées trois par trois à l'unisson, et c'est évidemment là la raison qui a déterminé à les distribuer aussi trois par trois. La méthode que suivent les musiciens égyptiens pour accorder cet instrument et en faire la partition est conforme à la progression harmonique des circulations musicales des Arabes, dont nous avons présenté un exemple sur les douze modes principaux, dans notre Mémoire sur l'état actuel musical en Égypte, *chapitre I, article IX. Les musiciens arabes se rapprochent beaucoup de nous en cela ; ils prennent pour point de départ le son du rast qui répond à notre ré ; puis ils font sonner avec sa quarte en dessous ; ensuite ils font sonner l'octave aiguë de ce dernier son ; de là ils redescendent à la quarte en dessous de cette octave ; puis ils redescendent encore à la quarte au-dessus de son précédent, dont ils font ensuite sonner l'octave, et toujours de même jusqu'à ce qu'ils aient atteint le son de la dernière corde en montant. Après cela, ils reviennent accorder par octave les sons graves. La partition étant exactement faite de cette manière, tous les sons du qânon se trouvent accordés de la manière suivante. »*[1] Vient ensuite une magnifique partition mentionnant le son de chaque corde, les portées étant surmontées de textes arabes.

[1] C.L.F. Panckoucke, Tome treizième, *État moderne*, p. 297.

Luth ['ûd, *e'oud*]

Provenance : Syrie
Hauteur 20 cm ; Largeur 39 cm ; Longueur 89 cm
Musée d'ethnographie, Genève
N° d'inventaire 63524 collection Jargy
Photo : François Bertin, Grandvaux

Villoteau traite des instruments de musique égyptiens, mais aussi des communautés des pays voisins, qui, comme dans de nombreuses cités du monde, comportent des ethnies émigrées qui tentent de préserver leur culture et leur identité, en particulier par la musique et la danse. Aussi, nous pouvons voir sur les planches descriptives des instruments « étrangers » : « *Nous avons donc à rendre compte non seulement de ce qu'est la musique arabe par rapport aux Égyptiens qui l'ont adoptée, mais encore de toutes les autres espèces de musiques différentes qui sont pratiquées habituellement en Égypte, soit par les naturels de ce pays, soit par les étrangers qui y sont établis en corps de sociétés très distinctes, et surtout au Kaire où ces derniers sont réunis chacun avec ses compatriotes dans des quartiers qui leur sont particulièrement destinés.*

Ainsi nous traiterons successivement de la musique arabe, de la musique africaine, éthiopienne, qobte, de la musique syrienne [...] Quoique nous ne parlions que de ce qui est connu et en usage au Kaire, nous donnerons cependant, sur ces espèces de musique différentes, des détails beaucoup plus circonstanciés et plus exacts que ne le sont ceux que nous en avons reçus par les relations des voyageurs qui ont visité ces peuples dans leur propre pays, mais qui n'attachaient pas autant d'intérêt à ce qui concerne la musique que nous, qui depuis quarante et quelques années cultivons cet art ou qui ne se sont pas trouvés dans des circonstances aussi favorables que celles où nous avons fait nos observations. »[2]

[2] C.L.F. Panckoucke, Tome quatorzième, *État moderne*, pp. 4-5.

Tambour [darbukka]

Provenance : Égypte
Hauteur 34,5 cm
Diamètre 21,5 cm
Musée d'ethnographie, Genève
N° d'inventaire 17739
Photo : François Bertin, Grandvaux

« Il existe de nos jours des faits incontestables, d'après lesquels on ne peut douter des dispositions naturelles des Égyptiens pour l'art musical ; c'est d'avoir autant, et peut-être même plus qu'aucun autre peuple, le sentiment de la mesure et de la cadence, et de régler si bien, par ce moyen, tous leurs mouvements dans les travaux les plus pénibles qui demandent un concours d'efforts réunis, que deux hommes, parmi eux, réussissent souvent à faire avec une facilité étonnante ce qui ne pourrait être exécuté sans beaucoup de peine par quatre d'une autre nation où l'on ne sait point concerter les efforts avec la même précision. Soit qu'ils portent des fardeaux, ou qu'ils fassent d'autres ouvrages pénibles pour lesquels ils sont obligés de se réunir plusieurs, et où il faut autant d'adresse et d'accord que de force dans les mouvements, ils ne manquent jamais de chanter ensemble ou alternativement, en cadence, pour que chacun d'eux agisse en même temps et uniformément, et prête à propos son secours aux autres. »[1]

[1] C.L.F. Panckoucke, Tome quatorzième, *État moderne*, p. 236.

Clarinette [arghûl, *petit arghoul, arghoul el-asghar*]

Provenance : Égypte
Longueur maximum 80 cm
Musée d'ethnographie, Genève
N° d'inventaire 21888.
Photo : François Bertin, Grandvaux

Tout ce qui peut être verbalisé sur les instruments de musique l'est, par exemple le nom de « l'inventeur » : *« Les flûtes de roseau telles que celle-ci, les flûtes doubles, les flûtes impaires ou inégales étaient connues dans la haute Antiquité. L'invention de la flûte à plusieurs tuyaux inégaux se perd tellement dans la nuit des temps qu'on lui a donné une origine fabuleuse ; On l'attribue à Pan, un des plus anciens dieux de l'Égypte. Il est vrai qu'on nous décrit cette flûte comme étant composée de sept tuyaux inégaux, et qu'il n'y en a que deux à l'arghoul ; que dans la première, chaque son est rendu par un tuyau différent, et que, dans l'arghoul, un seul tuyau suffit pour rendre plusieurs sons, ce qui suppose un art plus perfectionné dans ce dernier instrument. On rapporte aussi à Silène l'invention d'une flûte à plusieurs tuyaux dont on ne détermine pas le nombre, et à Marcyllas celle de la flûte dont les tuyaux étaient collés avec de la cire ; on cite encore Daphnis comme l'inventeur de la flûte pastorale ; en un mot, nous ferions une très longue énumération, si nous voulions rappeler les noms de tous ceux qui se sont occupés à perfectionner la flûte à plusieurs tuyaux. »*[3]

[3] C.L.F. Panckoucke, Tome treizième, *État moderne*, pp. 457-458.

Hautbois [zamr, *zamr, zournâ*]

Provenance : Égypte
Longueur 43,3 cm
Diamètre en bas 7 cm
Musée d'ethnographie, Genève
N° d'inventaire 37595
Photo : François Bertin, Grandvaux

Sur la différence entre les instruments européens et égyptiens : *« Quoique le zamr soit un instrument de la même espèce que notre hautbois, on ne réussirait pas néanmoins si l'on voulait en jouer de la même manière. L'embouchure et le doigté du zamr sont très différents de ceux de nos hautbois. Ici ce ne sont point les lèvres qui pressent l'anche : cette anche, trop molle et trop filamenteuse, manquant absolument d'élasticité, céderait trop facilement sous la pression des lèvres, et au lieu de vibrer, se fermerait entièrement sans laisser de passage au souffle […] Ce n'est pas cependant parce que les trous du grand zamr sont trop éloignés les uns des autres qu'on est obligé d'écarter et d'étendre ainsi les doigts ; mais c'est, au contraire, parce que les Égyptiens sont dans l'usage de doigter leurs instruments en bouchant les trous avec la seconde phalange des doigts : or, étant forcés pour cela d'étendre leurs doigts dans toute leur longueur, et pouvant de cette manière les écarter beaucoup les uns des autres (ce qu'il ne serait pas possible de faire en doigtant avec la première phalange), ils ont trouvé plus commode, ou plus agréable à l'œil, que ces trous fussent distribués ainsi sur la longueur du corps du grand zamr*[2]. »

[2] C.L.F. Panckoucke, Tome treizième, *État Moderne*, pp. 391-392.

Louis Costaz (1767-1842)
Géomètre

Reproduction du portrait réalisé d'après nature en Egypte par André Dutertre
Photo : Alain Pigeard, Dijon

La découverte la plus importante du secrétaire-adjoint de l'Institut d'Égypte (section des mathématiques) est sans conteste la découverte de l'ancien canal reliant le Nil à la mer Rouge creusé par Ptolémée II.

Il est aussi, après son retour en France, membre de la Commission qui a en charge de mettre sur pied la *Description de l'Egypte*. C'est en l'occurrence lui qui signe le bon à tirer de quelques originaux destinés à être gravés, telles les figures 168 et 169.

le problème, pas trop ce qu'il fait là. Puis, il organise son travail : « *Nous nous étions persuadés d'abord, pendant quelque temps, que, pour mettre les lecteurs à portée de juger par eux-mêmes de l'état actuel de la musique arabe en Égypte, ainsi que de la justesse de nos observations, il était à propos de joindre à la description que nous en ferions, les textes arabes et la traduction en français des divers traités de la théorie et de la pratique de cette musique, que nous avions rapportés avec nous de ce pays. Notre dessein était d'y joindre, sous la forme d'un commentaire, les examens comparatifs que nous en avions faits, pour éclaircir les endroits obscurs et difficiles du texte à l'aide des notions que nous avions acquises de cet art pendant trois ans et demi que nous n'avons cessé chaque jour de l'entendre et de le voir pratiqué, ou de nous entretenir avec ceux qui l'exerçaient.* »[1]

En définitive, et cela est important, Villoteau institue un nouveau métier, celui d'ethnomusicologue. Cette recherche de compréhension, d'assimilation de la culture musicale de l'autre est totalement novatrice. « *Ses travaux furent les premiers outils et matériaux d'étude pour forger l'intérêt des Européens pour les musiques dites du monde.* »[2]

Les travaux communs

Plusieurs travaux sont réalisés soit conjointement, soit par des membres distincts de l'expédition sans qu'il y ait d'association entre eux. Conté partage ses études sur les poteries avec de Rozière[3] tout comme Berthollet travaille sur le natron parallèlement à ce même minéralogiste.

« *Si […] on vient à considérer que l'on n'a jamais rencontré de natron dans une localité dépourvue de muriate [= chlorure] de soude ou de carbonate de chaux, ainsi que le démontrent et les observations connues jusqu'à présent, et toutes celles qui sont rapportées dans la seconde section de cette partie, l'explication d'ailleurs si concluante de la formation de ce sel, donnée par M. Berthollet, paroîtra sans doute établie sur un concours de*

[1] C.L.F. Panckoucke, Tome quatorzième, *État moderne*, pp. 2-3.

[2] Lucie Rault, dans *L'Expédition d'Égypte, une entreprise des Lumières*, p. 225

[3] François-Michel Desrozières, dit de Rozière, 1775-1842 (ingénieur des mines et minéralogiste).

raisons chimiques et d'observations minéralogiques assez multipliées pour qu'elle ne puisse comporter aucune objection. »

La septième partie de son *Mémoire* est consacrée à la *Description des diverses localités de l'Égypte et des déserts voisins dans lesquels il existe du natron ou carbonate de soude natif.*

« *Le natron est beaucoup plus répandu en Égypte qu'on ne le pensait [...] J'en ai vu en grande quantité dans la Haute-Égypte.* »

En parallèle avec le natron « de » Berthollet[1], Rozière partage les préoccupations de Conté sur les antiques vases murrhins, mais il lui est difficile de déterminer quelle était leur matière ; il pense que ces vases étaient faits de spath fluor parce que les descriptions des auteurs antiques correspondent « *à celle que les plus habiles naturalistes modernes donnent de ce minéral* ».

Pierre-Charles Rouyer (1769-1831) Pharmacien

Reproduction du portrait réalisé d'après nature en Égypte par André Dutertre
Photo : Alain Pigeard, Dijon

C'est à son retour de Haute-Égypte que ce pharmacien en chef de l'expédition publie son étude historique et chimique sur les arts céramiques égyptiens en attirant l'attention sur l'usage intéressant qu'il pourrait être fait en France des poteries rafraîchissantes. Il n'en fait pas mention, mais il est permis de se demander s'il pensait à la conservation de certains médicaments par cette technique égyptienne avantageuse.

Sur les poteries rafraîchissantes

Louis Costaz (1767-1842)

Pierre-Charles Rouyer (1769-1831)

Nicolas-Jacques Conté (1755-1805)

Pierre-Simon Girard (1765-1836)

Une des premières techniques qui ait passionné les Français en arrivant en Égypte est celle des bardaques (ou qoulleh), ces poteries dont la porosité assure un rafraîchissement de l'eau bienvenu dans ces contrées arides. Leurs caractéristiques techniques sont étudiées conjointement par Costaz, Coutelle, Conté, etc., les uns s'occupant de l'analyse chimique des poteries antiques, les autres des contemporaines, les troisièmes des fours à poteries ou encore des potiers eux-mêmes. On ne sait si ces études doivent êtres taxées de redondantes ou d'exemple de bonne gestion des travaux collectifs, mais elles montrent en tous les cas à quel point les savants présents au côté de Bonaparte s'arrêtent aux détails les plus infimes et s'intéressent avec passion à la vie quotidienne des Égyptiens.

[1] Berthollet publie un *Mémoire* sur ce sujet et l'étude sur le lac Natron lui est donc équitablement attribuée.

Arts et métiers. Vue intérieure de l'attélier du fabricant de poteries

État moderne, VOL. II, Pl. XXII.
Conté del t ; C. F. Letellier sc t.
Paris, Imprimerie Royale, 1809-1828
Eau-forte 29,6 × 45 cm
avec les marges 54,4 × 72 cm
Bibliothèque publique et universitaire, Genève
N° d'inventaire Fa 711 P 2/2
Photo : François Bertin, Grandvaux

Le tour de potier tel que représenté sur cette planche est une technique en usage dans la haute Antiquité égyptienne. Ce n'est d'ailleurs pas la seule pratique simple et ingénieuse héritée de cette civilisation avancée.

« *Celui-ci* [l'ouvrier] *fait tourner la roue avec le pied, sans se servir d'un bâton pour donner l'impulsion à la roue, comme on le fait dans nos ateliers […] Il y a des tours où l'ouvrier est assis, comme je l'ai vu à Edfoù, dans la Haute-Égypte* »[1].
En l'occurrence, le fait d'être debout dans une sorte de fosse donne au potier une grande mobilité pour tourner sur lui-même sans avoir l'inconvénient d'une fatigue excessive.

[1] C.L.F. Panckoucke, Tome douzième, *État moderne*, pp. 404-405.

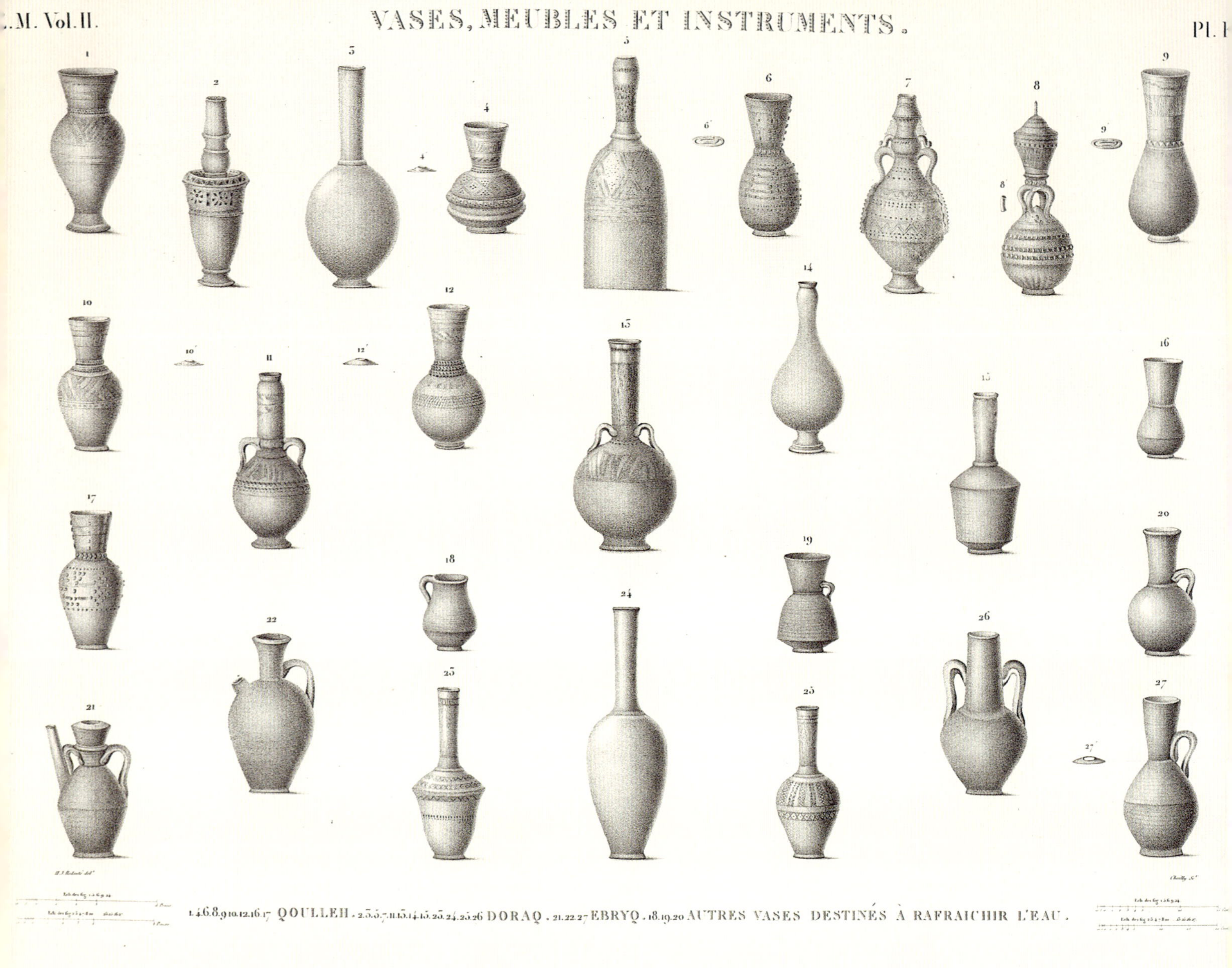

Vases, meubles et instruments. 1. 4. 6. 8. 9. 10. 12. 16. 17. Qoulleh. 2. 3. 5. 7.11. 13. 14. 15. 23. 24. 25. 26. Doraq. 21. 22. 27. Ebryq. 18. 19. 20. Autres vases destinés à raffraichir l'eau.

État moderne, VOL. II, Pl. FF.
H. J. Redouté del^{t} ; Chailly sc^{t}.
Paris, Imprimerie Royale, 1809-1828
Eau-forte 34,5 × 51 cm
avec les marges 53 × 71 cm
Bibliothèque publique et universitaire, Genève
N° d'inventaire Fa 711 P 2/2
Photo : François Bertin, Grandvaux

« Le nom générique de ces vases [réfrigérants] est bardaque*, mot tiré du turk ; mais, d'après quelques différences dans leur forme, ou les accessoires qu'on leur donne, ils prennent différents noms. Ainsi les pots simples terminés comme le haut d'un entonnoir, portent le nom de* qoulleh *[…] »*[1]

[1] C.L.F. Panckoucke, Tome douzième, *État moderne*, p. 472.

Vase avec un col étroit *[Qoulleh]*[1]

Terre cuite vernissée
Hauteur 21 cm
Diamètre 13 cm
Musée d'ethnographie, Genève
N° d'inventaire 11509
Photo : Musée d'ethnographie, Genève

« La terre dont on fait usage […] se tire de Basâtyn et Deyr-el-tyn, villages situés au sud du Kaire, et qui doivent leur nom à l'espèce d'argile, appelée tyneh, qu'on vient y recueillir. Cette terre est principalement formée du limon du Nil ; elle est mêlée de sable fin, que les vents de l'est y apportent de la vallée de l'Égarement […] Quand deux inondations ont séjourné sur la plaine, la terre est bonne à être exploitée pour cet usage. Outre les bardaques ou vases réfrigérants, qui forment la plus grande partie des pièces qu'on fabrique, on fait, avec cette argile, suivant le degré de finesse, diverses pièces telles que des jattes, des soucoupes, des fourneaux de pipes, etc.. »[2]

Cruche [Olla, *Qoulleh*]

Terre cuite
Hauteur 25 cm
Diamètre 11,7 cm
Musée d'ethnographie, Genève
N° d'inventaire 28139
Photo : Musée d'ethnographie, Genève

Cette cruche, nommée « Qoulleh » dans la *Description de l'Égypte*, est décrite comme suit dans la fiche d'inventaire du MEG :
« Olla », Gargoulette pour conserver la fraîcheur de l'eau. Ce genre de pièce est peu cuite car [elle] est utilisée surtout en été. Pour l'hiver les pièces sont cuites davantage. Vase à panse élargie à long col. On boit l'eau directement à la gargoulette. »

Vase avec un col étroit *[Qoulleh]*

Terre cuite vernissée
Hauteur 21 cm
Diamètre 13,5 cm
Musée d'ethnographie, Genève
N° d'inventaire 11512
Photo : Musée d'ethnographie, Genève

Vase avec un col très étroit *[Doraq]*

Terre cuite vernissée
Hauteur 24 cm
Diamètre 12 cm
Musée d'ethnographie, Genève
N° d'inventaire 11500
Photo : Musée d'ethnographie, Genève

« […] ceux qui ont un orifice étroit, le goulot et la forme d'une bouteille, ont celui [le nom] *de doraq […] »*[3]

---

[1] Dans le titre figurent : le nom usuel de la poterie en français, puis, entre crochets, le nom en arabe tel qu'utilisé dans la *Description* de l'Égypte.

[2] C.L.F. Panckoucke, Tome douzième, *État moderne*, pp. 404.

[3] C.L.F. Panckoucke, Tome douzième, *État moderne*, pp. 472.

L'étude de ces poteries sera, comme beaucoup d'autres études faites par les savants, le catalyseur de travaux qui seront menés à terme en France, peu ou longtemps après leur retour. En l'occurrence, le travail sur les poteries sera repris par C. Fourmy dans son *Mémoire sur les hydrocérames* paru en 1804[1].

Nicolas-Antoine Nouet (1740-1811)
Astronome
Reproduction du portrait réalisé d'après nature en Égypte par André Dutertre
Photo : Alain Pigeard, Dijon

Les astronomes :

Nicolas-Antoine Nouet (1740-1811)

Les trois astronomes de l'expédition d'Égypte sont tous membres de l'Observatoire de Paris.

Nouet est occupé à déterminer l'altitude, la latitude et la longitude du Mont-Blanc lorsque Bonaparte le sollicite pour aller en Égypte. Il s'engage dans l'expédition avec ferveur, collectant tous les instruments qu'il peut trouver : montres Berthoud, cercles répétiteurs de Borda, quarts de cercle de Lenoir, lunettes achromatiques de Dollond, etc. C'est encore Nouet qui calcule le premier l'orbite elliptique d'Uranus, démontrant qu'il s'agissait d'une planète et non d'une comète. Il est sans conteste le plus intrépide et le plus actif des trois astronomes. À 58 ans, il est aussi l'un des doyens de l'expédition. Il fait partie de cette famille d'astronomes voyageurs, défricheurs de la terre et du ciel sous toutes les latitudes. Né en Lorraine en 1740, Nouet est entré tout jeune dans l'ordre de Cîteaux, toutefois sans vocation religieuse. Il y a fait de brillantes études et a appris un peu d'astronomie. Ayant réussi à se faire muter à Paris, il obtient l'autorisation de suivre des cours à l'Observatoire et s'y distingue par son don pour les calculs astronomiques. En 1784, il est envoyé à Saint-Domingue pour établir une carte précise de l'île et de ses abords. Avec la Révolution, celui que l'on appelait encore dom Nouet quitte les ordres et décroche un poste de professeur à l'observatoire. Il accompagne les armées de la Révolution pour dresser la cartographie précise du Rhin, des Alpes et de la Savoie. Dès son retour de l'expédition, il repartira pour les Alpes, mais meurt d'une crise d'apoplexie à Chambéry, en 1811.

[1] In *Bulletin de la Société d'Encouragement à l'Industrie Nationale*, tome 3, N° 4, pp. 81-84.

Cercle à réflexion ou Cercle de Borda

Signé Schwartz, dit Lenoir à Paris (N° 39).
Diamètre 27 cm
Poignée 10 cm
Musée d'histoire des sciences, Genève
N° d'inventaire MHS 1781
Photo : Flora Bevilacqua

Le cercle à réflexion est un instrument d'observation pour mesurer des angles jusqu'à 720° constitué d'un cercle gradué monté sur une poignée et de deux alidades. Il améliorait sensiblement la précision des mesures faites jusqu'alors avec des octants ou des sextants grâce au principe de la « répétition des angles » qui réduisait considérablement les erreurs de division. Cet appareil permettait de recevoir l'image du point réfléchi par les miroirs, indifféremment par la droite ou par la gauche de la lunette de visée, de telle sorte qu'en combinant les deux manières d'observer, on supprimait l'obligation du parallélisme des miroirs (source fréquente d'erreurs avec les octants et les sextants), tout en mesurant le double de l'angle à déterminer.
Cela réduisait l'erreur de division par 2.

Jérôme-Isaac Méchain (1778-1853) astronome
Des trois astronomes, Méchain est le plus jeune. Il n'a que vingt ans, lors de la campagne d'Égypte, mais il possède une excellente formation de terrain. Depuis cinq ans, il suit son père, l'astronome et hydrographe Pierre Méchain, sur les routes de France et d'Espagne pour les mesures nécessaires au tracé définitif de la méridienne et à la nouvelle définition du système métrique. Il l'a suivi aussi sur mer, pour corriger les cartes de la Méditerranée occidentale. Ils découvriront ensemble près d'une demi-douzaine de comètes. Classé dans les élèves astronomes, Méchain est en réalité consul général en Orient et bibliothécaire adjoint de l'Institut d'Égypte depuis 1800.

François-Michel Desrozières (1775-1842) Ingénieur des mines et minéralogiste

Reproduction du portrait réalisé d'après nature en Égypte par André Dutertre
Photo : Alain Pigeard, Dijon

Il est un brillant élève de Dolomieu, a qui il voue une grande admiration. Il regrette souvent le départ de son maître à penser et tente de le remplacer au mieux. Nous avons vu au début de ce chapitre sa contribution aux travaux réalisés en Égypte.

Comme tous les savants de l'expédition, les astronomes ont reçu des missions précises, mais libre à eux de faire toutes les observations et de monter toutes les opérations qu'ils jugent utiles à l'avancement des sciences. D'où des travaux extrêmement divers, avec quelques points forts. Leur tâche essentielle est de réaliser, avec les ingénieurs topographes, la *Grande Carte de l'Égypte*. Pour cela, il faut calculer les latitudes et longitudes des villes, villages, monuments et sites remarquables. La latitude est un problème simple ; les déclinaisons du Soleil étant bien connues, il suffit de noter la hauteur de l'astre lors de son passage au méridien du lieu, puis d'appliquer la formule « latitude = distance zénithale + déclinaison de l'astre ». La longitude est, elle, beaucoup plus difficile. En théorie, il suffit de comparer l'heure locale du lieu où l'on se trouve à celle d'un méridien choisi comme origine. Mais, malgré des perfectionnements récents, les montres utilisées accusent une certaine « marche quotidienne » qui finit par faire des erreurs importantes. Les astronomes, qui sont partis avec *La Connaissance des temps*, utilisent les tables donnant l'heure à laquelle les émersions/immersions des satellites de Jupiter se produisent à Paris. Mais ces tables n'ont pas une grande exactitude. C'est pourquoi, à Marseille, Thulis note très précisément ces instants à l'observatoire. L'établissement a reçu de Bonaparte la mission d'observer ces émersions/immersions de concert avec l'équipe d'Égypte. À son retour, celle-ci pourra comparer ses heures avec celles de Marseille et en déduire l'écart de longitude. Tout ce travail de perfectionnement explique qu'un certain nombre de longitudes gravées par Jérôme-Isaac Méchain sur de grands édifices en Égypte, et encore visibles aujourd'hui, diffèrent légèrement de celles inscrites sur la *Grande Carte de l'Égypte*.

Chronographe de marine

Signé « Louis Berthoud, Hor.ger de la Marine »
Hauteur 11 cm
Largeur 13,4 cm
Profondeur 13,4 cm
Musée de l'horlogerie, Genève, en dépôt au Musée d'histoire des sciences, Genève
N° d'inventaire AD4589
Photo : Bettina Jacot-Descombes

François-Marie Quesnot (1761- 18??) astronome

Quenot a trente-sept ans lors de l'expédition d'Égypte. Lui aussi est recruté à l'Observatoire de Paris pour lequel il a déterminé la latitude et la longitude de plusieurs villes d'Europe. Il s'est intéressé au diamètre apparent du Soleil et aux orbites planétaires. Mais, malgré son passé maritime, Quenot n'arrivera pas à se plaire en Égypte. Arrivé comme le reste de la flotte le 1er juillet devant Alexandrie, il cherchera à repartir le plus tôt possible. Nommé à l'Institut d'Égypte, il n'assistera à aucune séance, préférant attendre à Alexandrie un bateau salvateur. Il y détermine très précisément la position géographique de la ville et fait des travaux hydrographiques dans la rade. Le 8 novembre, il embarquera sur un voilier faisant route vers l'Italie. On perd sa trace en 1804.

Les chimistes ou les pratiquants de la chimie

Claude Louis Berthollet (1748-1822),
François-Michel Desrozières (1775-1842)
Nicolas-Jacques Conté (1755-1805)

Plusieurs scientifiques ont réalisé des travaux sur le natron, notamment Berthollet, Regnault, le général Andreossy et de Rozières.

« La mise dans le commerce du natroun dépendait également d'analyses qu'on n'était point en état de faire, et d'une sorte d'activité et de soins dont on ne se piquait pas dans un pays où les gains de l'industrie étaient en proie aux avanies des gouvernants. On laissait subsister dans le natroun le mélange de différents sels avec la soude, principalement celui du sel marin, d'où il résultait une augmentation de poids préjudiciable au transport. D'un autre côté, les fabricants de Marseille se plaignaient qu'ils éprouvaient des pertes considérables, en ce que les chaudières se détérioraient par les cuites. On commençait à regretter la soude d'Alicante ; et l'Égypte était au moment de perdre ce débouché

Claude-Louis Berthollet (1748-1822) Chimiste

Reproduction du portrait réalisé d'après nature en Égypte par André Dutertre
Photo : Alain Pigeard, Dijon

Célèbre chimiste savoyard auteur, pendant l'expédition d'Égypte, d'un *Mémoire sur le lac Natron*. En observant les conditions de formation du natron, il pose les prémisses d'une nouvelle conception des réactions chimiques et observe une réaction chimique inverse de celle qui se produit au laboratoire. Il attribue cette inversion aux conditions locales d'évaporation et de concentration.

Lorsque Bonaparte est au Caire, et qu'il fréquente les séances de l'Institut d'Égypte, Berthollet est son professeur de chimie.

Il publie :
Éléments de l'art de la teinture, avec une description du blanchiment par l'acide muriatique oxygéné.
et
Exposition des faits recueillis jusqu'à présent concernant les effets de la vaccination et examen des objections qu'on a faites en différents temps, et que quelques personnes font encore contre cette pratique.

Lunette achromatique de trois pieds

Construite par Dollon, Londres, vers 1775
Diamètre 5,9 cm
Longueur 94,5 cm
Musée d'histoire des sciences, Genève
N° d'inventaire MHS 1552
Photo : Flora Bevilacqua

Recherchant la grande précision, Nouet embarque pour l'Égypte avec un matériel des plus performants. Mais laissons Jabarti décrire ce qu'il a vu : « *Chez Nouet se trouvaient, dans un local approprié, des instruments astronomiques extraordinaires et fort bien fabriqués. [...] Une fois déployés, [ils] occupaient une grande place, comme les lunettes d'observation qui décuplent la vue, mais qui, une fois repliées, tiennent dans un petit volume. [...] Il y avait aussi diverses sortes de sabliers et d'horloges indiquant les secondes, d'une grande perfection et de haute valeur.* »

Objectif de lunette composé de deux lentilles, une convergente (crown) et une divergente (flint), d'indice de réfraction différent dans le but de réduire les aberrations chromatiques. Ce système est appelé doublet achromatique.
Le système utilisant trois lentilles est appelé triplet achromatique.

Interdépendance des disciplines entre la chimie et la minéralogie

Le seul fait de la présence d'une formule chimique dans chacune des fiches d'inventaire démontre l'interdépendance entre la minéralogie et la chimie des minéraux.
Afin de clarifier cette assertion, donnons deux exemples :
Le premier est en rapport avec Dolomieu, qui, lorsqu'il décèle des minéraux inconnus, en fait déterminer la formule chimique pour prouver ses intuitions.
Le deuxième est en rapport avec le mystère du « verre libyque ». Situé essentiellement en Égypte, le désert Libyque recèle des morceaux de verre naturel dont la provenance est restée mystérieuse malgré plus de 170 publications, dont la plupart sont scientifiques. La dernière en date indique une étude chimique démontrant une teneur particulièrement élevée en silice, ce qui permet d'exclure une origine volcanique et conduit à l'hypothèse d'un impact météoritique.

en Europe, lorsque la guerre survint, et rendit les communications plus difficiles.

C'est dans les années 1788, 1789 et 1790, que les négociants de Marseille, se livrant à l'engouement d'une spéculation nouvelle, importèrent en France une quantité considérable de natroun, dont une partie est restée dans leurs magasins.

L'exportation du natroun à l'étranger avait lieu sur Venise, la France et l'Angleterre. Les demandes, pour la France et l'Angleterre étaient à peu près les mêmes ; Venise ne tirait que le cinquième de ce qui était demandé par le commerce des deux autres pays.

M. Regnault s'occupe d'un objet bien essentiel, celui de séparer en grand la soude contenue dans le natroun, afin de l'offrir au commerce dans son plus grand état de pureté ; ce qui, en augmentant de très peu les frais d'exploitation, doublera, avec les mêmes moyens, les produits et la valeur de la soude. Dans quelques espèces de natroun, le sel marin se trouve compris entre deux couches horizontales de soude, de façon que le premier pourrait être en quelque sorte détaché par une opération mécanique.

Le commerce du natroun, dans l'Égypte devenue colonie, dépendra donc de deux considérations essentielles :

1. De la libre exploitation des lacs. Cette exploitation sera favorisée par des escortes, par des dispositions militaires, telles que le rétablissement du qasr, l'occupation des couvents quobts, etc., et parce que les Arabes, mieux connus, seront moins à craindre.

2. Du choix et de l'épuration du natroun. Les établissements pour l'épuration du natroun devront être faits dans les endroits les plus rapprochés des lacs, tels que le qasr et Terrâneh. »

Costumes et portraits.
1. 2. 3. 4. Costumes de femmes et de Marchands.
5. Saqqà ou porteur d'eau.
6. ânier

État Moderne, VOL. II, Pl. J.
Conté del[t]; Delaunay sc[t].
Paris, Imprimerie Royale, 1809 -1828
Eau-forte 36,5 × 53 cm
Avec les marges 54 × 72 cm
Bibliothèque publique et universitaire, Genève
No. d'inventaire Fa 711 P 2/2
Photo: François Bertin, Grandvaux

Lorsque Bonaparte part pour l'Egypte, il emmène avec lui de nombreux savants, dont la plupart sont illustres. Leurs instruments et documents étaient porté par des ânes. A l'une des haltes de la colonne, un ordre du jour fut publié, relatif au campement des troupes. L'officier chargé de la rédaction ayant supprimé, pour aller plus vite, certaines formules de politesse, le bulletin parut ainsi conçu:*«Aniers, ânes, savants auront double ration et coucheront sous la tente.»*

Le bon mot parcourut joyeusement les rangs des soldats, qui n'appelèrent plus la docte colonie que : *Les ânes savants.*

Insatisfait de cette seule perle, le général Friant surenchéri de la manière suivante : Surpris par une attaque de Mameluks, il se dresse sur ses étriers et crie à pleine voix : *«La division se formera en carré, les ânes et les savants au milieu.»* Quoique la situation fût grave, un rire général éclata parmi les soldats. L'attaque fût rude, mais, en ce qui concerne les illustres hôtes, ajoute la chronique, *«on n'en perdit que deux, l'un portant l'autre.»*

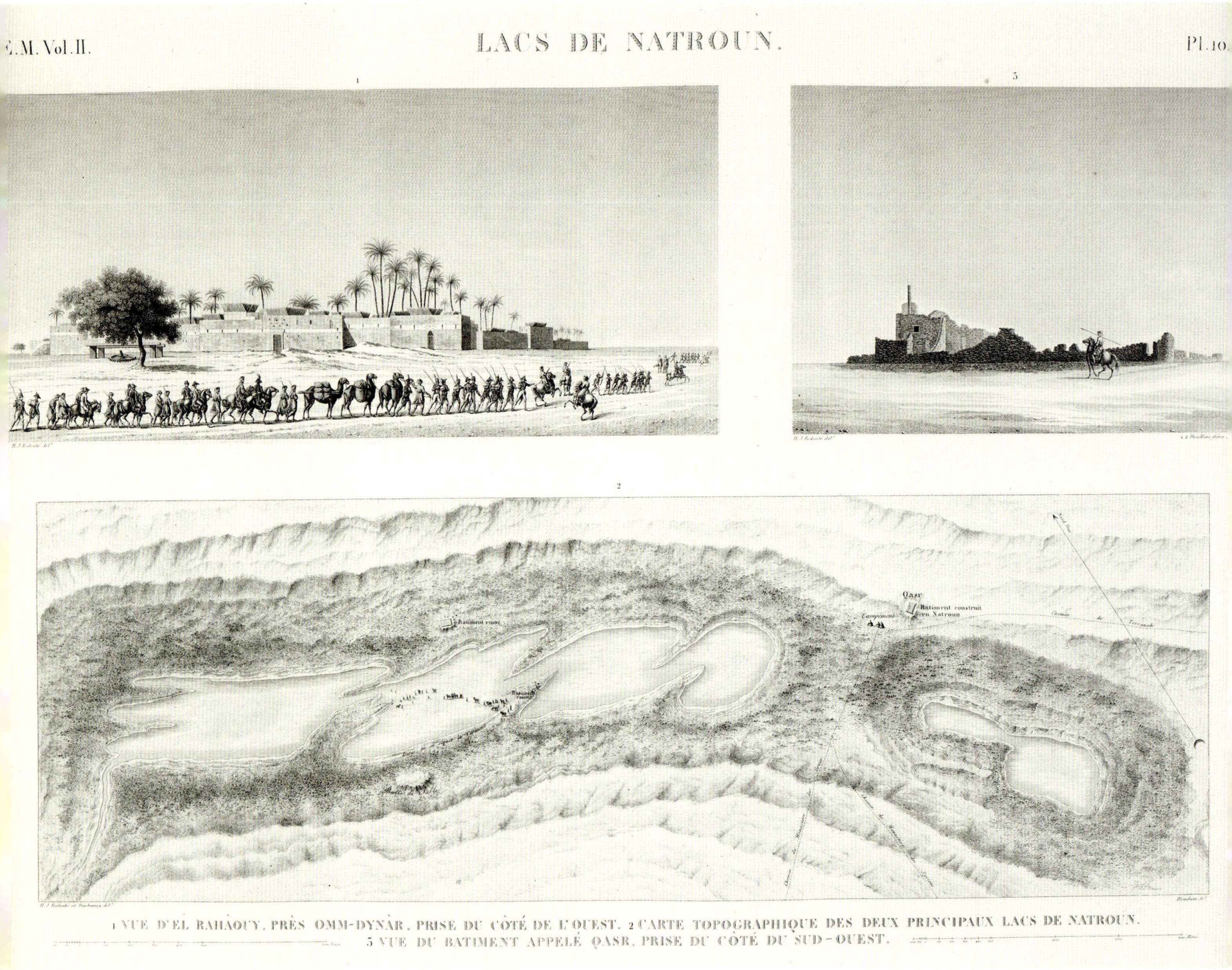

Lacs de Natroun. 1. Vue d'El Rahâouy, près Omm-Dynâr, prise du côté de l'Ouest.
2. Carte topographique des deux principaux lacs de Natroun.
3. Vue du bâtiment appelé Qasr, prise du côté du Sud-Ouest
État moderne, VOL. II, Pl. 104.
H. J. Redouté et Duchanoy del[t]; Blondeau sc[t].
Paris, Imprimerie Royale, 1809-1828
Eau-forte 52,5 × 56 cm
Dimensions de la planche 52,5 × 71 cm
Bibliothèque publique et universitaire, Genève
N° d'inventaire Fa 711 P 2/2
Photo : François Bertin, Grandvaux

Plusieurs scientifiques ont réalisé des travaux sur le Natroun, notamment Berthollet, Regnault, le général Andreossy et de Rozières.

LA DESCRIPTION DE L'ÉGYPTE, UN OUVRAGE COLOSSAL ET NOVATEUR

Par André Palluel-Guillard,

Professeur émérite de l'Université de Chambéry

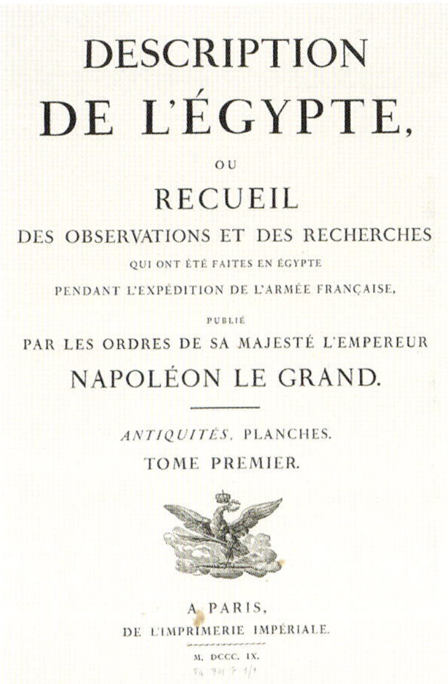
DESCRIPTION
DE L'ÉGYPTE,
OU
RECUEIL
DES OBSERVATIONS ET DES RECHERCHES
QUI ONT ÉTÉ FAITES EN ÉGYPTE
PENDANT L'EXPÉDITION DE L'ARMÉE FRANÇAISE,
PUBLIÉ
PAR LES ORDRES DE SA MAJESTÉ L'EMPEREUR
NAPOLÉON LE GRAND.
ANTIQUITÉS, PLANCHES.
TOME PREMIER.
A PARIS,
DE L'IMPRIMERIE IMPÉRIALE.
M. DCCC. IX.

«Description de l'Égypte ou Recueil des observations et des recherches qui ont été faites en Égypte pendant l'expédition de l'armée française/Publié par les ordres de Sa Majesté l'empereur Napoléon le Grand»

Publication de la Commission des sciences et arts d'Égypte, préface historique de M. Fourier. Paris, Imprimerie Impériale, 1809-1828.

Le texte est paru en livraisons formant neuf volumes folio ainsi qu'un volume plano pour la Préface historique. Les 894 planches à l'eau-forte ont été publiées en différents formats et regroupées en neuf volumes plano. Les planches de l'Antiquité et de l'État moderne publiées en atlas format in-folio atlantique (format exceptionnel de 127 × 70 cm), ont été réunies en trois volumes. La carte topographique, aussi en format in-folio atlantique, forme le quatrième atlas.
Bibliothèque publique et universitaire, Genève
N° d'inventaire 711
Photo : François Bertin, Grandvaux

En 1810, l'opinion française, même éclairée, ne prêta pas une attention remarquée ni remarquable à la publication du premier volume de la *Description de l'Égypte* par les savants rescapés d'une expédition remontant à plus d'une dizaine d'années et qui ne s'était terminée ni héroïquement ni efficacement. Certes, l'Égypte était bien encore à la mode et l'on se rappelait encore le succès en 1802 du *Voyage dans la Basse et Haute Égypte* de Vivant Denon, maintenant directeur du grand Musée du Louvre, ouvrage plein de «pages légères, pleines de couleurs [...] dessins agréables et suggestifs quoique un peu rapides [...]» (Robert Solé), mais on s'occupait aussi de bien d'autres choses : le mariage de l'empereur, l'annexion de la Hollande et de la côte allemande de la mer du Nord, l'aggravation de la révolte espagnole et de la guerre économique avec l'Angleterre, et que dire du conflit entre Napoléon et le pape ? L'actualité se chargeait bien de faire oublier le passé. En plus, on eut la nette impression d'un

Ouvrage exceptionnel par ses formats, la *Description de l'Égypte* a nécessité la fabrication d'une presse spécialement élaborée pour l'impression de ses volumes en format in-folio atlantique. On trouve quelques possesseurs de cet ouvrage titanesque – cent artistes ayant œuvré pendant dix ans pour réaliser les planches et les cartes – qui possèdent encore le meuble conçu spécialement pour contenir l'ouvrage. À l'image de la perfection qui caractérise cet idéal de l'impression, ces meubles étaient ornés de motifs égyptiens, motifs qui caractérisèrent à ses débuts l'ornementation du mobilier Empire (scarabée, lotus, obélisques, cariatides en gaine représentant des femmes coiffées à l'égyptienne, etc.).

produit émanant d'un réseau intellectuel strictement scientifique et parisien qui n'avait pas le renom un peu « sulfureux » d'un Chateaubriand ou d'une Madame de Staël. Enfin, il fut téméraire d'espérer même voir de près l'ouvrage réservé, par sa grandeur et son prix, à un petit monde fermé de grands privilégiés du régime ou à quelques grandes institutions ou personnalités nationales ou étrangères.

Pourtant, la publication terminée seulement en 1822[1], donc hors de l'atmosphère napoléonienne, est une des plus prestigieuses réalisations de l'édition en France, évidemment, mais aussi au niveau international. Jamais on n'avait fait aussi grand ni aussi beau, autant au niveau du papier que des gravures. Au point, d'ailleurs, que l'on ne put refaire d'édition identique en taille comme en qualité (vingt-trois[2] gigantesques volumes in-folio pour lesquels il avait fallu concevoir des meubles spéciaux).

Jamais on n'avait consacré un tel travail à un pays quelconque, même pour la France, car l'ouvrage dépassait de loin la grande et pourtant prestigieuse encyclopédie de Diderot. Jamais une expédition aussi impérialiste et injustifiée et aussi immédiatement inutile n'avait donné un tel résultat artistique et intellectuel. Les savants emmenés par Bonaparte avaient finalement sauvé le prestige d'une entreprise militaire au cours de laquelle on les avait souvent traités en parents pauvres et vengé le pillage de leurs collections par les Anglais. Si ces derniers pouvaient s'enorgueillir de montrer au British Museum la fameuse pierre de Rosette, ils n'avaient pas su, ni pu, donner à cette dernière l'environnement intellectuel qu'elle méritait pourtant, ni la lecture adéquate puisque c'est justement un jeune Français (Champollion) qui, inspiré par la description de l'Égypte, la compléta par sa découverte du sens des hiéroglyphes.

Selon Weill-Murat, la *Description* est « *une somme incomparable que Champollion consultera avec passion… Nul doute que la plus belle conquête [de la France] fut celle de l'esprit, parti à la*

Antiquités, VOL. I – Frontispice

Cécil del[t]; Réville aq. forti.; Girardet et Sellier sc[t].
Paris, Imprimerie Royale, 1809-1828
Eau-forte 54 × 40 cm
Dimensions de la planche 72× 54 cm
Bibliothèque publique et universitaire, Genève
N° d'inventaire Fa 711 P 1/1
Photo: François Bertin, Grandvaux

Dans le cadre de l'image montrant la porte d'un temple pharaonique, Cécile a représenté : sur le linteau ; un disque ailé au centre duquel trône une étoile, l'un des emblèmes de la nouvelle dynastie impériale ; sur les montants ; la liste des victoires françaises ; sous le linteau : une allégorie de Bonaparte en empereur romain, terrassant les mamelouks aux Pyramides ; au centre ; la route d'Égypte, jalonnée des plus beaux monuments pharaoniques documentés, symbolisant la naissance de l'égyptologie. La frise inférieure représente, au centre, de chaque côté du N impérial, le peuple égyptien soumis, payant tribut sous forme d'animaux. Dans les deux coins inférieurs, des cartouches contiennent le hiéroglyphe pseudo-pharaonique de l'empereur avec l'abeille impériale surmontée de la même étoile qu'au centre du linteau.

[1] On trouve des dates très variables pour la parution de l'ultime volume de la *Description*. Si les auteurs sont unanimes en ce qui concerne le premier volume (1809), pour le dernier, nous avons à choix 1822, 1823, 1825 ou même 1826. En ce qui concerne l'ouvrage consulté à la Bibliothèque publique et universitaire de Genève les dates de sortie de presse des 24 volumes s'échelonnent entre 1809 et 1822 pour les derniers (*État moderne* vol. 3 et *Antiquités* vol. 5). Cette dernière assertion s'appuie sur un relevé fait sur chacun des volumes.

[2] Il faut préciser que le nombre de volumes est lui aussi variable, étant de vingt-trois pour l'ouvrage consulté par cet auteur, vingt-quatre pour celui de la BPU. Cela provient certainement du fait que la *Description de l'Égypte* a été, à l'origine, publiée en livraisons, c'est-à-dire par feuillets que les souscripteurs recevaient périodiquement. Le relieur ou le souscripteur ont ensuite pu décider d'un nombre de volumes différent, par exemple en raison de doublets dans les feuillets achetés ou encore pour mieux répartir les feuillets dans les atlas en raison de leur poids.

Cécile del.t Réville aq. forti. Girardet et Sellier Sc.t

Oiseaux.
1. Le Chevalier Gambette.
2. Le Vanneau de Villoteau.
3. Le Pluvier à Aigrette.
4. Le Pluvian.

Histoire naturelle, VOL. I (Zoologie), Pl. 6.]
Par Jules-César Savigny
Barraband del[t]; Bouquet sc[t].
Paris, Imprimerie Royale, 1809-1828
Eau-forte coloriée à la poupée 53 × 38 cm;
Dimensions de la planche 72 × 54 cm
Bibliothèque publique et universitaire, Genève
N° d'inventaire Fa 711 P 3/1
Photo: François Bertin, Grandvaux

Le *Mémoire* inclus dans le volume de texte II de l'*Histoire naturelle*, mentionne que « *cette espèce nouvelle [le Vanneau de Villoteau] n'a été trouvée, jusqu'à présent, nulle part ailleurs qu'en Égypte* », mais il ne dit pas quel rôle notre nouvel ethnomusicologue a joué dans son appellation.
La livrée du mâle est dite inconnue, ce qui suppose que le spécimen représenté est celui d'une femelle.

La parution

Pour plus de précision dans les dates de parution après réunion des différentes livraisons, nous avons choisi de publier celles mentionnées sur chaque volume de l'exemplaire qu'il nous a été donné de consulter. Ce sont:

Volumes de texte (40 × 26 cm fermés)		Volumes de planches (74 × 58 cm fermés)	
Antiquités Descriptions, vol. 1	1809	Préface historique, vol. 1	1809
Antiquités Descriptions, vol. 2	1818	Antiquités, vol. 1	1809
Antiquités Mémoires, vol. 1	1809	Antiquités, vol. 2	1812
Antiquités Mémoires, vol. 2	1818	Antiquités, vol. 3	1812
État moderne, vol. 1A	1809	Antiquités, vol. 4	1817
État moderne, vol. 1B	1809	Antiquités, vol. 5	1822
État moderne, vol. 2	1812	État moderne, vol. 1	1809
État moderne, vol. 3	1822	État moderne, vol. 2	1817
Histoire naturelle, vol. 1	1809	Histoire naturelle, vol. 1	1809
Histoire naturelle, vol. 2	1813	Histoire naturelle, vol. 2	1817

Volumes d'atlas (140 × 82 cm fermés)	
Antiquités, État moderne et Histoire naturelle, vol. 1, 2 et 3	1809
Cartes topographiques de l'Égypte (70 × 110 cm)	sans date

Pages suivantes

Thèbes (Louqsor).
Vue de l'entrée du palais.
Atlas de format in-folio atlantique, Pl. 3.
Cécil del[t]; Réville sc[t].
Paris, Imprimerie Royale, 1809-1828
Eau-forte 39 × 73,5 cm
Dimensions de la planche 70 × 109 cm
Bibliothèque publique et universitaire, Genève
N° d'inventaire Fa 711 B
Photo: François Bertin, Grandvaux

Louxor est un des sites de l'ancienne ville de Thèbes, métropole spirituelle et politique de l'Égypte antique. Thèbes comprenait les sites de Louxor, de Karnak et, rive gauche, les immenses nécropoles. Homère appelait *la ville aux cent portes* cette fameuse cité d'Égypte, tant était grand le nombre de ses temples. Du Moyen Empire à la fin de l'Antiquité, elle fut la ville sacrée du dieu Amon-Rê.
L'entrée du palais, appelée aussi « pylône de Louxor », fut construite sous Ramsès II. Elle est décorée de scènes relatant la bataille de Qadesh, qui opposa le pharaon aux Hittites. Des deux obélisques érigés devant le pylône (25 mètres de haut), celui de droite fut déplacé à Paris, place de la Concorde. Ils se dressaient sur un socle où quatre singes adorent le Soleil. À l'époque où Cécile fait son relevé, ces détails ne sont pas visibles. Au moment du passage des savants de l'expédition d'Égypte, état intéressant, le temple, comme beaucoup d'autres, est encombré à la fois par le sable amené par le vent depuis le désert proche et les habitations égyptiennes « modernes ». Les têtes de deux colosses de granit, représentant Ramsès II assis, sont à peine discernables.

découverte de l'une des plus grandes civilisations du monde : la description en reste l'éloquent témoignage et sans doute la plus belle victoire du général Bonaparte... »

L'expédition scientifique d'Égypte

La création, en 1798, d'un corps scientifique joint à l'armée d'Orient était une initiative tout à fait nouvelle et extraordinaire mais, en fait, elle entrait parfaitement dans les vues du général Bonaparte converti depuis la conquête de la Lombardie à l'intérêt d'une politique culturelle et intellectuelle, renforcé encore dans cette direction par sa récente entrée à l'Institut et par ses lectures du *Voyage en Égypte et en Syrie* de Volnay. Général, bien sûr, mais d'un nouveau genre. Persuadé de l'intérêt d'allier la force à l'esprit, Bonaparte décide donc, dès le début de son projet oriental, de doubler son plan militaire d'une vaste et utopique entreprise d'études scientifiques de ce pays dont on parlait déjà beaucoup, mais sur lequel personne n'avait jamais rien écrit de rigoureux.

En mars 1798, fort de l'appui du ministère de l'Intérieur « de mettre à sa disposition les ingénieurs, artistes et autres subordonnés de son ministère qui pourront lui être utiles », Bonaparte charge donc Monge (qui a travaillé sur les fonderies de canons), Berthollet (qui a étudié les explosifs et les poudres), Fourier (promoteur de la nouvelle École polytechnique), le général Caffarelli, le géologue Dolomieu et le zoologue Geoffroy Saint-Hilaire de former une « commission des sciences et des arts ». À partir des grands corps de la science officielle (les écoles scientifiques, les Mines, les Ponts et Chaussées, les Arts et Métiers, le Museum, l'Observatoire, le « Parc aérostatique » de Meudon on recrute ainsi 167 savants et artistes, dont vingt-un mathématiciens, trois astronomes, quinze naturalistes et ingénieurs des mines, dix-sept ingénieurs civils, quinze géographes, quatre architectes, trois élèves ingénieurs constructeurs, huit

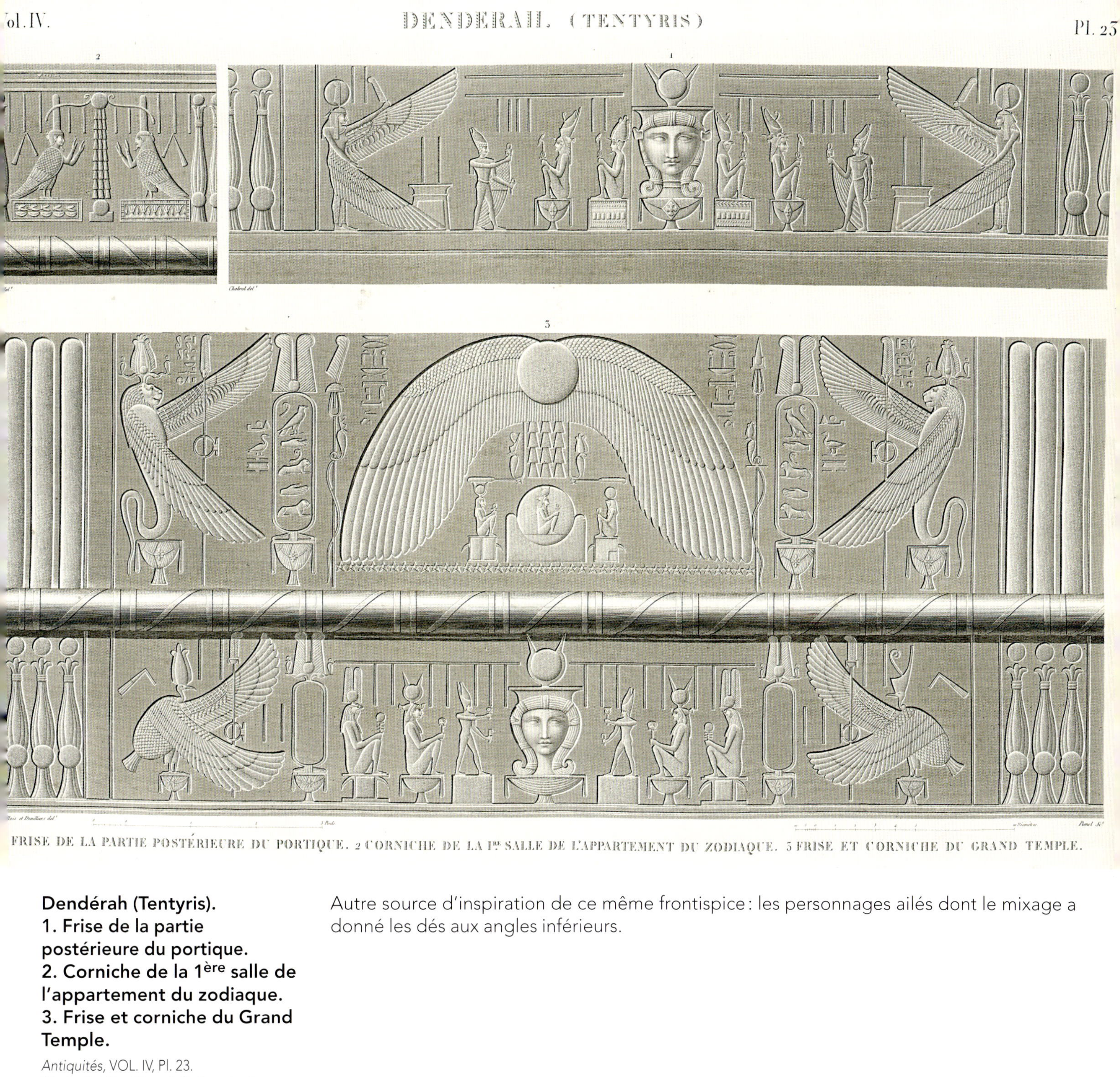

Dendérah (Tentyris).
1. Frise de la partie postérieure du portique.
2. Corniche de la 1ère salle de l'appartement du zodiaque.
3. Frise et corniche du Grand Temple.

Antiquités, VOL. IV, Pl. 23.
Chabrol et Devilliers delt; Pomel sct.
Paris, Imprimerie Royale, 1809-1828
Eau-forte 35,5 × 55 cm
Dimensions de la planche 54 × 72 cm
Bibliothèque publique et universitaire, Genève
N° d'inventaire Fa 711 P 1/4
Photo : François Bertin, Grandvaux

Autre source d'inspiration de ce même frontispice : les personnages ailés dont le mixage a donné les dés aux angles inférieurs.

dessinateurs, un sculpteur, dix artistes mécaniciens, trois poudres et salpêtres, dix hommes de lettres et secrétaires, quinze consuls et interprètes, neuf officiers de santé, neuf lazarets, vingt-deux imprimeurs, deux artistes musiciens. Jamais une telle équipe n'avait été formée. On ne leur laissa d'ailleurs guère le temps de s'en rendre compte, puisqu'ils se retrouvèrent en juin soumis et enthousiastes, mais ignorants jusqu'à leur arrivée à Alexandrie des buts et de la destination de leur mission.

L'enthousiasme de la recherche

Quelle aventure pour cette foule de jeunes (la plupart ayant moins de trente ans) aussi ambitieux qu'actifs, même si tout n'allait pas pour le mieux dans une entreprise dont les buts et les modalités leur échappaient complètement au milieu de militaires ignorants et rudes ou, pire, méprisants (à l'exception du seul Caffarelli), ce qui amènera Vivant Denon à écrire : *« Ce dont je fus encore plus convaincu, c'est que lorsqu'on a des observations à faire ou des dessins à dessiner, il ne faut pas voyager avec des militaires qui, toujours actifs et inquiets, veulent sans cesse partir et arriver, lors même que rien ne les chasserait de l'endroit où ils sont, ni ne les appellerait ailleurs. »*

Il fallait aussi dépasser les querelles intestines nées de la variété des origines, des caractères et des spécialités (on verra ainsi l'économiste Girard empressé de gêner à Thèbes les archéologues Jollois et Villiers du Terrage), mais tous se retrouvaient unis contre Monge, Berthollet et Fourier, évidents favoris du général en chef. La création d'un nouvel institut destiné à assurer *« le progrès et la propagation des Lumières en Égypte, la recherche, l'étude et la publication des faits naturels, industriels et historiques de l'Égypte et enfin de donner son avis sur les différentes questions sur lesquelles il sera consulté »* surprit tout le monde, puisqu'il ne comprenait de fait qu'une quarantaine de membres, excluant ainsi une bonne centaine de « savants » affectés, non sans amertume, à des services secondaires.

Thèbes (Menmonium). Vue perspective intérieure coloriée du Temple de l'ouest.

Antiquités, VOL. II, Pl. 37.
Le Père arch. del. ; Allais sc^{t}.
Paris, Imprimerie Royale, 1809-1828
Eau-forte rehaussée 48 × 37,5 cm
Dimensions de la planche 54 × 72 cm
Bibliothèque publique et universitaire, Genève
N° d'inventaire Fa 711 P 1/2
Photo : François Bertin, Grandvaux

Bien que la citation ci-dessous n'ait pas de rapport direct avec le site représenté ici, il est apparu comme intéressant de relater les difficultés rencontrées par nos « savants » pour réaliser des dessins aussi complexes, parfois dans des conditions extrêmes. Le relevé de ces figures était déjà un défi en soi, mais les conditions pour l'exécuter relevèrent parfois d'un impossible néanmoins réalisé.

« Je descendis par un jour percé au plancher, de largeur à passer le corps, ayant une bougie à la bouche et une mesure à la main, et je me trouvai dans une salle toute remplie de chauves-souris et qui n'avait plus qu'un mètre et demi de hauteur : de là, et par une autre ouverture forcée, je pénétrai dans le second portique ; il était enfoui jusqu'au dessus des chapiteaux. Comme toutes les portes de communication sont bouchées, on ne peut visiter les salles qu'une à une, et en entrant par les différents jours, ainsi que par des trous pratiqués sur la plate-forme, qui a été violée en plusieurs endroits […] Plusieurs de ces belles colonnes sont donc presque ensevelies. Pour en connaître la hauteur et la décoration, il a fallu, autour de l'une d'elles, qui était la moins enfouie, faire une fouille profonde de six à sept mètres. Qu'on se représente ici un voyageur qui se fait descendre dans ce puits, soutenu par une corde, et qui, muni d'un crayon, d'une règle et d'un flambeau, mesure et dessine toutes les parties d'une circonférence de six mètres et demi d'étendue. »[1]

[1] C.L.F. Panckoucke, tome treizième, *Préface historique*, pp. 278-279.

On passa l'été à établir ses marques et à organiser efficacement le travail d'ensemble, d'autant que l'on mit longtemps à se retrouver enfin au Caire et à se dégager des missions administratives générées par la conquête (mais qui ne furent pour autant pas inutiles pour l'étude du pays, comme la restauration des canaux, la construction de fours à pain, de fabriques de bière, de distilleries d'alcool, la levée du plan des principales villes, la cartographie du bassin et du delta du Nil, etc.). Au début de l'hiver, l'Institut pouvait aussi s'enorgueillir d'une ménagerie, d'une volière, d'un jardin botanique, d'une bibliothèque, de laboratoires pour les savants, d'ateliers pour les peintres et les architectes et d'une bibliothèque pour les érudits. Et c'est sans compter les journaux et mémoires publiés à destination de l'opinion française. On pouvait donc travailler, mais beaucoup n'avaient pas attendu pour se mettre vigoureusement en recherche, le zèle et l'optimisme pouvaient triompher.

Dès novembre, il fallut se soumettre aux objectifs militaires. Certaines missions se passèrent bien. Ainsi, Vivant Denon participa avec enthousiasme à la conquête de la Haute-Égypte qui lui permit de découvrir les grands monuments pharaoniques ainsi que les papyrus. Ses travaux furent d'ailleurs bientôt complétés par ceux d'une nouvelle expédition qui suscita d'importants travaux archéologiques, mais aussi économiques. La grande offensive de Syrie fut au contraire bien moins productive en dépit des recherches de cartographie de Jacotin, de zoologie de Savary ou d'ethnologie d'Amédée Jaubert. En effet, la peste ravagea les rangs des savants. Elle attaque le mathématicien Malus, mais elle fait mourir Saint-Simon, l'ingénieur Horace Say et le polytechnicien Bringuier, pendant que Caffarelli meurt de ses blessures et que la dysenterie accable Monge et l'orientaliste Venture.

L'été 1799 ramène tous les savants au Caire, mais leur enthousiasme est tombé, bien que Lancret eût rapporté avec fougue la découverte à Rosette de la fameuse pierre. La tension monte

Arts et Métiers.
1. Le Brodeur au tambour.
2. Le Fabricant de feutres.

État moderne, VOL. II, Pl. XVII.
Conté del[t]; Ingouf J[ne]. sc[t].
Paris, Imprimerie Royale, 1809-1828
Eau-forte 47 × 31,5 cm
Dimensions de la planche 72 × 54 cm
Bibliothèque publique et universitaire, Genève
N° d'inventaire Fa 711 P 2/2
Photo : François Bertin, Grandvaux

La flotte française ayant perdu la plus grande partie de ses navires, beaucoup de matériel disparut à jamais dans la mer, principalement à Aboukir. Les uniformes n'échappent pas à cette règle et Conté, ce qui justifie ses études sur les arts et métiers locaux, fit confectionner, pour équiper la troupe, du drap pour les vêtements et du feutre pour les coiffures. Il dut se contenter des matériaux et des teintures trouvés sur place, ce qui donna à l'armée d'Orient des uniformes hétéroclites et parfois inhabituels. Dans ce contexte, les fabricants de feutre furent fortement mis à contribution pour les bicornes de l'infanterie.

Jomard parle aussi des tapis de selle des mamelouks, qui sont en feutre et dont les couches superposées réduisent considérablement les blessures. Il compare avec le matériel de sellerie français, peu adapté au climat très chaud du désert, d'où une sudation abondante.

Il remarque aussi la qualité des ouvriers qui brodent, au moyen de tambours, « les plus beaux motifs du monde ».

1

2

Conté, del.t *Ingouf J.r Sc.t*

1 LE BRODEUR AU TAMBOUR. 2 LE FABRICANT DE FEUTRES.

entre Bonaparte et Desgenettes à propos de la peste et du siège de Saint-Jean-d'Acre. Le médecin, qui n'a pas la langue dans sa poche, en arrive à reprocher au général en chef de n'être « ici autre chose que membre de l'Institut » et de « vouloir être chef partout ». La tension se généralise : on parle même de « despotisme oriental », « d'adulation mercenaire ». La conjoncture s'aggrave et, finalement, Bonaparte quitte le pays sans avertir ses « collègues » de l'Institut, ce qui ne l'empêche pas, le 23 octobre, de dresser un bilan enthousiaste des travaux de ce dernier devant l'Institut de France. Privilégiés, comme toujours, Costaz, Fourier et bientôt Monge, Berthollet et Vivant Denon l'ont rejoint à Paris, laissant leurs confrères dans une bien fâcheuse situation.

Certes, Kléber, nouveau commandant de l'armée d'Égypte, est un des rares officiers à apprécier les savants. Il crée d'ailleurs une nouvelle commission *« chargée de recueillir tous les renseignements propres à faire bien connaître en Europe l'État moderne de l'Égypte sous les rapports du gouvernement, des lois, des usages civils et du commerce [pour] rassembler les chartes et les inscriptions des monuments, rédiger les mémoires historiques des événements qui se sont passés dans ce pays [...] jusqu'à l'arrivée de l'armée française [...]*[1] » et il presse l'Institut de rassembler à cet effet ses documents et de remplacer les membres qui se sont éloignés pour mieux remplir sa mission. Hélas ! la situation se détériore autant financièrement que moralement et militairement et les réunions s'arrêtent durant l'hiver alors que la Convention d'El Arich, signée le 24 janvier entre les Anglais, les Turcs et les Français, prévoit le rapatriement des premiers. Cette perspective redonne espoir aux savants qui se replient sur Alexandrie dès le 17 mars, mais ils ne peuvent qu'y végéter du fait de l'arrogance des Anglais qui bloquent le port. D'ailleurs, l'assassinat de Kléber, le 14 juin, compromet définitivement le retour prévu.

Le nouveau général en chef, Menou, n'aime guère les savants qu'il a fréquentés à Rosette durant l'automne 1798. Il ne veut

Memphis, Vue des ruines. Prise du sud-est.

Antiquités, VOL. V, Pl. 3.
Dutertre del^t; Delignon sc^t.
Paris, Imprimerie Royale, 1809-1828
Eau-forte 53,3 × 38 cm
Dimensions de la planche 72 × 54 cm
Bibliothèque publique et universitaire, Genève
N° d'inventaire Fa 711 P 1/5
Photo : François Bertin, Grandvaux

Après la reddition des Français, le colonel Turner prend possession des antiquités réunies par les acteurs de l'expédition d'Égypte, dont la fameuse pierre de Rosette. Dix-sept « *objets et sculptures anciennes* » figurent à l'inventaire réalisé par l'officier anglais et contresigné par Joseph Fourier pour les Français. On compte parmi eux le « *poignet d'un colosse de Memphis* », celui-là même qui est reproduit dans l'eau-forte présentée ici.

Nous pouvons voir le soin que nos « savants » mettent à mesurer cette antiquité, que seul le Génie a pu hisser sur un socle indispensable à une grande précision des relevés.

Pages 198-199

Île de Philae. Vue perspective intérieure coloriée. Prise sous le portique du Grand Temple.

Antiquités, VOL. I, Pl. 18.
Le Père arch. de. ; Phelippeaux sc^t.
Paris, Imprimerie Royale, 1809-1828
Eau-forte rehaussée 39 × 55 cm
Dimensions de la planche 54 × 72 cm
Bibliothèque publique et universitaire, Genève
N° d'inventaire Fa 711 P 1/1
Photo : François Bertin, Grandvaux

Pour donner une idée des difficultés rencontrées pour réaliser ces gravures de taille exceptionnelle, rappelons qu'une certaine planche a requis le travail soutenu d'un graveur pendant deux années entières.

[1] De Villiers du Terrage, Édouard.

pas les laisser partir, car ce serait un événement symboliquement catastrophique, mais il les abandonne dès qu'il capitule en septembre 1801. *« Nous avons perdu notre temps et ne pouvions du reste pas faire autrement. »*[1] Faute de mieux, les savants rangent dessins, notes et objets, mais pas question de les céder aux Anglais comme le leur recommande Menou. Et Geoffroy Saint- Hilaire d'apostropher l'amiral britannique :: *« Non, nous n'obéirons pas : votre armée n'entre que dans deux jours dans la place, eh bien ! d'ici là le sacrifice sera consommé. Vous disposerez ensuite de nos personnes comme bon vous semblera. Non, vous dis-je, il ne sera pas dit qu'un pareil sacrifice ait pu s'accomplir. Nous brûlerons nous-mêmes nos richesses. C'est à la célébrité que vous visez. Eh bien ! comptez sur les souvenirs de l'histoire : vous aurez aussi brûlé une bibliothèque dans Alexandrie »*. En fait, les Anglais ne confisquent que les antiquités volumineuses, dont la pierre de Rosette. Cela est un moindre mal, car les savants peuvent ramener leurs collections en France et ainsi commencer la synthèse prévue. D'autant que, dès février 1802, Napoléon demande à l'Imprimerie nationale d'entreprendre la publication du bulletin culturel et scientifique de l'expédition, qui n'est plus maintenant qu'un souvenir.

Un ouvrage remarquable

Ce fut le second trait de génie de Bonaparte de maintenir le projet de synthèse élaboré par Kléber sans s'arrêter aux tristes aspects de la seule défaite militaire, même s'il est difficile de déterminer si c'est le Consul qui poussa le savant Chaptal (devenu ministre de l'Intérieur) à s'occuper de la publication du *Grand Ouvrage sur l'Égypte* ou, à l'inverse, ce dernier qui arracha le consentement du chef de l'État. En tous les cas, on le voit ainsi former une commission de huit membres présidée par Berthollet où l'on retrouva Monge, Fourier, Desgenettes, Girard, Costaz et, bien entendu, l'actif Conté en tant que commissaire (exécutif).

Minéralogie. Déserts voisins de l'Égypte, Bois pétrifiés

Histoire naturelle VOL. II, Pl. 6.
Par M. [François Michel] de Rozières. ; Devisse sct.
Paris, Imprimerie Royale, 1809-1828
Eau-forte coloriée à la poupée 49 × 39 cm
Dimensions de la planche 72 × 54 cm
Bibliothèque publique et universitaire, Genève
N° d'inventaire Fa 711 P 3/2
Photo : François Bertin, Grandvaux

« Nous partîmes dans l'après-midi, et sortant par la porte de Laconbé, nous tournâmes le mont Mokattam, suivant la route que nous traçoit un guide arabe ; nous marchâmes toute la soirée. Avant de nous reposer, nous traversâmes une vallée de sables, au milieu desquels j'aperçus des morceaux de bois pétrifiés, d'une grosseur remarquable. C'étoient des troncs et des parties d'arbres presqu'entiers. Je n'avois jamais rien vu d'aussi surprenant, et la quantité de ces restes étonnants indiquoit facilement que là, autrefois, avait existé une forêt considérable. »[1]

[1] J. Miot, p 242.

[1] De Villiers du Terrage, Édouard.

1

2

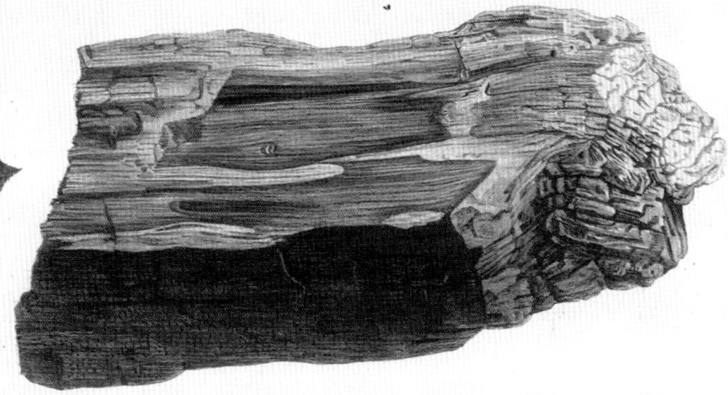

3

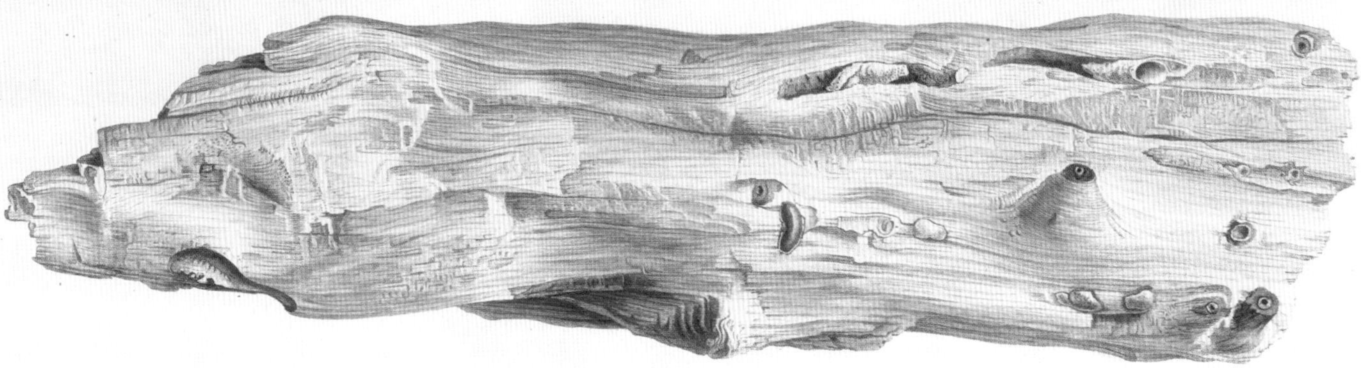

4

Il s'agissait de prévenir de dangereuses initiatives individuelles, telle celle de Vivant Denon qui publiait au même moment le récit de son voyage en Haute-Égypte, et d'éviter la détérioration du zèle de chacun par le temps et les vieillissements. Le gouvernement assurait le local et le secrétariat de la commission (au Louvre puis à l'Institut), ainsi que les frais d'édition de l'ouvrage. Néanmoins, on mit des années à préparer ce dernier : les quarante-trois auteurs (tous issus de la Commission des sciences et arts, mais dix-huit seulement de l'Institut), sollicités par Conté, se montrant souvent hésitants ou accaparés par d'autres travaux. À moins encore qu'ils ne refusent de se retrouver en relation avec des collègues détestés, méprisés ou jalousés (Geoffroy Saint-Hilaire se vit ainsi contesté par Savigny à propos des études et des gravures sur les animaux). Que de prières ! que de marchandages ! (Dutertre avait de grosses exigences financières), que de discussions (car chaque texte devait être approuvé par l'assemblée des auteurs !) que de querelles publiques ou non (ce qui était souvent pire). Le temps passait et le projet piétinait, d'autant que le zélé Conté mourait en 1805 remplacé par Lancret, qui mourut à son tour deux ans après. Et Jomard qui poursuivit la fonction de commissaire, se sacrifiait et perdait du temps à combler les vides laissés par ses collègues. Berthollet et Monge avaient d'autres soucis et ce ne fut pas facile pour la commission d'aller en Angleterre pour étudier les documents, objets et vestiges confisqués par l'ennemi (c'est ainsi que Raffeneau-Delille prend en moulage la fameuse pierre de Rosette). Enfin, il ne fut pas aisé non plus de faire travailler ensemble six imprimeurs et deux cent soixante-dix aquarellistes, graveurs et dessinateurs, même si on avait fait de gros efforts pour la qualité des machines. Conté avait ainsi mis au point une machine particulière pour rendre les effets d'ombre et de lumière en variant automatiquement la pression sur les plaques en fonction de la résistance du métal, tout comme Redouté avait élaboré un seul encrage des plaques avec des bâtonnets de chiffons (les poupées), de sorte que les planches étaient imprimées à partir d'un seul passage sur les presses.

Thèbes (Karnak). Vue et détails des béliers de l'avenue du Grand Temple du Sud

Antiquités, VOL. III, Pl. 56.
Jomard del^{t}; Baltard sc^{t}.
Paris, Imprimerie Royale, 1809-1828
Eau-forte 55,5 × 35 cm
Dimensions de la planche 72 × 54 cm
Bibliothèque publique et universitaire, Genève
N° d'inventaire Fa 711 P 1/3
Photo : François Bertin, Grandvaux

Un grand nombre de pharaons ont voulu agrandir et embellir Karnak en détruisant certaines parties ou en réemployant diverses structures antérieurement construites. Le résultat donne une architecture complexe, avec un édifice se composant de quatre cours, dix pylônes, un lac sacré, etc. Une allée de sphinx à tête de bélier et aux cornes recourbées mène au premier pylône du temple. Les sphinx sont une des formes du dieu solaire Amon-Rê. Entre leurs pattes se trouve une petite figure de Ramsès II, le vainqueur de la célèbre bataille de Qadesh (Syrie) en 1274 av. J.-C. C'est lui qui fera aménager le dromos de sphinx criocéphales qui conduit au quai débarcadère, endroit où Séthi II fera élever deux obélisques et un temple reposoir destiné aux trois barques de la triade thébaine.

« Quand on sort de Karnak, par le sud, on suit une avenue de sphinx à têtes de bélier et à corps de lion, et l'on passe sous une magnifique porte isolée de tous côtés dont la conservation est parfaite. En face se trouve encore un temple et à droite deux autres longues lignes de sphinx à têtes de femmes qui retombent dans l'avenue de sphinx qui conduit à Luxor. »[1]

[1] De Villiers du Terrage, Édouard, p. 172.

Balzac del.

3

Jomard del.

2

Balzac del.

1

Jomard del. Ech. des fig. 3. 4. 3 Pieds. Ech. des fig. 3. 4. 10 Décimètres. Baltard sc.

VUE ET DÉTAILS DES BÉLIERS DE L'AVENUE DU GRAND TEMPLE DU SUD.

Oiseaux. 1. Aigle criard (jeune).
2. Élanoïde blanc.

Histoire naturelle, VOL. I (Zoologie), Pl. 2.
Par Jules-César Savigny
Barraband del[t]; Bouquet sc[t].
Paris, Imprimerie Royale, 1809-1828
Eau-forte coloriée à la poupée 37 × 50 cm
Dimensions de la planche 72 × 54 cm
Bibliothèque publique et universitaire, Genève
N° d'inventaire Fa 711 P 3/1
Photo : François Bertin, Grandvaux

« Les jeunes, âgés d'un an et de deux ans, ont tous le plumage brun glacé de noir, avec de nombreuses taches ovales, d'un blanc grisâtre le bout des couvertures des ailes ; celles du dessous de la queue, ainsi que les rémiges secondaires, sont terminées de cette même couleur : ces taches sont d'autant plus nombreuses que les individus sont plus jeunes.

Cette espèce se trouve communément en Égypte, en Arabie, en Perse, en Barbarie, et sur les hautes montagnes du midi de l'Europe ; elle est moins abondante vers le nord.

Les lièvres, les lapins, les mulots, les pigeons et les canards sont sa proie ordinaire, mais de préférence ces derniers ; en été, elle vit aussi d'insectes.

Elle niche sur les arbres ; sa ponte est de deux œufs blancs marqués de raies rougeâtres.

De tous les aigles proprement dits, c'est le plus faible et le moins courageux ; c'est aussi celui qui s'apprivoise avec le plus de facilité. On s'en servait autrefois en fauconnerie ; mais il était peu estimé par la raison qu'un épervier pouvait le vaincre. »[1]

[1] C.L.F. Panckoucke, Tome vingt-troisième, *Histoire naturelle*, pp. 318-318.

Ce n'est donc qu'en 1809 que le premier volume parut (en fait, entièrement occupé par la préface de Fourier). Les autres, huit volumes in-folio de textes et onze de planches, suivirent, bien sûr, mais la conjoncture devenait défavorable avec les défaites et les crises en tout genre des dernières années du régime impérial, de sorte qu'il fallut continuer sous le nouveau régime royaliste, naturellement réticent pour commémorer à la fois une entreprise qu'il n'avait pas organisée, et un souverain déchu. Il fallut compter sur la bonne volonté intellectuelle des ministres qui, pour être réelle, n'en fut pas moins étirée dans le temps puisque l'édition se trouva terminée en 1823 seulement.

D'ailleurs, l'éditeur Pancoucke, qui ne manquait ni d'audace ni d'idées, avait entrepris une nouvelle édition plus maniable et plus économique aussi bien au niveau des textes que des gravures. Finalement, c'est cette dernière (vingt-six volumes de textes et onze volumes in-folio de planches en noir et blanc) qui, plus largement répandue (ayant coûté trois fois moins cher que la précédente pour un même tirage d'un millier d'exemplaires), contribua largement au progrès du goût pour l'Égypte et l'archéologie, même si l'on ne pouvait que déplorer le ridicule qui avait fait disparaître dans la préface toute référence à Napoléon et tous les signes impériaux au détriment de la louange envers Louis XVIII.

L'éditeur Denain tenta une nouvelle édition abrégée avec *une Histoire scientifique et militaire de l'expédition française en Égypte* publiée de 1830 à 1836 en dix volumes de textes, deux volumes d'atlas et un volume de portraits, édition dédiée à Louis-Philippe.

Pages 208-209

Environs du Kaire. Vue de la prise d'eau du canal du Caire et de la fête qu'on célèbre annuellement à l'ouverture de la digue.

État moderne, VOL. I, Pl. 19.
Dutertre del[t]; Couché père sc[t].
Paris, Imprimerie Royale, 1809-1828
Eau-forte 33,5 × 55 cm
avec les marges 54 × 72 cm
Bibliothèque publique et universitaire, Genève
N° d'inventaire Fa 711 P 2
Photo : François Bertin, Grandvaux

Nous avons pu voir dans la figure précédente que l'irrigation est complexe et rude dans un pays où la quasi-totalité de l'eau est concentrée dans un unique fleuve, à l'exception de quelques oasis et puits dispersés. Aussi, les grandes crues du Nil sont-elles accueillies comme une bénédiction. Dans l'Antiquité, les pharaons eux-mêmes ne lésinaient pas sur les offrandes offertes aux dieux dispensateurs des crues. Nous pouvons voir, à Éléphantine, la qualité du temple dédié par Aménophis III au dieu Khnoum, seigneur de la première cataracte (pages 223 et 225).

Le Kaire. Vue intérieure de la maison d'Osmàn Bey.

État moderne, VOL. I, Pl. 50.
Balzac del[t]; Baltard et Texier sc[t].
Paris, Imprimerie Royale, 1809-1828
Eau-forte 36 × 55 cm
avec les marges 54 × 72 cm
Bibliothèque publique et universitaire, Genève
No, d'inventaire Fa 711 P 2/1
Photo: François Bertin, Grandvaux

Il n'est pas rare de voir, dans les planches gravées pour la *Description*, des portraits de cheiks, de mamelouks, bref, de représentations de l'ennemi, Nous reproduirons le portrait de Mourad Bey (page 232), l'un des plus irréductibles adversaires des Français, mais il existe des représentations de Seyd Moustafä Pacha, blessé à la bataille d'Aboukir, et d'autres encore. Ici on a choisi de représenter la magnifique demeure d'un bey proche de Mourad.

« *Ainsi il faut dans ce moment contenir Mourad-Bey, qui est sur la lisière de la province de Gyzeh, Osman Bey, etc., et pourvoir au débarquement ; vous voyez qu'il est nécessaire de prendre des mesures promptes et essentielles.*)[1]

[1] Extrait d'une lettre de Bonaparte intitulée : « Ordres pour l'éventualité d'un mouvement de la Haute-Égypte vers Le Caire », signée au quartier général du Caire le 27 messidor an VII (15 juillet 1799).

Pages 210-211

Edfou (Apollinopolis Magna). Vue du grand temple.

Atlas de format in-folio atlantique, Pl. 49.
Dutertre del[t]; Dutertre et Beaugean sc[t].
Paris, Imprimerie Royale, 1809-1828
Eau-forte 44 × 75 cm
Dimensions de la planche 70 × 109 cm
Bibliothèque publique et universitaire, Genève
N° d'inventaire Fa 711/3-h gp
Photo: François Bertin, Grandvaux

« J'ai dit que le grand temple est placé vers le nord-ouest du village. L'entrée en est masquée par une multitude de maisons de fellâh, ainsi que par des amas de poussière qui s'élèvent jusqu'au niveau supérieur du mur d'enceinte, c'est-à-dire jusqu'au tiers de la hauteur de la façade : ces décombres cachent de grandes figures colossales jusqu'à la tête, et l'on voit sortir de terre d'immenses coiffures qui leur appartiennent. La porte elle-même est fermée par de grands ais mal unis. On ne peut donc de ce côté pénétrer dans l'édifice ; c'est par le côté du levant qu'on s'y introduit, en montant une rampe douce qui est formée par les décombres, et qui arrive au niveau de la partie supérieure du mur d'enceinte : on en descend de même par une pareille pente qui arrive à l'angle du portique.

Ainsi le temple est environné, au levant et au midi, par les constructions modernes ; au couchant et au nord, par les ruines de l'ancienne ville : ce qui forme autour de lui comme un cadre brunâtre qui le fait ressortir en lumière. C'est de la même manière que l'on voit presque tous les monuments égyptiens se détacher des masses qui les environnent [...] Les plus grosses colonnes ont plus de deux mètres à la base, et, de hauteur sous les soffites, près de treize mètres. Le chapiteau a plus de douze mètres de circonférence [...] L'encombrement, qui est, pour ainsi dire, total dans l'intérieur du temple, est peu considérable dans la cour qui le précède ; le sol des colonnades et le tour du temple sont également peu enfouis ; on voit même encore l'ancien sol derrière l'enceinte, et le socle peu élevé sur lequel reposait la muraille : ainsi, à l'intérieur, l'œil aperçoit encore presque entièrement la hauteur de la grande porte d'entrée, aussi bien que tout l'ensemble de ces deux masses pyramidales et de ce péristyle de trente-deux colonnes qui forment la plus magnifique perspective. Pour jouir de ce spectacle tel qu'on l'a figuré dans l'atlas, il suffirait de faire disparaître quelques masures en briques, bâtie dans les entre-collonnements, et où les habitants s'entassent avec leurs troupeaux. L'état actuel des choses donne même, en quelque sorte, un plus grand effet à ce tableau, par l'inconcevable opposition de ces étables poudreuses avec des colonnes richement sculptées, de ces briques noires et mesquines avec les énormes pierres qui composent les entablements, et aussi par le contraste des sensations qui agitent l'âme des voyageurs. »[1]

[1] C.L.F. Panckoucke, Tome treizième, *Préface historique*, pp. 273-275.

Oiseaux. Le Vautour brun

Histoire naturelle, VOL. I (Zoologie), Pl. 11.
Par Jules-César Savigny; Bouquet sc[t].
Paris, Imprimerie Royale, 1809-1828
Eau-forte coloriée à la poupée 50,5 × 36 cm
Dimensions de la planche 72 × 54 cm
Bibliothèque publique et universitaire, Genève
N° d'inventaire Fa 711 P 3/1
Photo: François Bertin, Grandvaux

Les participants à l'expédition d'Égypte, savants autant que soldats, eurent certainement de nombreuses occasions de voir et de dessiner à souhait ces oiseaux nécrophages du désert, particulièrement sur les champs de bataille.

Pyramides de Memphis. Vue générale des Pyramides et du Sphinx, prise au soleil couchant.

Atlas de format in-folio atlantique, Pl. 8.
Balzac del^{t} ; Baltard sc^{t}.
Paris, Imprimerie Royale, 1809-1828
Eau-forte 42 × 87 cm
Dimensions de la planche 87 × 109 cm
Bibliothèque publique et universitaire, Genève
N° d'inventaire Fa 711/3-h gp
Photo : François Bertin, Grandvaux

« Si les Égyptiens, en construisant les pyramides, ont voulu leur donner une longue durée, on conviendra qu'il était difficile de mieux approcher du but qu'ils se sont proposé d'atteindre. Que l'on considère la grande pyramide bâtie sur un rocher élevé de près de 32 mètres au-dessus des plus grandes eaux du Nil, sur un solide dont nous n'avons pas trouvé la base à 64 mètres de profondeur, dans un désert privé de toute espèce de végétation, qui reçoit, chaque année, pendant quelques heures seulement, sur une plaine aride et sous un ciel toujours pur, une pluie bientôt évaporée par la chaleur constante du climat ; que l'on songe à la température, qui ne varie que par une plus ou moins grande élévation, mais sans aucun de ces passages successifs de l'état aqueux à celui de glace, qui sont dans les climats tempérés une des plus grandes causes de destruction ; enfin, que l'on réfléchisse au volume du monument, qui a environ 2662628 m^3, à sa construction soignée, à sa forme pyramidale, qui ne permet aucun affaissement, aucun

écart, on aura une idée des causes qui, suivant l'expression de M. Denon dans son Voyage en Égypte*, semble faire rivaliser les pyramides avec la nature en immensité ainsi qu'en durée.* »[1]

Nous ne manquerons pas de relever le travail démesuré qu'il faut réaliser pour creuser à 64 mètres de profondeur, qui plus est dans un matériau friable, pour tenter de trouver des fondations. Certains auteurs se sont plu à relever le découragement des savants, mais je dirai, au contraire, que leur foi en leur mission était exemplaire et éminemment productive.

---

[1]C.L.F. Panckoucke, Tome neuvième, *Antiquités*, p. 281.

Les textes

En apparence, l'ordre règne avec trois grandes sections: «l'archéologie et la description des monuments anciens» (partie la plus importante), «l'histoire naturelle» et enfin «l'État moderne». Mais, partout règne un aimable fouillis on l'on mêle à loisir les chapitres, les mémoires, les parties et même les sujets, de sorte qu'il est parfois difficile de distinguer les éventuelles différences de rédaction ou d'inspiration.

Il est vrai qu'il était difficile d'ordonner et de coordonner quarante-cinq personnes qui ont rédigé en tout plus de 7000 pages en 126 titres différents (mais en fait près de 150), le record étant détenu par Jomard, auteur de vingt-six mémoires, suivi de loin par Rozière qui en rédigea douze, tout comme Savigny, Ardouin, Jollois et ses collaborateurs. Une évidence s'impose: les grands noms de l'Institut d'Égypte ne sont pas légion dans la *Description* aucune trace de Berthollet, de Monge, Vivant Denon n'ayant fourni que le frontispice du premier volume. Seulement six articles sont de Geoffroy Saint-Hilaire et Fourier n'en écrit qu'un à côté de sa préface. Ces absences rendent encore plus prestigieuses les prestations de tous ces chercheurs «secondaires» qui connurent souvent de bonnes carrières mais qui, pour la plupart, ne se sont pas imposés dans la grande histoire des sciences, des techniques ou des idées. La plupart s'intéressent à l'archéologie sans pourtant avoir reçu une formation initiale spécialisée et

Aménophis III (1391 - 1353 avant J.-C.)

Autre nom, celui de fils de Rê: «Aménotep, prince de Thèbes» ou encore, comme roi de Haute-et Basse-Égypte: «Nebmaâtrê».
Fils de Thoutmôsis IV et de la reine Moutemouia, il est le neuvième pharaon de la XVIIIe dynastie; il règne pendant près de quarante années sous le nom de Nebmaâtrê, «Rê est le Possesseur de Maât». Il épouse Tiyi, roturière originaire d'Akhmîm, en Moyenne-Égypte. Femme de caractère, elle participe étroitement à la conduite des affaires. Le règne d'Aménophis III marque un des apogées de la civilisation égyptienne. L'Égypte devient un pays cosmopolite, ouvert non seulement aux modes, mais aussi aux idées venues de l'étranger. Le règne d'Aménophis III, en ouvrant encore plus le pays aux influences orientales, atteint un degré de raffinement qui restera inégalé.

Pages 218-219

Edfou (Apollinopolis Magna). Vue de l'intérieur du portique du grand temple.

Antiquités, VOL. I, Pl. 55.
Cécile del^t; Desmaisons Aq. fort; Lorieux sc^t.
Paris, Imprimerie Royale, 1809-1828
Eau-forte 24 × 40,5 cm
Grandeur de la planche 54 × 72 cm
Bibliothèque publique et universitaire, Genève
N° d'inventaire Fa 711 P 1/1
Photo: François Bertin, Grandvaux

«*[...] les révolutions locales dans les déserts sont très fréquentes, comme on le sait, et tel objet, découvert aujourd'hui, sera englouti sous les sables dans quelque temps, tandis que tel autre, enfoncé profondément, revient par une cause très simple et commune en Égypte, à la superficie du sol. Au moindre vent les collines délogent pour ainsi dire, et le sable léger à la surface de la terre ou lancé dans les airs, va combler les vallées ou s'amonceler au premier obstacle qu'il rencontre. C'est par ce mouvement continuel du sol que le désert empiète incessamment. [...]*»[1]

Nous savons que le temple d'Edfou est remarquablement conservé en raison de son ensablement jusqu'au début du XXe siècle. Certains sites sont actuellement protégés par des murs antiensablement.

[1] J. Miot, p. 242-243.

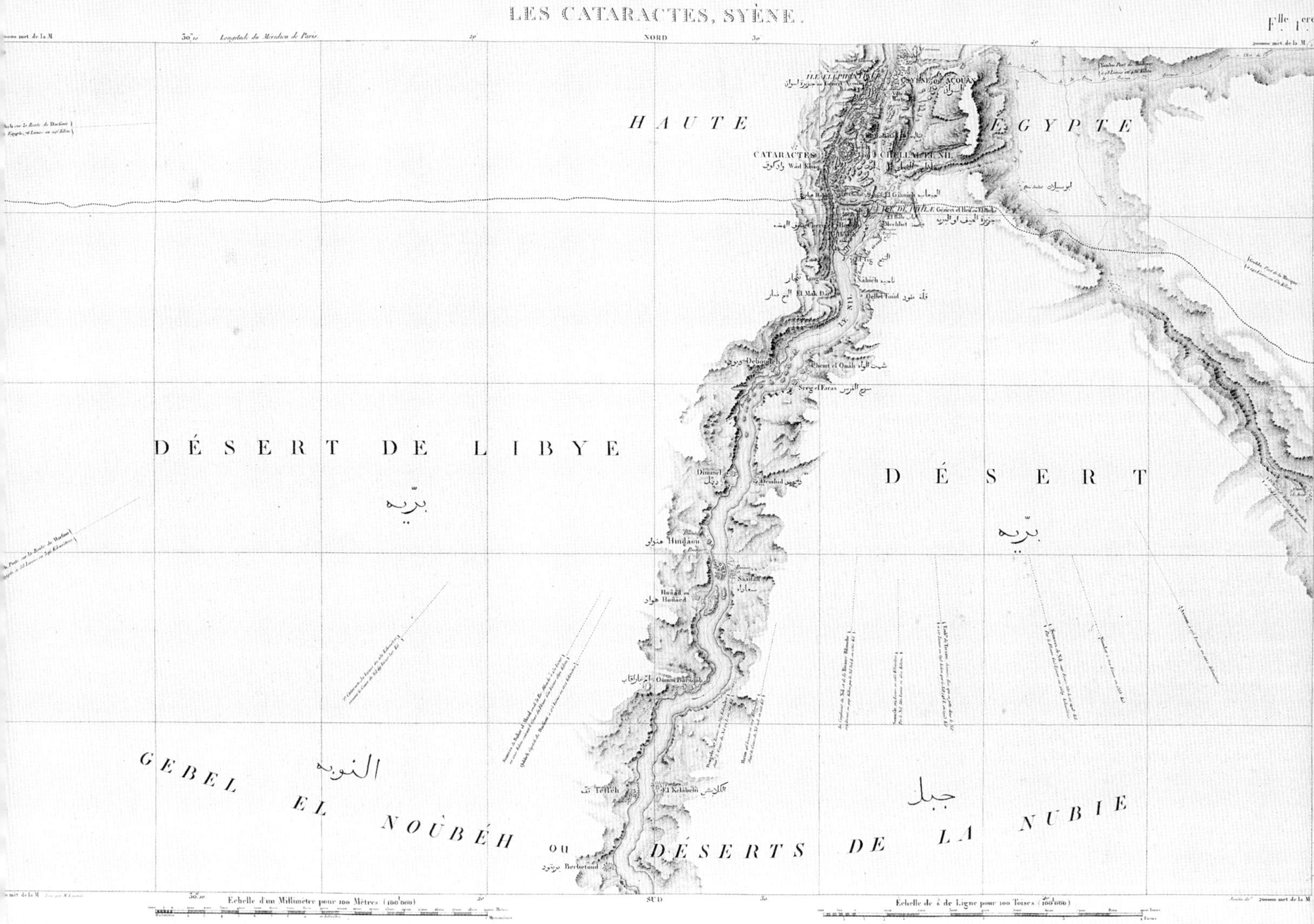

Syène. Les cataractes.

Volume des cartes topographiques de l'Égypte.
Levé par M.Legentil ; Jacotin dir[t].
Paris, Imprimerie Royale, 1809-1828
Eau-forte 50 × 89 cm
Dimensions de la planche 69 × 107 cm
Bibliothèque publique et universitaire, Genève
N° d'inventaire Fa 711/3-h gp
Photo : François Bertin, Grandvaux

Bonaparte avait fait de l'élaboration d'une carte de l'Égypte l'une des tâches prioritaires des savants, réclamant de l'Institut la « *fondation d'un observatoire* ». La réalisation du grand volume de cartes nous conforte dans l'idée que ses désirs furent des ordres, et, de plus, parfaitement exécutés. Réalisée en 47 feuillets, la grande carte de l'Égypte avait pour objectif premier de donner à l'armée un moyen de se diriger dans un univers totalement inconnu. En effet, lors de leur débarquement à Alexandrie, les membres de l'armée d'Orient, soldats, savants et officiers confondus, n'avaient rien pour se diriger, si ce n'est la lacunaire carte de Jean-Baptiste Bourguignon d'Anville[1]. Le travail de cartographie va donc pénétrer dans le pays en même temps que l'armée, comme le feront les relevés des monuments.

« *Le voisinage du tropique, et la mesure de la Terre attribuée à Ératosthène, ont donné à Syène une telle célébrité, que personne n'ignore le nom ni la position de cette ville. Ceux qui ont le moins de notions sur l'Égypte ont entendu parler du puits de Syène, qui, le jour du solstice d'été, à midi, était éclairé en entier par la lumière du soleil. [Syène] était pour les géographes un des points les plus importants du globe : il a servi à Ératosthène, Hipparque, à Strabon et à Ptolémée, de point de départ pour déterminer la position des lieux de la Terre. C'était, dans l'Antiquité, la seule ville placée sous cette ligne qui sépare la zone torride de celle que nous habitons, et qui ne traversait sur le globe aucun autre site remarquable que les embouchures de l'Indus et du Gange.* »

[1] Jean-Baptiste Bourguignon d'Anville est né à Paris en 1697. Dès son jeune âge, il manifesta un goût particulier pour la géographie, employant son temps à dessiner des cartes d'après les descriptions données par les auteurs anciens. Il est l'auteur de 211 cartes ou plans et de 78 ouvrages ou mémoires imprimés : méthodologie des levés pour l'élaboration de cartes de détail ; travaux de géographie « historique » et sur les mesures anciennes ; géographie des grands empires anciens et contemporains (Égypte, Empire romain, Inde, Russie, Empire ottoman).

dans l'ensemble toute cette réalisation gigantesque est l'œuvre d'ingénieurs des Mines ou des Ponts et Chaussées reconvertis dans l'histoire et la géographie. On a dit que l'égyptologie était née avec l'expédition de Bonaparte mais, en fait, il s'agit autant des recherches que des chercheurs eux-mêmes.

Rien n'échappe à nos savants : les volumes d'archéologie présentent d'abord des descriptions de la plupart des grands sites du pays (en tout une quarantaine), mais on n'hésite pas devant des études plus générales, comme celles des hypogées, des tombeaux, des instruments de musique, les différentes activités économiques des anciens Égyptiens, les méthodes d'embaumement et les mesures utilisées. Et même si on n'ose pas trop se lancer dans l'histoire chronologique de l'Antiquité, on n'en multiplie pas moins les comparaisons entre les Égyptiens et leurs voisins hébreux ou babyloniens, mais aussi avec les Grecs et les Romains. Bien sûr, on ne parvient pas à déchiffrer les hiéroglyphes, mais cela n'empêche pas, au contraire, d'en parler. À la toute fin des études sur l'Antiquité, Jomard présente ses *Remarques sur les signes numériques des anciens Égyptiens accompagnées d'un tableau méthodique des hiéroglyphes*. C'est d'ailleurs la lecture de la *Description de l'Égypte* qui va révéler le problème à Champollion. L'histoire n'a retenu que ce dernier, sans référence à un ouvrage systématique qui n'eut que le tort d'arriver trop tôt. Par bonheur, cet oubli est maintenant réparé.

La présentation de l'État moderne de l'Égypte s'intéresse relativement peu à l'histoire contemporaine du pays. Cependant, la topographie, la présentation d'Alexandrie, du Caire, de Rosette, l'économie, l'ancienne administration des mamelouks, la description du Nil, de ses bras et des canaux adjacents, les monnaies, les maladies, la nécrologie, l'art musical, la description des tribus arabes des déserts d'Égypte comme du Sinaï et de la Palestine, rien n'échappe à nos savants enquêteurs. Mais, si

[Palmier de la Thébaïde appelé Doum] [Détail de la feuille et de la grappe] – s.d.

Aquarelle sur papier 52,5 × 42,6 cm
Sous le dessin, à gauche :
« *Peint en Égypte par H. J. Redouté* »
En haut à gauche : « *N° 24* »
[A été reproduit dans la *Description de l'Égypte, Histoire naturelle* vol. 2B, Pl.2]
Bibliothèque centrale du Musée national d'Histoire naturelle, Paris – 2004
Sans N° d'inventaire

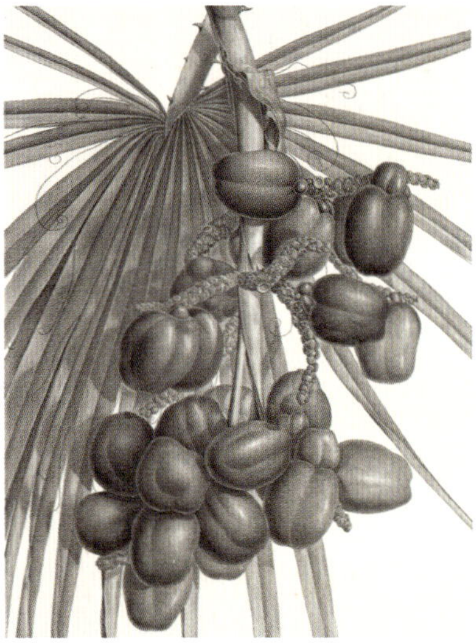

Le Palmier Doum (Cucifera Thebaïca). Détail de la feuille et de la grappe.

Histoire naturelle, VOL. II (Botanique), Pl. 2.
Par Alire Raffenaud-Delile ;
Dessiné par H, J, Redouté
[H. J. Redouté del[t]] ; Allais sculp[t]
Paris, Imprimerie Royale, 1809-1828
Eau-forte 51 × 37 cm
Dimensions de la planche 72 × 54 cm
Bibliothèque publique et universitaire, Genève
N° d'inventaire Fa 711 P 3/2
Photo : François Bertin, Grandvaux

Au vu de l'original réalisé par Redouté, on peut regretter que l'arbitraire des choix nous prive d'avoir les plus belles planches de la botanique rehaussées par la couleur. En effet, la commission a décidé de ne colorier qu'une seule planche sur les 67 présentées.

Larrey établit une *Notice sur la conformation physique des Égyptiens* », seul Chabrol tente un *essai sur les mœurs des habitants modernes de l'Égypte* et, finalement, on s'intéresse bien plutôt à l'étude des progrès matériels envisageables comme « l'art de faire éclore les poulets » (Rozière et Rouyer), la fabrication du sel ammoniac, les machines à arroser ou la préparation des peaux. La science est un aspect du nouvel impérialisme, qui se justifie par l'introduction des techniques européennes dans un pays pauvre, mais prometteur. Bonaparte se veut ainsi non seulement un brillant général, ou un intellectuel zélé, mais un vrai despote éclairé, soucieux de l'enrichissement de ses domaines et de ses sujets.

L'Histoire naturelle mêle la géologie (œuvre surtout de Rozière, mais Regnault analyse aussi le limon du Nil) à la botanique (œuvre de Delile qui révèle en particulier le « palmier doum »). Mais la zoologie l'emporte, domaine de Savigny et de Geoffroy Saint-Hilaire qui se concurrencent sans cesser de se compléter. Le premier s'attache aux ascidies, aux mollusques, aux reptiles, aux oiseaux, aux annélides alors que Saint-Hilaire se spécialise sur les poissons. Néanmoins, ils ne peuvent s'empêcher de présenter des études parallèles et concurrentes sur les reptiles et les mammifères.

Finalement, tout ou presque est présenté sur l'Égypte, de sorte que, depuis la publication de la *Description de l'Égypte*, rien ne peut s'écrire sur le pays sans faire référence aux études des savants de l'expédition. Jamais aucun pays n'avait été présenté avec une telle gamme de recherches et l'on ne sait ce qu'il faut admirer le plus : l'étendue des domaines explorés ou la rapidité des recherches. Tout n'était pas de qualité, bien sûr, mais la victoire scientifique de l'expédition est encore plus évidente que sa défaite militaire.

Île d'Éléphantine et Syène.
1. Vue perspective du Temple du Sud à Éléphantine
2. 3. Temple du Nord
4. Vue de l'île et des environs
5. 6. 7. 8. Plan, élévation et chapiteaux d'un temple à Syène 9. Plan d'un édifice ruiné à Syène

Antiquités, VOL. I, Pl. 38.
1. Jomard del. ; Leisnier sc.
2. J. et D. ; Leisnier sc. 3 Jol. et Dev. del.
4. Jollois et Devilliers del. ; Baltard sc.
5. J. et D. 6. Jol. et Dev. del.
7. et 8 J. et D.
Paris, Imprimerie Royale, 1809-1828
Eau-forte 47,5 × 41 cm
Grandeur de la planche 72 × 54 cm
Bibliothèque publique et universitaire, Genève
N° d'inventaire Fa 711 P 1/1
Photo : François Bertin, Grandvaux

La *Description de l'Égypte* est, pour les égyptologues, la mémoire d'un patrimoine disparu par érosion, destructions naturelle et volontaire, voire par vandalisme.

Un des exemples les plus éclatants est celui du temple dédié au dieu Khnoum et à la déesse Satis, situé dans l'île d'Éléphantine. Il ne reste plus dans cette île que quelques fragments des bas-reliefs d'Aménophis III, le temple périptère ayant été détruit dès le début du XIXe siècle. Encore intact durant la campagne d'Égypte, il avait été représenté par quatre planches dans la *Description de l'Égypte*. Les deux plus intéressantes sont reproduites ici.

6

9

3

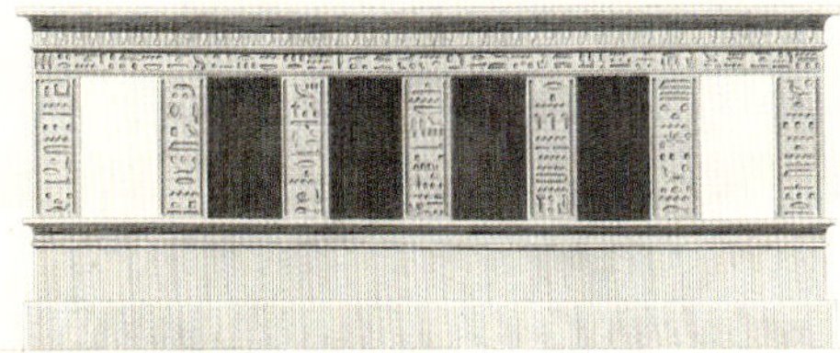

Ech. des fig. 3. 6.

7

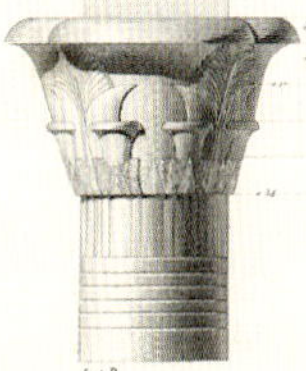

Ech. des fig. 7. 8.

4

8

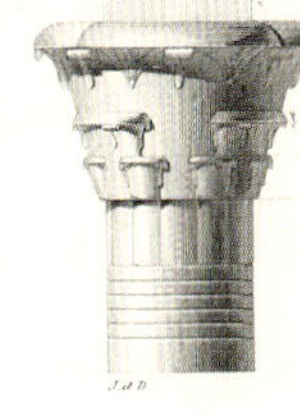

Ech. des fig. 8.

5

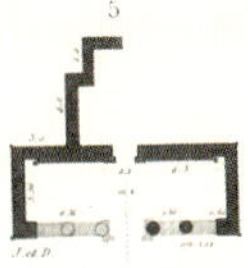

Ech. des fig. 2. 5. 9.

2

Ech. des fig. 2. 5. 9.

1

1 VUE PERSPECTIVE DU TEMPLE DU SUD A ÉLÉPHANTINE. 2.3 TEMPLE DU NORD. 4 VUE DE L'ÎLE ET DES ENVIRONS

5.6.7.8 PLAN, ÉLÉVATION ET CHAPITEAUX D'UN TEMPLE A SYENE. 9 PLAN D'UN ÉDIFICE RUINÉ A SYENE.

Île d'Éléphantine, bas-reliefs du Temple du Sud

Antiquités, VOL. I, Pl. 37.
Clcile, Chabrol et
Redouté del[t].; Prot sculp[t].
Paris, imprimerie Royale, 1809-1828
Eau-forte 44 × 38 cm
Grandeur de la planche 72 × 54 cm
Bibliothèque publique et universitaire, Genève
N° d'inventaire Fa 711 P 1/1
Photo: François Bertin, Grandvaux/

Comme c'est souvent le cas dans l'ornementation des temples (lieux dédiés aux divinités multiples des Égyptiens), le roi, ou pharaon, est représenté apportant des offrandes. Généralement, ces temples représentent le pharaon qui les a fait construire et ils sont autant dédiés au roi lui-même qu'aux dieux.

Détails du haut, de gauche à droite

- Wadjet, mère du cobra, lui-même protecteur de la Basse-Égypte.
- Khnoum (représenté sous forme humaine à tête de bélier et coiffé de cornes horizontales). Seigneur de la première cataracte, Khnoum contrôlait la crue du Nil en ouvrant, à Éléphantine, la caverne de Hapy dans laquelle se trouvait l'Inondation. Il joue là un rôle majeur dans le quotidien des Égyptiens, préservant le peuple de la famine
- Aménophis III recevant d'Ankhet un collier Menat.
- Ankhet ou Anoukhet (reconnaissable à sa coiffure typiquement nubienne aux plumes d'autruche). Elle est la « dame des pays du Sud » – la Nubie et le Soudan – et assure le retrait des eaux du Nil au bon moment.
- Aménophis III donne en offrande une gerbe de blé à Ankhet. Il assure ainsi la fécondité du sol égyptien par l'intermédiaire des vertus fertilisantes d'Ankhet. Rappelons que Pharaon est le représentant des dieux sur terre et, à ce titre, responsable de la fertilité de l'Égypte. La présentation des épis figure à une place de choix, conformément à son importance dans la production alimentaire.
- Ankhet ou Anoukhet. Fille et épouse de Khnoum, elle forme avec sa sœur, Satet, la triade d'Éléphantine.
- Aménophis III
- Khnoum
- Satet (elle est représentée comme une femme portant la couronne blanche de Haute-Égypte ornée de deux cornes d'antilopes, symboles de Nubie.
- Tatenen, forme divine représentant la terre primordiale et ce qu'elle produit. Tatenen est figuré comme un homme coiffé de la couronne Tjéni. Il est le fils de Khnoum.
- Menu, ou Min, dieu de la fertilité et des moissons et dont les attributs se devaient d'être le phallus et le fléau.

Détails du bas, à gauche

- Tiyi, épouse d'Aménophis III
- Aménophis III, coiffé de la couronne bleue ou *khepresh*: appelée quelquefois « casque de guerre », c'est plutôt une coiffure évoquant la renaissance qu'implique le couronnement et son thème du triomphe nécessaire au roi.
- Entre le groupe des époux royaux et celui des divinités, se trouve la barque processionnelle d'Amon-Rê, appelée aussi *Ouser-Hat*.

Détails du bas, à droite

- Satet (épouse de Khnoum)
- Aménophis III
- Khnoum, qui se prépare à enlacer le roi.

ÎLE D'ÉLÉPHANTINE.

1

Cécile del.t

2

Cécile, Chabrol et Redouté del.t

Prot sculp.t

BAS-RELIEFS DU TEMPLE DU SUD.

4 Pieds

10 Décimètres

Thèbes (Memnonium). Vue des deux colosses.

Antiquités, VOL. II, Pl. 20.
Dutertre delᵗ; Baltard scᵗ.
Paris, Imprimerie Royale, 1809-1828
Eau-forte 40 × 55 cm
Dimensions de la planche 54 × 72 cm
Bibliothèque publique et universitaire, Genève
N° d'inventaire Fa 711 P 1/2
Photo : François Bertin, Grandvaux

Sous le règne d'Aménophis III sont édifiés, entre autres, Louxor, Karnak et les colosses de Memnon. D'une hauteur originelle de 21 mètres, ces derniers représentent tous deux le pharaon assis sur un trône, des deux côtés duquel se tiennent sa mère Moutemouia et son épouse Tiyi. Taillés chacun dans un seul bloc de quartzite rouge, ils flanquaient jadis l'entrée du temple funéraire d'Aménophis et furent endommagés par un tremblement de terre.

Les gravures

Avec près d'un millier de planches gravées sur cuivre, soit des milliers d'illustrations, de cartes, de documents, la *Description de l'Égypte* mérite à juste titre une célébrité à nulle autre pareille.

Beaucoup de dessins avaient été pris dans de mauvaises conditions (ainsi, Vivant Denon rapporte *« avoir dessiné sur mon genou et même à cheval, n'ayant jamais pu en terminer un [croquis] à ma volonté »* et Jollois en était arrivé, à Thèbes, à manquer de crayons alors que d'autres n'avaient pas assez de papier. Il fallut donc les reprendre avec soin. On alla même jusqu'à solliciter les collections de la Société des antiquaires de Londres. Il est difficile de distinguer les auteurs primitifs des correcteurs. Néanmoins, quand des noms sont livrés, on s'aperçoit de l'omniprésence de certains noms, souvent les mêmes que ceux des rédacteurs : Balzac, Cécile Chabrol, Devilliers, Jollois, Jomard, Le Père et, pour les sciences naturelles, Geoffroy Saint-Hilaire, Savigny, Redouté ou Raffeneau-Delille.

Henri-Joseph Redouté (1766 - 1852) Peintre
Reproduction du portrait réalisé d'après nature en Égypte par André Dutertre
Photo : Alain Pigeard, Dijon

Bien entendu, l'archéologie et les sites antiques ont la faveur des dessinateurs. Chaque temple a sa vue générale, son plan, sa coupe et évidemment des représentations de bas-reliefs, de peintures (ce qui permet souvent de les représenter perdus dans l'espace entre le ciel et le désert dont on prend grand soin à représenter les effets et les nuances). Mais on n'hésite pas sur les détails d'architecture ni sur les tableaux d'ensemble (les momies, les détails d'une tunique, de différentes formes de vases, de meubles, de chars, etc.). C'est sans compter les représentations de papyrus, de hiéroglyphes, ce qui est d'autant plus méritoire que l'on ne comprenait pas leur sens, ce qui provoque d'ailleurs des erreurs. Elles sont souvent involontaires, mais parfois volontaires puisque, pour remplir des vides, on n'hésita pas à rajouter des signes extérieurs. Une trentaine de planches de médailles et d'antiques livrent une foule de petits documents (amulettes, petites figures, lampes, vases, bustes de bronze, de

Le palmier Doum (Cucifera Thebaïca). 1. Vue du palmier de Thébaïde appelé Doum. 2. 3. 4. 5. 6. Détail de fructification.

Histoire naturelle, VOL. II (Botanique),
Pl. 1. Par Alire Raffenaud-Delile ;
Dessiné par H, J, Redouté
1. H. J. Redouté d el^{t}; Duhamel sc^{t}.
2. 3. 4. 5. 6. Gabriel sc^{t}.
Paris, Imprimerie Royale, 1809-1828
Eau-forte 39,5 × 55,5 cm
Dimensions de la planche 52 × 72 cm
Bibliothèque publique et universitaire, Genève
N° d'inventaire Fa 711 P 3/2
Photo : François Bertin, Grandvaux

Nous connaissons le visage de Redouté par le portrait qu'en a fait Dutertre, nous connaissons l'un des originaux, fait par Redouté au pied du palmier, le palmier lui-même, et le paysage environnant par la présente gravure. Point n'est donc besoin d'avoir une imagination fertile pour composer une scène où l'artiste est assis et dessine sur le tronc visible au bas du dessin.

granit, de pierre), collections bien communes actuellement, mais combien prestigieuses par leur nouveauté en ce tout début du XIXe siècle. En tous les cas, la *Description* offre un musée unique en son genre.

Même plus réduit, l'ensemble sur l'Égypte moderne n'en est pas moins remarquable. Il est évident que les villes ont plus intéressé nos savants que les campagnes. Les cartes et plans (qui formaient initialement un volume complet spécial de la collection[1]) ont d'autant plus de valeur que ce sont les premiers dressés. Tout à la gloire des ingénieurs cartographes, on alla même jusqu'à interdire la publication immédiate de la carte de l'Égypte pour des raisons de sécurité. Comme pour les monuments antiques, on aime à présenter parallèlement des dessins de mosquées ou de palais avec les plans et les élévations. Reprenant l'exemple de la grande *Encyclopédie*, on a dessiné tous les métiers et outils de l'artisanat local, même si certains n'ont rien de particulièrement nouveau, ni de pittoresque, le faiseur de pipes ou le fabricant de sel ammoniac n'étant peut-être pas les plus représentatifs du monde égyptien de l'époque. Mais, d'un autre côté, l'insistance sur les machines à arroser montre le souci de l'étude technique – et donc du progrès éventuel – de l'économie, en particulier pour l'irrigation. Les figures de femmes du peuple, de coptes ou d'enfants d'Alexandrie ne présentent pas d'intérêt particulier puisque données sans explication dans des costumes communs. Mais l'esprit de synthèse se révèle encore dans les collections d'armes, de vases ou de meubles. Finalement, c'est le même état d'esprit qui domine dans l'étude de l'Égypte moderne et dans celle de l'Antiquité.

Les planches d'histoire naturelle s'inscrivent dans cette passion des biologistes et des naturalistes, fils spirituels de Buffon, pour représenter des collections. Geoffroy Saint-Hilaire se passionne pour la physiologie : non seulement il décrit les animaux, surtout les poissons, mais il cherche à comprendre ce qui

Page 232

Costumes et portraits, Mouràd Bey

État moderne, VOL. II, Pl. G.
Dessiné par Dutertre; gravé par Ponce
Paris, Imprimerie Royale, 1809-1828
Eau-forte 42,5 × 34,5 cm
avec les marges 72 × 54 cm
Bibliothèque publique et universitaire, Genève
N° d'inventaire Fa 711 P 2/2
Photo : François Bertin, Grandvaux

Né en 1750 en Circassie, Mouràd est acheté par les Turcs pour devenir un guerrier mamelouk et recevoir une éducation militaire. En 1773, il prend le pouvoir, se retourne contre ses anciens maîtres et devient « Bey ». Cet insaisissable ennemi donne bien du fil à retordre aux troupes françaises. Bien que battu à la bataille des Pyramides, il se retire en Haute-Égypte où Desaix le poursuit depuis la célèbre bataille (21 juillet 1798) jusqu'au 12 août, parcourant jusqu'à 50 lieues dans le désert. À cette dernière date, le camp de Mouràd Bey est investi par surprise à Samanhout par la 88e demi-brigade. Celle-ci ne lui laisse que le temps de réunir une dizaine de mamelouks, laissant derrière lui toutes ses richesses.

Il meurt de la peste en 1801, toujours libre, et aura été un guerrier incomparable.

[1] Encore une fois, les ouvrages diffèrent d'une bibliothèque à l'autre, puisque celui présenté dans notre exposition comporte bien cet atlas de cartes.

Le Kaire. Vue de la mosquée du soultan Hasan.

État moderne, VOL. I, Pl. 32.
Conté del^t; Berthault sc^t.
Paris, Imprimerie Royale, 1809-1828
Eau-forte 34,5 × 48 cm
avec les marges 54 × 71 cm
Bibliothèque publique et universitaire, Genève
N° d'inventaire Fa 711 P 2/1
Photo : François Bertin, Grandvaux

Extrait de la *Proclamation* faite par Bonaparte à Alexandrie, le 2 juillet 1798 : « *Qadhys, cheykhs, imams, tchorbadjys, dites au peuple que nous sommes aussi de vrais musulmans. N'est-ce pas nous qui avons détruit le pape, qui disait qu'il fallait faire la guerre aux musulmans ? N'est-ce pas nous qui avons détruit les chevaliers de Malte, parce que ces insensés croyaient que Dieu voulait qu'ils fissent la guerre aux musulmans ? N'est-ce pas nous qui avons été dans tous les temps les amis du Grand Seigneur (que Dieu accomplisse ses desseins), et l'ennemi de ses ennemis ? Les Mamelouks au contraire ne sont-ils pas toujours révoltés contre l'autorité du Grand Seigneur, qu'ils méconnaissent encore ?* »

Le Kaire. (Citadelle). Vue intérieure d'une mosquée, connue sous le nom de Divan de Joseph.

État moderne, VOL. I, Pl. 70.
Dutertre del^{t}; Schroëder sc^{t}.
Paris, Imprimerie Royale, 1809-1828
Eau-forte 41 × 47 cm
avec les marges 54 × 72 cm
Bibliothèque publique et universitaire, Genève
N° d'inventaire Fa 711 P 2/1
Photo : François Bertin, Grandvaux

Remarquez le plan inédit et crédible sur les pièces d'artillerie attelées à des dromadaires.

1

2

3

Mammifères.
1. Rat d'Alexandrie
2. Échimis d'Égypte
3. Hérisson oreillard

Histoire naturelle, VOL. I (Zoologie), Pl. 5.
Par Jules-César Savigny
1. E. J. Redouté del^{t};
2. Barraband del^{t}; Bouquet sc^{t}.
Paris, Imprimerie Royale, 1809-1828
Eau-forte 44 × 21 cm
Dimensions de la planche 72 × 54 cm
Bibliothèque publique et universitaire, Genève
N° d'inventaire Fa 711 P 3/1
Photo : François Bertin, Grandvaux

À Alexandrie, de Villiers est, dès son arrivée, stupéfait par le contraste entre son pays d'origine et celui où il débarque. Il relève la tristesse, la saleté et la vétusté de ce qu'il voit, notant particulièrement le nombre de rats qui circulent dans les rues.

Il souligne qu'un voyageur venant par des moyens lents, par exemple à pied ou monté, a le temps de s'habituer progressivement aux changements, alors que le bateau le transporte sans transition d'un univers verdoyant et (relativement) luxueux, dans le désert et la pauvreté.

Rat d'Alexandrie (Mus Alexandrinus) – an 11 [1802]

Aquarelle et encre sur papier 21,2 × 33,3 cm
Signé en bas à gauche : « *Barrabant an 11* »
Au dos, en bas à droite : « *Bon pour être gravé/Vu en commission le 9 novembre an 11* [1802] » ; Signé « L. *Costaz* »
Au dos, en haut à gauche : « *n° 14 Geoffroy* [Saint-Hilaire] »
Bibliothèque Centrale du Musée National d'Histoire naturelle, Paris – 2004
Sans N° d'inventaire/© Bibliothèque centrale M.N.H.N. Paris, 2004

Les dessins préparatoires, tel celui-ci, sont réalisés pour le graveur à partir d'un original croqué sur le terrain (dans le cas présent, en Égypte).

Nous voyons que plusieurs dessins préparatoires peuvent s'associer pour former une planche gravée. La commission de rédaction décide, selon des critères parfois peu perceptibles, si la planche sera rehaussée par de la couleur.

Geoffroy Saint-Hilaire mentionne, dans un *Mémoire* de la *Description*, que le spécimen a été capturé en Égypte dans les environs d'Alexandrie et que « *L'individu qui a servi à notre description fait aujourd'hui partie de la riche collection du Muséum d'histoire naturelle de Paris.* »

On peut aussi lire dans son commentaire : « *On en compte plus de deux cents* [spécimens de queues]. *Sous ce rapport, la figure offre quelque inexactitude ; les anneaux y sont en trop petit nombre.* »

Hérisson oreillard (Erinaceus Auritus, Geoff. Saint-Hilaire) an 11 [1802]

Aquarelle et encre sur papier 21,2 × 33,3 cm
Signé en bas à gauche : « *Barrabant an 11* »
Au dos, en bas à droite : « *Bon pour être gravé/Vu en commission le 9 novembre an 11* [1802] » ; Signé « L. *Costaz* »
Au dos, en haut à gauche : « *n° 13 Geoffroy* [Saint-Hilaire] »
Bibliothèque centrale du Musée national d'histoire naturelle, Paris – 2004
Sans N° d'inventaire
© Bibliothèque centrale M.N.H.N. Paris, 2004

Les deux dessins préparatoires sont signés par Barrabant, qui ne sera pas lui-même le graveur, attendu que la planche est signée « Biosse sc^{t} ». Cela nous éclaire sur le nombre surprenant de cent artistes impliqués pendant dix ans dans la réalisation des volumes de planches de la *Description de l'Égypte*.

lui permettra d'élaborer sa loi physique du « soi pour soi » et de l'unité du monde vivant. Les autres sont plus portés à la seule description, mais quel zèle (surtout chez Jules-César Savigny) à nous révéler les échinodermes, les hyménoptères, les névroptères, tout comme François-Michel de Rozière prend un soin infini à dessiner et peindre des « roches primitives » alors que Raffeneau-Delille se passionne pour l'utilisation des plantes, qu'il classe et décrit.

Quelques planches peintes, par exemple des reconstitutions d'intérieurs de temples antiques, de peintures, d'oiseaux ou de roches, montrent le souci d'une perfection absolue alors que l'absence systématique de documents relatifs à l'expédition elle-même est significative d'un souci d'intérêt pour la seule Égypte, même si, dans les vues de monuments antiques, quelques petits personnages censés servir à la mesure des dimensions et des distances se révèlent être souvent des soldats ou plutôt les savants eux-mêmes. Ainsi, l'intérêt des gravures de la *Description* se révèle être, à plusieurs niveaux, la représentation incontestable du réel, mais aussi l'ouverture au rêve et à l'imagination, enfin, un langage codé sur une politique et un pays.

[Oiseau vert à gorge rouge] an 11 [1802]

Aquarelle sur papier 21,8 × 15,6 cm
Signé en bas à gauche : « *Barrabant an 11* » ; rien au dos
Bibliothèque Centrale du Musée National d'Histoire Naturelle, Paris – 2004
Sans n° d'inventaire
© Bibliothèque centrale M.N.H.N. Paris, 2004

L'absence de visa de la Commission et de mention « *Bon pour être gravé* » nous prive du plaisir de voir ce bel oiseau dans les planches de la *Description*.

Le nouvel Orient

Au-delà de tous les détails représentés et de toutes les qualités scientifiques révélées, la *Description de l'Égypte* est d'un intérêt fondamental dans la découverte de l'Orient. Le pays n'est-il pas placé symboliquement entre l'Afrique et l'Asie, la Méditerranée et l'océan Indien ? Alors que les historiens classiques et les humanistes s'attachent depuis des siècles à relier, surtout par la littérature, l'Antiquité aux seuls Grecs et Romains, les scientifiques révèlent, par la seule archéologie, une nouvelle histoire ou plutôt une nouvelle perspective historique et, au-delà, une nouvelle assise culturelle à propos de la variété du monde, de l'ancienneté des civilisations et des nouvelles mesures de l'art.

MUSÉUM
D'HISTOIRE
NATURELLE
Barraband. an 11.

Bien sûr ces savants, généralement déistes ou athées, sont imperméables aux sensibilités religieuses. S'ils présentent le mieux possible les temples et les rites qui y sont figurés, ils se gardent bien d'aller plus loin et se contentent de parler vaguement de la sagesse ou de l'innocence des anciens Égyptiens, de même d'ailleurs qu'ils ne s'intéressent qu'à certains aspects purement extérieurs de la civilisation musulmane, sans jamais s'interroger sur le Coran ou les caractères de la foi islamique (finalement assez éloignés des propos – ambigus – de Bonaparte en faveur de l'islam).

Extrait d'un poème Arabe.

زديإلاا

قيسنجلا تازارفإلاو مدلاب دجوي زديإلا سوريف
قيلخادلا مسجلا ءاضعأ عيمج و
قيوافملل ايالخلا لالخ نم رثاكتي
قيلالقتسإ تاذ ريغ هتايح ناسنإلا مسج نع
قيطاخملا قيشغألا لالخ نم هلوصب لقتني
قيعمد تازارفإوأ لوب،قرع ،باعل نم فوخالو
قيلثملا قيسنجلاب راشتنإلاب أدب
قيجوزلا تاقالعلا لخاد ىرشتسإ مث
قيلبلا رش نم اوملسي مل انلافطأ يتح
قيحض أربأ ةعانملا صقنل اوحبصأ و
ةينمز ةرتف لوطال سوريفلل هاضرم ناضتحا لصي
يليلحتلا لماعملا ىف طقف هلاقتنا فشتكي سوريفف
قيباجيإ وا قيبلس اما هليلاحت ةجيتن
ةيئرم ريغ بوكسوركيملاب ةداضملا همساجأ نا ىأ ةيبلس
قيسوريف ةباصإلا لامتحا ىنعت ةيباجيإ
قيديكأت ليلاحتل عوجللا بجي انهو
ةيدعم اهلك لحارم ثالثب هوباصم ةايح رمتو
ةيكابش اهيلع قلطي ةلحرم اهلوأ
قيباجيإ هليلاحت نكلو ميلس هلكش نوكي ةيناثلاو
قيضرملا هضارعا طسبا روهظ أدبت طقف ةثلاثلاو
قيدلج ضارما وألاهسا ،ةرارحلا عافترإك
قيوق ىرخا ضارعالل قتني اهنمو
قينطرسلا مارواالا وألالشلا ، خملا ةباصاك
لا امدعب هاضرم يفاوتت ةلحرم رخأ يهو
تاملك

يلاغ مبهو

Costumes et portraits,
1. Le Poète 2. L'astronome

État moderne, VOL. II, Pl. B.
1. Dutertre del^{t} ; Godefroy aq.,fort ; Lignon sc^{t}
2. [Dutertre del^{t}] ; Godefroy aq. fort ; Audoin sc^{t}
Paris, Imprimerie Royale, 1809-1828
Eau-forte 36 × 52,5 cm
Avec les marges 54 × 75 cm
Bibliothèque publique et universitaire, Genève
N° d'inventaire Fa 711 P 2/2
Photo : François Bertin, Grandvaux

La passion de l'Antiquité les amène à sous-entendre le déclin de la civilisation égyptienne à partir de la fin de l'époque romaine, donc à relier cette «barbarie» à l'invasion arabe. D'où le sentiment général de mépris (ou au moins de surprise) sur la pauvreté du pays lors de l'arrivée des Français et, bien entendu, raison et sciences aidant, ceux-ci ne peuvent qu'apporter le progrès et de ce fait le bonheur aux Égyptiens, dont l'intérêt bien compris doit être d'accueillir favorablement les nouveaux envahisseurs et de se laisser gouverner par eux en renonçant à «leurs bizarres jouissances». Bien entendu, il ne peut être question de modifier le pays à bref délai, mais la voie est tracée : l'Égypte ne retrouvera son éclat qu'en s'inspirant du modèle européen, ce que comprendra parfaitement Mohamed Ali une génération plus tard. En tous les cas, comme le prévient Fourier dans sa préface, «*c'est le propre de ce pays d'attirer l'attention des princes illustres qui veillent au destin des nations. […] Napoléon voulait offrir un exemple européen utile à l'Orient et finalement aussi rendre la vie de ses habitants plus agréable comme de leur procurer tous les avantages d'une civilisation parfaite.*» Fourier rejoignait pour l'histoire humaine les lois de la spécialisation zoologique prônées depuis Buffon jusqu'à Geoffroy Saint-Hilaire

Caméléon Herbaé, en arabe Rossette – s.d.

Aquarelle, encre et lavis
sur papier 31,5 × 26,5 cm
Signé en bas à gauche : « h. *j. Redouté* »
Au bas du dessin : « *Alexandrie* »
Sur le support papier, commentaire postérieur au dessin :
« *Caméléon ordinaire Var. A* »
« Esquisse destinée probablement à faire connaître la couleur. »
Bibliothèque centrale du Musée national d'Histoire naturelle, Paris – 2004
Sans N° d'inventaire/© Bibliothèque centrale M.N.H.N. Paris, 2004

La *Description de l'Égypte*, malgré ses vingt-trois volumes et ses quelque neuf cents planches, ne nous présente pas l'exhaustivité des multiples œuvres réalisées.

Depuis les originaux exécutés en Égypte, nous avons pu voir ou connaître les différentes étapes : celle de l'original, du dessin préparatoire, de la planche imprimée et du volume relié.

Il nous restait encore à découvrir le dessin fait uniquement dans le but de renseigner sur la couleur de l'animal, sans aucune intention de publier.

EN CONCLUSION

En déchiffrant les hiéroglyphes, Champollion s'est vraiment imposé comme le père de l'égyptologie au détriment de l'égyptomanie. L'histoire, comme la publicité, insiste surtout sur les grands hommes, d'où la difficulté de bien faire connaître la *Description de l'Égypte*, œuvre d'une équipe de spécialistes «de seconde main». Néanmoins, quelle œuvre ! En dépit des divisions personnelles, jamais l'interdisciplinarité n'a donné de tels résultats. Et, en dépit des imprudences ou des faiblesses techniques, jamais on n'a donné de tels résultats avec si peu de moyens et dans d'aussi mauvaises conditions. La France ne

Caméleon, Herbaé en Arabe. Rosett.
Alexandrie

connaît bien que ses généraux et ses hommes de lettres, mais en fait, la science (ou plutôt la méthode scientifique) était parfaitement au point dès la Révolution dans toute une partie de la jeune élite formée durant des années trop souvent qualifiées de stériles ou destructrices. L'expédition révèle ainsi la force du réseau des jeunes polytechniciens. Finalement, non seulement la *Description* nous apprend des renseignements essentiels sur l'Égypte passée et moderne, mais elle nous amène à revoir bien des choses sur notre propre histoire intellectuelle, et jamais une œuvre n'a autant mérité son surnom de « merveille ». Les auteurs, dans leur génie, nous donnent encore la vraie conclusion de leurs travaux : *« Nous avons recueilli les matériaux du plus bel ouvrage qu'une nation ait pu faire entreprendre. En déplorant le sort de tant de glorieux guerriers qui après tant de glorieux exploits ont succombé en Égypte, on se consolera par l'existence d'un ouvrage aussi précieux »*. (Geoffroy Saint-Hilaire.)

Bibliographie[1] :

Beaucour, Fernand, Laissus, Yves et Orgogojo, Chantal
Bret, Patrice : *L'Égypte au temps de l'expédition de Bonaparte*
Bret, Patrice : *L'Expédition d'Égypte, une entreprise des Lumières*
Fourier, Jean-Baptiste-Joseph
Héry, François-Xavier et Enel, Thierry
Laissus Yves
Laurens, Henri : *L'Expédition d'Égypte*
Laurens, Henri : *Autour de l'expédition d'Égypte*
Munier Henri
Murat Laure et Weill Nicolas
Nolin Olivier
Solé, Robert : *l'Égypte passion française*
Solé, Robert : *Les savants de Bonaparte*
Vatin, Jean Claude

Caranx sauteur. (Caranx Petaurista.) – 1806

Expédition d'Égypte, poissons, Pl. N° 23 fig. 1
Lavis gris, encre et rehauts
de blanc sur bristol 23,1 × 37,3 cm
Avec les marges 33,3 × 50 cm
Signé en bas à gauche : « *De Wailly Del 1806 grandeur naturelle* »
Au dos, en bas à droite : « *Bon pour être gravé/ Vu en commission le 1er septembre 1806* »
Au dos, en bas à gauche : « M. *Geoffroy* [Saint-Hilaire] *n° 57* (?) »
Bibliothèque centrale du Musée national d'Histoire naturelle, Paris – 2004
Sans N° d'inventaire
Bibliothèque centrale M.N.H.N. Paris, 2004

La remarque « *grandeur naturelle* » qui est apposée après la signature est d'importance. Il existe, en matière d'estampes, mais justifié par les nombreuses étapes séparant l'original de la planche publiée, des interprétations parfois très fantaisistes. Dans les paysages, on se réfère (avec plus ou moins de confiance) à la mention « *Fait d'après nature* » pour déterminer si l'artiste a vraiment vu ce qu'il représente. Ici, la remarque susmentionnée laisse à penser que l'auteur de l'original a mesuré, c'est-à-dire vu, le poisson.

[1] Pour le détail, voir la Bibliographie générale pour chaque auteur.

Poissons du Nil. 1. 2. Caranx sauteur. (Caranx Petaurista.) 3. 4. Caranx Lune. (Caranx Luna.)

Histoire naturelle, VOL. I (Zoologie), Pl. 23.
Par [Étienne] Geoffroy Saint-Hilaire ; Bouquet sc .
Paris, Imprimerie Royale, 1809-1828
Eau-forte 46 × 33 cm
Dimensions de la planche 72 × 54 cm
Bibliothèque publique et universitaire, Genève
N° d'inventaire Fa 711 P 3/1
Photo : François Bertin, Grandvaux

Les textes de la *Description de l'Égypte* concernant les poissons du Nil sont en réalité d'Isidore Geoffroy Saint-Hilaire, fils d'Étienne qui, lui, signe un nombre important de planches de l'ouvrage. D'ailleurs, on remarque par des annotations sur les planches, qu'une grande quantité de dessins sont réalisés à Paris, puisqu'on peut y lire, en bas à gauche : « *Dessiné et gravé en 1813* », *1812* ou même « *1805-1812* ». Les textes du zoologiste dans la *Description de l'Égypte* confirment d'ailleurs cette assertion : « *Je suis parvenu, en faisant sécher lentement la peau de l'un des individus rapportés par mon père, et conservés depuis près de 30 ans dans l'alcool, à faire reparaître chez lui* [le Caranx], *pour quelques instants, ses couleurs primitives avec assez de pureté pour qu'il m'ait été possible de les décrire*[1]. »

[1] C.L.F. Panckoucke, Tome vingt-quatrième, Histoire naturelle, pp. 369-370.

« L'ÉGYPTOMANIE » DANS LA VIE PARISIENNE

par Frédéric Künzi

L'obélisque, place de la Concorde
Photo : François Bertin, Grandvaux

Au retour de nos savants s'installe une mode architecturale, mobilière et ornementale inspirée de la campagne d'Égypte et surnommée depuis « égyptomanie ». Bien que n'étant pas nouvelle, cette mode acquiert sa crédibilité par les documents et les témoignages crédibles et nombreux rapportés par les membres de l'expédition.

Nous avons pu voir que Girard s'inspire de ses souvenirs pour créer la *Fontaine des Lions de Nubie*, mais il en fait de même pour le canal de l'Ourq, où le mécanisme du pont levant s'enorgueillit de colonnes aux chapiteaux campaniformes.

Les premiers à lancer cette mode sont les participants à la campagne, mais aussi Joséphine.

« Devenu résidence consulaire en 1799, le château a accueilli, dans l'effervescence qui a suivi l'expédition d'Égypte, des souvenirs de la campagne militaire, des débats de savants et d'archéologues, des créations égyptisantes en matière de mobilier et de décoration, ainsi que des antiquités rapportées par Bonaparte pour Joséphine. »[1]

Vu l'influence et le charisme du couple qui deviendra sous peu « impérial », la mode se propage rapidement.

Sur un plan culturel, la campagne d'Égypte de Bonaparte a beaucoup marqué le début du XIXe siècle. Des monuments sont édifiés en forme de pyramide, des obélisques se dressent sur des places publiques et le style « retour d'Égypte » fait son apparition partout. À la même époque, le langage courant s'enrichit d'un nouveau mot, « bazar », qui désigne les marchés de détail, les grands magasins et les premiers passages. L'un de ceux-ci est construit à Paris en 1799. Son nom est hautement symbolique puisqu'il s'agit de celui *du Caire*. Le passage est en fait l'extrapolation occidentale du bazar oriental, tourné vers le commerce de

[1] Lancestremère, Christine & Benoit, Jérémie, p. 7

luxe et adapté aux changements climatiques de nos régions. On s'y promène tranquillement à pied, à l'abri du mauvais temps, on s'y fait remarquer et on y achète des produits chers.

La musique et la littérature, elles aussi, sont influencées par la campagne d'Égypte. Romans, pièces de théâtre et opéras – comme *Aïda* de Verdi – rivalisent d'idées sur ce sujet. Pour ne citer qu'un seul exemple, notons qu'Alfred de Vigny, dans l'*Al-méh*, met en scène des personnages qui sont les figurants d'un Mémoire de Dubois-Aymé révélant les mœurs des membres d'une tribu nomade. Vigny réalise là un quasi-détournement littéraire de la *Description de l'Égypte* et va très loin dans le pastiche.

Nous avons tenu à présenter un échantillon des domaines d'utilisation de cette « égyptomanie », tout en relativisant l'importance du chapitre qui, par les milliers de monuments, les centaines de milliers de meubles et les innombrables projets non réalisés, mérite la rédaction d'un ouvrage entier.

L'obélisque, place de la Concorde

Détail des hiéroglyphes
Photo : François Bertin, Grandvaux

L'obélisque de la Concorde

Des deux obélisques des pages 188-189, seul celui de gauche est encore en Égypte. Celui de droite se trouve place de la Concorde à Paris. Ce dernier ornait, jusqu'en 1833, le pylône de Louxor et fut offert en 1831 à la France par Méhémet Ali. Son abaissement et son transport ont été réalisés par LeBas.

Il faut néanmoins parler à ce sujet du projet très réaliste qu'avait fait Coutelle sur l'enlèvement et le transport d'un obélisque depuis « Lûqsor ».

Aussi incroyable que cela puisse paraître, son auteur présente le projet à l'Institut d'Égypte comme étant le résultat d'un rêve fait la nuit précédente. Rêve très réaliste, puisque c'est approximativement les mêmes techniques que celles rêvées par le savant qui seront utilisées plus de trente années plus tard. Le rêve onirique de Coutelle lui révèle une masse de 245 tonnes alors qu'il pèse réellement 229,5 tonnes.

Les fontaines

Fontaine du Palmier – 1806-1808
Page 250, détail
Photo : François Bertin, Grandvaux

Les fontaines, elles aussi, occupent une place non négligeable dans l'égyptomanie. Celle du Palmier[2] est l'une des quinze fontaines commandées par Napoléon. Elle est dominée par une colonne ornée de feuilles de palmier. Édifiée par Bralle, elle comporte à la base de la colonne quatre figures allégoriques dues au sculpteur Bosio et, au niveau du bassin, quatre sphinx dessinés par Davioud.

Les connaissances hydrauliques de François-Jean Bralle (1750-1832) le font nommer, sous le Consulat, ingénieur en chef du Service des eaux de la Ville de Paris. Il est alors chargé de la mise en œuvre du décret du 2 mai 1806, qui décide de la construction de quinze fontaines, dont celle du Fellah (ou statue du *Porteur d'eau*). Il contribue également à l'érection de la fontaine du Palmier, ce qui fait de lui une vieille connaissance.

Cette fontaine est un cas particulier, car elle représente en réalité un porteur d'eau inspiré d'une statue romaine représentant un Antinoüs (favori d'Hadrien) divinisé. Trouvée dans la villa d'Hadrien, cette statue avait été réquisitionnée par Bonaparte lors de la première campagne d'Italie. Le sculpteur l'a copiée, croyant que c'était une statue égyptienne alors qu'elle est majoritairement romaine. Comme on n'avait pas compris que c'était un Antinoüs divinisé, on en a fait un porteur d'eau avec ses cruches. En réalité, celles-ci étaient des rouleaux de papyrus. Avec un costume et une coiffure pharaoniques, on en a fait un pharaon qui va chercher de l'eau, ce qui est un paradoxe ! Sur la corniche, on a remplacé le disque ailé égyptien

[2] Située place du Châtelet.

Le sphinx de la bibliothèque Marmottan

Les renseignements sur ce sphinx sont presque inexistants, mais il est tout de même très intéressant pour deux raisons.

La première est que sa datation rend sa réalisation très proche de la campagne d'Égypte et qu'il est donc réaliste de penser qu'il fait partie de cette manie du « tout égyptien », même là où l'on s'y attend le moins.

En deuxième lieu – et cela nous rapproche encore de Bonaparte comme cause de motivation – Paul Marmottan est un fervent collectionneur de ce qui, en Europe, peut être témoignage de l'administration et de la présence napoléoniennes. Il acquiert des livres, des tableaux, des estampes, des objets et des meubles de la période du Premier Empire. Il introduit aussi dans l'architecture de sa demeure, avec liberté, des motifs qui lui sont chers et qui conviennent à sa collection.

Page 251
Fontaine du Fellah – 1806-1808
Photo : François Bertin, Grandvaux

L'hôtel de Beauharnais

Acquis par Eugène de Beauharnais le 20 mai 1803, cet hôtel particulier, construit par l'architecte Germain Boffrand en 1713, fut transformé par Calmelet (intendant du prince) et son architecte Nicolas Bataille. Les travaux commencèrent pendant l'été 1804 et l'on retrouve partout le goût de Joséphine, mère d'Eugène, pour la décoration égyptisante. On ne redira jamais assez qu'Eugène était aide de camp de Bonaparte en Égypte et que le souvenir de l'Orient devait être bien vivace en lui pour valider une architecture si novatrice, encore qu'il ne résidât presque pas en ce lieu.

Dans les détails du portique réalisé en 1807 par l'architecte Bataille, on remarque la déesse Mout, épouse d'Amon-Ré. À Thèbes, elle est une divinité du panthéon dont le nom signifie simplement « mère ».

On peut voir aussi le disque ailé calqué sur celui de la porte sud de Karnak à l'exception d'une légère modification des serpents (voir page 47).

Sphinx du péristyle extérieur de la Bibliothèque Marmottan – 1800-1814

Bibliothèque Marmottan,
Boulogne-Billancourt

Sphinges

Photo : François Bertin, Grandvaux

Sphinges attribuées à Fernandino Pelliccia. Cette paire, prise au siège de Sébastopol et apportée à Paris en 1855, se trouve à l'entrée du souterrain du Général-Lemonnier (donnant sur le quai des Tuileries).

Hôtel de Beauharnais
1713-1803

Détails du portique d'entrée représentant la déesse Mout et le disque ailé de la porte sud du temple de Karnak (détail de la planche 51 de l'atlas *voir page 47*).
Photo : François Bertin, Grandvaux

8

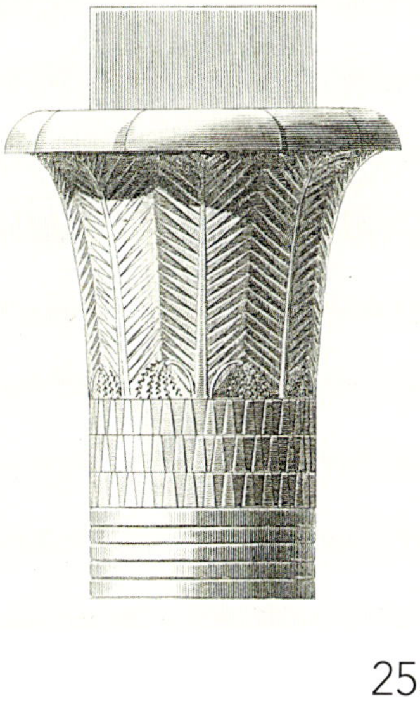

Il faut remarquer que l'on voit mal les concepteurs de cette architecture se rendre en Égypte pour y prendre des croquis et la *Description de l'Égypte* semble la seule source possible pour leur suggérer des idées aussi précises.

Héritage de l'Ancien Régime ou dérive de l'égyptomanie, le boudoir présente un décor mural emprunté à l'architecture ottomane, avec des colonnettes et des arcades en accolade, tandis que les peintures de la frise présentent des scènes de harem. Sans contredire cette analyse de la pièce, on doit cependant relever que l'intérieur de la maison d'Osman Bey y ressemble autant que cela est possible (voir page 207) .

Une sphinge assise sert admirablement la console qu'elle supporte avec grâce. Elle nous donne l'occasion de préciser que l'hôtel de Beauharnais se remarque particulièrement pour avoir conservé une grande partie de son mobilier d'époque, ce qui permet d'avoir une idée précise de ce qu'il était dans un palais du Premier Empire, et cela en dépit des modifications ultérieures.

Hôtel de Beauharnais (Sphinge ailée)
Photo : François Bertin, Grandvaux

Hôtel de Beauharnais (boudoir d'inspiration ottomane)

Détail de l'intérieur de la maison d'Osman Bey – *État moderne*, VOL. I, Pl. 50.

Photo : François Bertin, Grandvaux

Monument à Scheurer-Kestner – 1908

Le 11 février 1908, en présence du président de la République M. Fallières, on inaugure le monument érigé à la mémoire de Scheurer-Kestner en présence du chef d'escadron Dreyfus [...] Cette présence rappelle le rôle de Scheurer-Kestner dans l'affaire Dreyfus et dit la beauté morale de cet homme, sa confiance indéfectible dans l'innocence de Dreyfus.

La présence de ce monument, qui n'a pas de rapport avec l'expédition d'Égypte, est là pour démontrer la continuité dans l'influence architecturale égyptienne au long des siècles, la pyramide du Louvre en étant peut-être la dernière en date.

Pages 260-261

Façade de la maison égyptienne de la place du Caire.

Détail d'une tête hathorique et de la frise.

Photo : François Bertin, Grandvaux

PASSAGE DU CAIRE

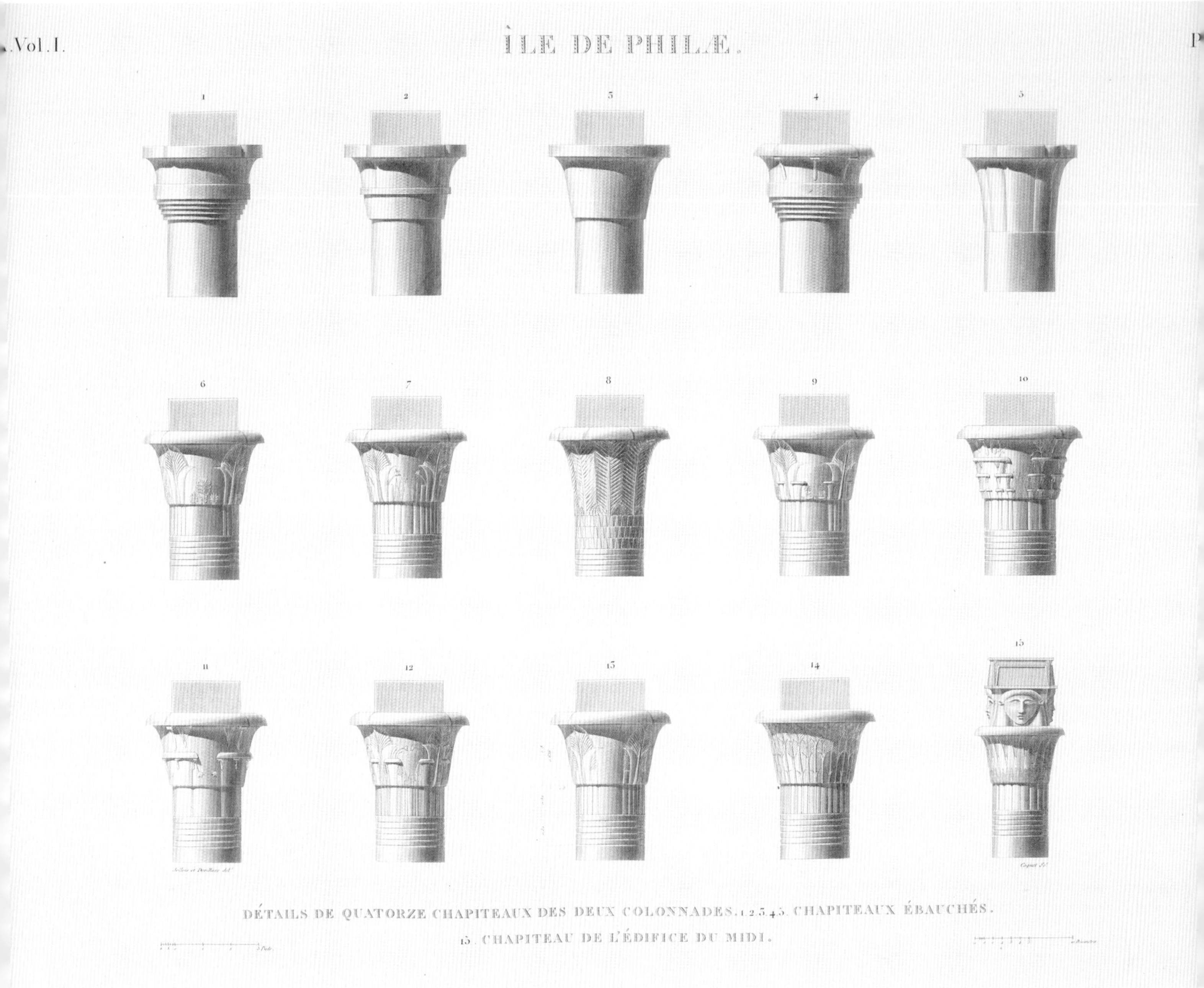

Île de Philae. Détails de quatorze chapiteaux des deux colonnades. 1. 2. 3. 4. 5. Chapiteaux ébauchés. 15. Chapiteaux de l'édifice du midi.

Antiquités, VOL. I, Pl. 8.
Jollois et Devilliers del[t] ; Coquet sc[t].
Paris, Imprimerie Royale, 1809-1828
Eau-forte 32,5 × 41,5 cm
Dimensions de la planche 54 × 72 cm
Bibliothèque publique et universitaire, Genève
N° d'inventaire Fa 711 P 1/1
Photo : François Bertin, Grandvaux

Voici des exemples de colonnes qu'il est possible de retrouver dans l'architecture française du début du XIXe siècle, par exemple à l'hôtel Beauharnais (actuelle ambassade d'Allemagne en France), mais aussi dans bien d'autres conceptions architecturales postérieures à l'expédition d'Égypte.

Dans les modèles possibles des colonnes de cet hôtel se trouvent le N° 8 de la présente planche et la colonne située à gauche de la figure, page 218.

Dendérah (Tentyris). Élévation du portique du Grand Temple.
Antiquités, VOL. IV, Pl. 9.
Photo : François Bertin, Grandvaux

Les colonnes à têtes hathoriques du Grand Temple de Dendérah ont éminemment inspiré le sculpteur Joseph Garraud pour créer sa décoration de la maison du Caire. Comme pour l'hôtel de Beauharnais, on imagine que la seule source possible pour recréer une décoration si parfaitement imitée semble être *la Description de l'Égypte*.

Encrier « égyptien » – 1802

Porcelaine dure de la manufacture de Sèvres
Hauteur 22 cm
Largeur 26 cm
Musée national de céramique, Sèvres
© RMN 86DE254/MNC 2648 C. Jean

Fauteuil d'acajou recouvert de gourgouran bleu

Château de Fontainebleau
© RMN 93DE4791/2654 L Gérard Blot

Pages 266-267

Barrage du Nil. Conçu par l'empereur Napoléon Ier. Ordonné par Mohammed Ali le Grand. Et tel qu'il a été exécuté par Mougel Bey 1853 – c.a. 1850

Lithographie 36,8 × 70,6 cm
Avec les marges 51 × 74,5 cm
Ph. Benoist & Eug. Ciceri Lith. D'après les dessins de J. B.
En bas, au centre : Fig. par J. Gaildreau
Imprimé par Lemercier, rue de Seine 57 à Paris
Fondation Dosne, Bibliothèque Thiers, Paris
N° d'inventaire 14/4007
Photo : Suzanne Nagy-Kirchhofer, Paris

Le barrage dont il est question est celui qui se trouve près de la localité de Qanater, à 16 km au nord du Caire. À cet endroit, le fleuve se sépare en deux cours, l'un à l'est, vers Damiette, l'autre à l'ouest, vers Rosette. Mis en œuvre au début du XIXe siècle, cet ouvrage d'art ne fut parfaitement achevé qu'au bout de plusieurs décennies. Des séries de bassins et d'écluses placés sur les deux branches principales du Nil, ainsi que deux canaux latéraux, assurèrent, sur une large échelle, la régulation vitale du débit du fleuve dans la région du delta, favorisant en cela le développement de la production de coton. Ce fameux barrage a été mis en chantier en 1835 par Mohammed Ali, mais d'après un projet conçu par Napoléon Bonaparte. Il devait réguler le niveau du Nil sur la branche de Damiette. L'opération fut tellement concluante que le même fut construit sur la branche de Rosette. C'est un exemple qui démontre parfaitement l'influence de l'expédition française d'Égypte. Bien que tardive – elle ne porta ses fruits que sous le gouvernement de Muhammad Ali –, elle n'en fut pas moins considérable. La matérialisation des futurs liens qui se créèrent à la suite de l'expédition d'Égypte se trouve dans l'obélisque situé place de la Concorde à Paris, donné à la France par l'Égypte et érigé à Paris en 1833.

La maison égyptienne de la place du Caire

Construite dans les années 1826-1828 par l'architecte Berthier, cette maison se situe dans un contexte fortement influencé par l'expédition d'Égypte, puisqu'un café égyptien est ouvert à cet endroit en 1805 et qu'elle s'insère à l'angle de la place du Caire (au N° 2) et du 48 de la rue du Caire. Cette dernière a été ainsi baptisée pour commémorer l'entrée victorieuse de l'armée française au Caire, le 2 juillet 1798. Le passage dont nous voyons l'entrée, conçu initialement comme le premier « bazar », date de 1806.

Dendérah a distinctement forgé l'inspiration du sculpteur pour réaliser les têtes hathoriques de la maison du Caire. C'est toutefois, comme pour la majorité des monuments égyptisants, un cocktail d'idées hétérogènes, attendu que les motifs de la frise qui court au-dessus des têtes sont inspirés des murs du palais de Karnak.

Monument funéraire de Jean Baptiste Joseph Fourier – 1830

Photo : François Bertin, Grandvaux

Ces photographies sont doublement intéressantes par le côté « égyptisant » du monument, mais aussi parce que Fourier participait à l'expédition d'Égypte, était secrétaire perpétuel de l'Institut d'Égypte et a réalisé la Préface historique de la *Description*.

Ce monument à l'apparence de Naos comporte, comme dieu, le buste de Fourier. Le détail de la corniche souligne une nouvelle utilisation du disque ailé inspiré de la porte sud de Karnak.

Détail de la sépulture Wallerstein

Photo : François Bertin, Grandvaux

On ne peut dire s'il faut considérer l'utilisation du disque ailé de Karnak comme redondante ou comme une démonstration d'une certaine perfection dans l'image des monuments égyptisants, mais il est une fois de plus présent dans cette sépulture au cimetière du Père-Lachaise.

Le mobilier et la décoration intérieure

Le premier et le plus important domaine d'application de l'égyptomanie est bien le mobilier. Les cariatides, les têtes de lion coiffées du khat, les têtes égyptiennes, de sphinx ou de sphinge, les obélisques en bronze doré ou encore les pattes de lion ornent les accoudoirs et les pieds des fauteuils, les pilastres des secrétaires en acajou ou les montants des commodes.
Le seul catalogue *Malmaison et l'Égypte* répertorie trente-deux fauteuils et un canapé (tous attribués à ou signés *Jacob Frères*), deux consoles, un secrétaire, une commode et un guéridon à l'ornementation d'inspiration égyptienne

La décoration égyptisante fait rapidement partie intégrante du mobilier de style Empire et, bien que cela soit moins connu, de nombreux objets décoratifs y sont associés, par exemple des encriers, des vases et autres porcelaines de toutes sortes.

LLE POREAUX.
CHAMPOLLION
LE JEUNE

Page 270

Monument funéraire de Jean-François Champollion – 1832

Photo : François Bertin, Grandvaux

Longtemps Champollion le Jeune a dû se battre pour se faire reconnaître et cette mauvaise fortune le poursuit encore si l'on considère la modestie de sa tombe, que ce soit pour le faste ou la fréquentation.

Monument funéraire de Gaspard Monge – 1820

Photo : François Bertin, Grandvaux

Gaspard Monge, mathématicien et auteur en Égypte du premier *Mémoire sur les mirages*, se voit élever un monument par les élèves de l'École polytechnique. Sa conception, par l'architecte M. Clocard, date de 1820.

Tombe de la famille Feuquières et Lecomte – 1844

Photo : François Bertin, Grandvaux

Mi-obélisque, mi-pyramide, ce monument funéraire n'est pas vraiment représentatif de l'Égypte authentique. Le bouquet de papyrus qui orne la porte en est, lui, plus symbolique.

BIBLIOGRAPHIE

Andia, Béatrice – *L'Egypte à Paris* – Action artistique de la ville de Paris, Paris, 1999

Anonyme – *Copies of Original Letters from the Army of General Bonaparte in Egypt, Intercepted by the Fleet under the Command of Admiral Lord Nelson, with an English Translation.* 2e édition – Wright, Londres, 1798

Beaucour, Fernand & Laissus, Yves & Orgogojo, Chantal – *La découverte de l'Egypte* – Flammarion, Paris, 1997

Berthier, Alexandre – *Relation des campagnes du général Bonaparte en Egypte et en Syrie par le général de Division Berthier, chef de l'état-major général de l'armée d'Orient* – A Paris, de l'Imprimerie de Didot l'Aîné, Imprimerie du Sénat Conservateur, An VIII [1800]

de Blomac, Nicole – *La Gloire et le Jeu, des hommes et des chevaux (1766-1866)* – Editions Fayard, Paris, 1991

Bonnal de Ganges, Edmond – *Histoire de Desaix : armées du Rhin, expédition d'Orient*, d'après les archives du Dépôt de la guerre – Dentu & Dumaine, Paris, 1881

Bret, Patrice – *L'expédition d'Egypte, une entreprise des lumières*, Actes de colloque, – Technique & documentation, Paris, 1999

Bret, Patrice – *L'Egypte au temps de l'expédition de Bonaparte* – Hachette, Paris, 1998

Bregeon, J.-J. – *L'Egypte de Bonaparte*, Paris, 1991

Chalbrand, Colonel, recueillis et mis en ordre par J.-J.-E. Roy – *Les Français en Égypte, ou Souvenirs des campagnes d'Égypte et de Syrie, par un officier de l'expédition* – A. Mame, collection Bibliothèque des écoles chrétiennes, Tours, 1855

Charton, Edouard. – *Le Magasin Pittoresque, troisième année* – Aux bureaux d'abonnement et de vente, Paris, 1835

Cocheris, P. W. – *Nos animaux domestiques, dans les religions, l'histoire, les plaisirs, les lettres et les arts* – Boivin & Cie, Editeurs, Paris, 1914

Denis, Pierre – *L'Armée Française au Sahara* – L'Harmattan, Paris, 1991

Fourier, Jean-Baptiste-Joseph – *Description de l'Egypte ou Recueil des observations et des recherches qui ont été faites en Egypte pendant l'expédition de l'armée française publié par les ordres de Sa Majesté l'empereur Napoléon Le Grand* – Imprimerie Nationale, Paris, 1809-1826, Réédition 1821-1829

Hartleben, H.[ermine] – *Jean-François Champollion, sa vie son œuvre (1790-1832)* – Edition Pygmalion, Gérard Watelet, collection «Les Grandes aventures de l'archéologie», Paris, 1983

Héry, François-Xavier & Enel, Thierry – *L'univers de l'Egypte révélé par Bonaparte* – Edisud, Aix-en- Provence, 1992

Miot, J.[acques-François] – *Mémoires pour servir à l'histoire de l'Egypte et en Syrie*, 2e édition – Le Normant, Paris, 1814

Künzi, Frédéric – *Bicentenaire du passages des Alpes par Bonaparte, 1800-2000* – Fondation Pierre Gianadda, Martigny, 2000

Laissus, Yves – *L'Egypte une aventure savante* – Fayard, Paris,1998

Lancestremère, Christine & Benoit, Jérémie – *Malmaison et l'Egypte* (Catalogue de l'exposition au Château de Malmaison 15 avril – 31 juillet 1998) – Rueil-Malmaison, 1998

Laurens, Henri - *L'expédition d'Egypte* (en particulier Traunecker Claude : *l'Egypte antique de la Description* – Paris, 1989

Laurens, Henri - *Autour de l'expédition d'Egypte* – Editions CNRS, Paris, 2004

Laurens, H., Gillispie, C.C., Golvin, J.-C. et C. Traunecker – *L'Expédition d'Egypte, 1798-1801* – Paris, 1989

Munier, Henri – *Tables de la Description de l'Egypte suivies d'une bibliographie sur l'expédition française de Bonaparte* – Le Caire, 1943

Murat, Laure & Weill, Nicolas – *L'expédition d'Egypte et le rêve oriental de Bonaparte* – Gallimard, Paris, 1998

Nolin, Olivier – *Bonaparte et les savants français en Egypte* – Arte Editions/Editions Mille et une nuits, Paris, 1998

Osché, Philippe & Künzi, Frédéric – *Les chevaux de Napoléon* – Editions de l'auteur, Bassins, 2002

Panckoucke, C.L.F. – *Description de l'Egypte*, seconde édition, 27 volumes – Imprimerie de C.L.F. Panckoucke, 1826

Pigeard, Alain & de Villiers du Terrage, Edouard – *L'Expédition d'Egypte, Journal et souvenirs d'un jeune savant* – Cosmopole, Paris, 2001

Pigeard, Alain – *Dictionnaire des Batailles de Napoléon* – Tallandier, Paris, 2004

Solé, Robert - *L'Egypte passion française* – Editions du Seuil, Paris,1997

Solé, Robert – *Les savants de Bonaparte* – Editions du Seuil, Paris,1998 (réédition 2001)

Solé, Robert & Valbelle, Dominique – *La pierre de Rosette* – Editions du Seuil, Paris, 1999

Tranié, Jean & Carnigniani, J.C – *Bonaparte, La Campagne d'Egypte* – Gérard

Watelet, collection Pygmalion, Paris, 1988

Queruel, Alain – *Nicolas-Jacques Conté, un inventeur de génie* – L'Harmattan, Paris, 2004

Reynier, Jean-Ebenezer – *Mémoires du Comte Reynier, Général de Division – Campagne d'Egypte, IIe partie* – Baudouin Frères, Editeurs, Paris,1827

de Verduzan, Raymond – *Caffarelli, le général à la jambe de bois* – Editions Pyré Graph, Collection «Biographie», Aspet, 2002

de Villiers du Terrage, Edouard, présentation et dossier d'Alain Pigeard – *L'Expédition d'Egypte, Journal et souvenirs d'un jeune savant* – Cosmopole, Paris, 2001

Vatin, Jean Claude - *Le Voyage et la description*, in « *Images d'Egypte*» - Le Caire, 1992

Wolff, Henri et Blachère, Antoine-Auguste – *Sahara et Soudan. Les régiments de dromadaires: avec une carte du Sahara et du bassin moyen du Niger d'après les principaux explorateurs*, Challamel Ainé, Paris, 1884

REMERCIEMENTS

Pour les institutions

Archives communales de la ville de Tremblay en France, par Mme Isabelle Caudéran, Archiviste

Bibliothèque Marmottan, Boulogne-Billancourt, par Mme Nicole Ambourg, Conservateur

Bibliothèque publique et universitaire de Genève, par M. Alain Jacquesson, Directeur et Mme Marianne Tsioli-Bodenmann, Bibliothécaire

Fondation Napoléon, Paris, par M. Thierry Lentz, Directeur.

Fondation Dosne, Bibliothèque Thiers, Paris, par Mme Danuta Monachon, Conservateur en chef, Mme Geneviève de Coquereaumont, Collaboratrice et M. Sylvain Romiguière, Collaborateur

Musée d'armes du château de Joux, Pontarlier, par M. Roland Lambalot, Conservateur et M. Didier Bertrand, Responsable du Musée

Musée d'art et d'histoire, Neuchâtel, par Mme Caroline Junier-Clerc, Directrice et Conservatrice du département des arts appliqués

Musée Champollion, Figeac, par Mme Marie-Hélène Pottier-Briant, Conservateur en chef

Musée d'Ethnographie de Genève, Genève, par M. Hubert Van Blyenburgh, Directeur, M. Laurent Aubert, Conservateur, Mme Bernadette Chevalier, Bibliothécaire principale et M. Eric Coulibaly, Conservateur de l'art africain

Museum d'histoire naturelle de la Ville de Genève, Genève, par M. Halil Sarp, Conservateur et chargé de recherche du département de Minéralogie et Mme Danielle Decrouez, Dr es Sciences de la Terre

Musée d'histoire des sciences, Genève, par Mme Béatrice Pellegrini, Conservatrice et M. Stéphane Fischer, Assistant conservateur

Musée historique de Vevey, Vevey, par Mme Françoise Lambert, Conservatrice

Musée National des Châteaux de Malmaison et de Bois-Préau, par M. Bernard Chevalier, Directeur et M. Alain Pougetoux, Conservateur.

Musée National d'Histoire Naturel, Paris, par Mme Michelle Lenoir, Conservateur Général et Directeur de la Bibliothèque centrale et Mme Pascale Heurtel, Conservateur du Service des Manuscrits

NapoleonMuseum Arenenberg, Salenstein, par Mme Christina Egli, Conservateur

Pour les collectionneurs

Mme la Comtesse Pierre Benoist d'Azy et sa fille Odile, Vassy

MM. Pierre et Pierre-Edouard de Souzy, Paris

M. Robert Golay, Bottens

Mme Marie-José et M. Thierry Künzi, Praz-de-Fort

Pour les sympathisants, consultants et intervenants

Ambassade de France en Suisse par M. Alain Sauval, Conseiller de Coopération et d'Action Culturelle

M. François Bertin, Photographe, Grandvaux

Mme Claire Constans, Conservateur en Chef, Etablissement public du Musée et du Domaine national de Versailles et de Trianon, Versailles

M. Bernard Favier, Physicien, Genève

M. Léonard Gianadda, Président de la Fondation Pierre Gianadda, Membre de l'Institut de France, Martigny

M. Georges Lambert, Pully

M. Thierry Lentz, Directeur de la Fondation Napoléon, Paris

Mme Marie-Hélène Marquis, Lausanne

M. Philippe Osché, sellier, Vieu

M. André Palluel-Guillard, Professeur émérite de l'Université de Chambéry, Chambéry

M. Alain Pigeard, Docteur en Droit, Docteur en Histoire, Diplômé de l'Institut d'études Judiciaires, Dijon

M. Pascal Pouly, Directeur-adjoint du Musée militaire vaudois, Morges

Le secrétariat du Salon international du livre et de la presse, en particulier Mme Aline Lehmann

Société Bic, Clichy, par Mme Carole Baudin, Collaboratrice

Thèbes (hypogee), momies d'oiseaux et squelettes de momies.

Antiqités, VOL. II, Pl. 54.
Tiré de la collection de M. Geoffroy Saint-Hilaire ; Charles sc^{t}.
Paris, Imprimerie Royale, 1809-1828
Eau-forte 52 × 40 cm
Dimensions de la planche 72 × 54 cm
Bibliothèque publique et universitaire, Genève
No. d'inventaire Fa 711 P 1/2
Photo : François Bertin, Grandvaux

Dès 1798, Geoffroy Saint-Hilaire examine, au Caire, des momies d'oiseaux enfermées dans des poteries et qui ont été offertes à l'Institut d'Égypte.

Ce même naturaliste fouille lui-même les puits de Saqqarah où de semblables momies ont été déposées par milliers. Il les utilisera ultérieurement pour montrer l'unité de composition du monde vivant et la parenté entre espèces fossiles, momifiées et actuelles.

Momie d'oiseau, 1806

Aquarelle sur papier 10,5 × 21,1 cm
Avec les marges 29,5 × 44 cm
Signé en bas à droite : « P. Ringuet »
Au dos, en bas à droite : « Bon pour être gravé/Vu en commission le 6 janvier 1806 »
Au dos, en haut à droite : « Geoffroy [Saint-Hilaire] no 23(43) »
Bibliothèque Centrale du Musée National d'Histoire Naturelle, Paris - 2004
Sans numéro d'inventaire
© Bibliothèque centrale M.N.H.N. Paris, 2004

Les animaux sacrés (ibis, chats, faucons, singes) sont momifiés en vue des rites funéraires, mais aussi lorsque le défunt désir ne pas se séparer d'un favori. Ceux qui sont cités ci-dessus sont «sacrés» en raison du panthéon égyptien, qui comporte de nombreux dieux à têtes d'animaux, tels Thot pour l'Ibis, Horus pour le faucon, Bast pour le chat ou Hapy le singe. Quant à cette aquarelle, elle est une fois de plus un intermédiaire entre l'original de Geoffroy Saint-Hilaire et le graveur.

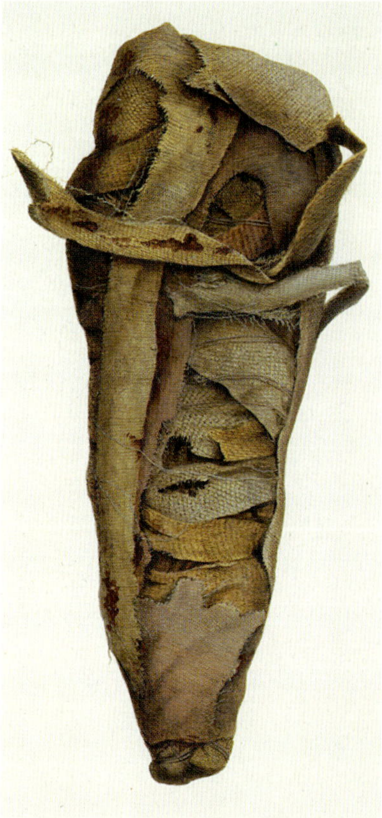

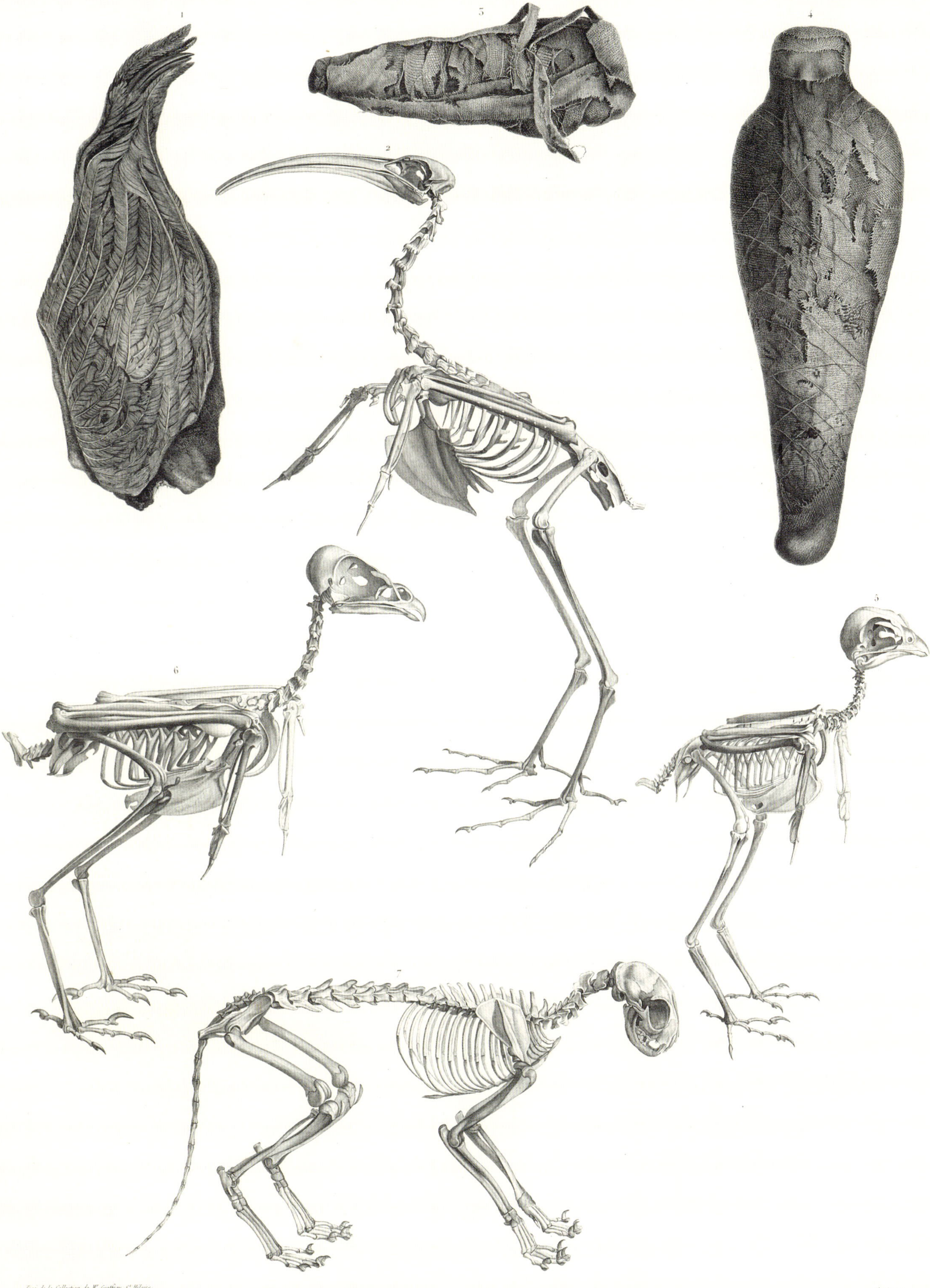

Tiré de la Collection de M.r Geoffroy S.t Hilaire

MOMIES D'OISEAUX ET SQUELETTES DE MOMIES.

Charles Sc.

TABLE DES MATIÈRES

Page 280

Conquête de l'Égypte Thèbes - Memphis – s.d.

Anonyme
Aquarelle, plume et encre noire sur papier 47,3 × 31,0 cm
Fondation Dosne, Bibliothèque Thiers, Paris
N°. d'inventaire DM 255
Photo : Suzanne Nagy-Kirchhofer, Paris

« *Destiné à être érigé au bord de la Seine, ce monument dédié à la conquête de l'Égypte est le parfait révélateur du style « retour d'Égypte » tel qu'il apparaît au début de l'empire*[1]. »

On reconnaît les sculptures allégoriques des glorieuses et antiques cités de Thèbes et Memphis et les sphinx gardiens du site.

Dans ce projet, les parties rosées correspondent aux ajouts de l'artiste sur un emplacement ou un monument existant, peut-être sur l'esplanade des Invalides, mais encore plus sûrement au Champ-de-Mars.

Notre chapitre montre bien l'influence concrète de l'expédition d'Égypte sur des structures pleinement achevées de l'architecture, du mobilier ou même des ouvrages techniques, mais ce dessin n'est qu'une molécule des œuvres qui sont restées à l'état de projet.

[1] Extrait de la fiche d'inventaire de la Bibliothèque Thiers.

THEBES
MEMPHIS
CONQUETE·DE·L'EGYPTE